高等学校省级规划教材
普通高校经济管理类应用型本科系列规划教材

市场营销专业技能实训指导

主　编/尹文莉　刘为敏
副主编/何叶荣　冯一纲

中国科学技术大学出版社

内 容 简 介

本书囊括市场营销活动所必备的关键专业技能，并以实训指导的形式体现，主要包括：市场调查与预测模块实训指导、推销能力与技巧模块实训指导、商务谈判技能训练模块实训指导、营销策划模块实训指导、销售管理模块实训指导、网络营销模块实训指导等。本书内容强调实用、实效，根据市场营销职业岗位对人才专业技能的要求，重点指导学生开展相关技能训练的原理与方法、相关业务操作流程以及操作技巧，并配有针对性的参考案例，使学习内容更加直观、明了，易于理解。

本书可作为普通高等院校市场营销专业及经济管理类其他专业本科生市场营销技能实训指导教材。

图书在版编目(CIP)数据

市场营销专业技能实训指导/尹文莉，刘为敏主编.—合肥：中国科学技术大学出版社，2016.1

ISBN 978-7-312-03859-4

Ⅰ.市…　Ⅱ.①尹…　②刘…　Ⅲ.市场营销学—高等学校—教材　Ⅳ.F713.50

中国版本图书馆 CIP 数据核字(2016)第 011957 号

出版　中国科学技术大学出版社
安徽省合肥市金寨路 96 号，230026
http://press.ustc.edu.cn

印刷　合肥市宏基印刷有限公司

发行　中国科学技术大学出版社

经销　全国新华书店

开本　787 mm×1092 mm　1/16

印张　13.25

字数　331 千

版次　2016 年 1 月第 1 版

印次　2016 年 1 月第 1 次印刷

定价　30.00 元

前　　言

市场营销是一门实践性很强的学科，实践教学是培养学生营销专业技能的重要途径和方法。针对应用型本科营销人才的培养特点，我们结合营销专业关键技能训练的要求编制了本书，作为学生进行实践技能训练指导的工具书，帮助学生更好地理解相关专业技能的培养目的、训练要求以及训练方法，调动学生学习的主动性、积极性，提高实践教学质量。

本书的特色主要表现在以下方面：

① 突出服务区域经济发展的应用型营销人才培养。在编制内容上力求与地方经济发展密切结合，以当地具体企业市场营销实际问题为研究对象，重视在真实的情境中训练营销专业技能。

② 内容强调实用、实效。突出重点技能的训练，根据市场营销职业岗位对人才专业技能的要求，提炼出有关市场调研、商务谈判与推销、市场营销活动策划、网络营销、广告策划、销售管理等关键技能加以训练，重点指导学生开展相关实训的原理、方法、操作流程以及操作技巧，并配有针对性的参考案例，使学习内容更加直观、明了，易于理解。在语言上尽量做到通俗易懂，方便学生自学。编排上分专项技能指导和综合技能指导两个层次，力求层次分明，简明实用，增强对学生实训活动指导的实效性。

③ 在内容编排上采用集成式。将学生整个专业技能学习期间需要学习的主要营销技能集中编制成一册，使学生更容易对所学技能形成整体认识，学习目的更明确。

本书内容囊括市场营销活动所必备的关键专业技能，以实训指导的形式安排. 主要包括：市场调查与预测模块实训指导、推销能力与技巧模块实训指导、商务谈判技能模块实训指导、营销策划模块实训指导、销售管理模块实训指导、网络营销模块实训指导、市场调研实训指导、广告策划实训指导、市场推广策划实训指导、企业形象策划实训指导。

本书由尹文莉提出编写体例及编写原则，尹文莉、刘为敏等总体策划及共同修改，最后由尹文莉统校全书。参编人员包括尹文莉、刘为敏、冯一纲、何叶荣、崔晓峰、韩蓄、李辉、李刚。其中蚌埠学院尹文莉编写项目四和项目九，蚌埠学院刘为敏编写项目五和项目十，淮北师范大学冯一纲编写项目二和项目三，淮南师范学院何叶荣编写项目一和项目七，蚌埠学院崔晓峰编写项目六，蚌埠学院韩蓄编写项目八，蚌埠天亿营销策划有限公司李辉、安徽环球药业有限公司李刚编写部分实训项目的任务及背景资料。

本书在编写过程中参阅了大量的相关教材、案例资料，得到中国科学技术大学出版社的大力支持，在此谨向涉及的业界专家、学者以及所有对本书写作和出版做出贡献的朋友表示衷心感谢！

由于编者水平有限，不当之处诚望读者和专家批评指正。

编　者

2015 年 10 月

目　　录

第二部分　综合技能实训指导

第一部分

单项技能实训指导

项目一　市场调查与预测模块实训指导

项目概述

市场调查是以提高企业的营销效益为目的，有计划地收集、整理和分析市场的信息资料，提出解决问题的建议的一种科学方法，也是一种以顾客为中心的研究活动；市场预测就是在市场调查的基础上，运用预测理论与方法，对决策者关心的变量的变化趋势和未来可能水平做出估计和测算的过程，市场预测是为决策提供信息服务的重要手段，是正确决策的基础。市场调查与预测的内容可以从五个方面来表述：描述市场现状、解释和诊断问题、假设检验、预测问题和发现问题。

本项目介绍营销数据收集、整理与显示的理论与方法，具体任务有：① 理解数据收集的含义与要求，掌握营销数据收集方案设计；② 熟悉调查数据收集的各种方式、方法并能加以应用；③ 基本掌握调查问卷设计技能；④ 理解数据整理的含义、要求与步骤；⑤ 理解统计分组的意义，正确掌握统计数据分组方法；⑥ 掌握分布数列尤其是变量数列的编制方法；⑦ 了解统计表的结构、种类和编制方法；⑧ 了解统计图的意义，掌握常用统计图的绘制方法；⑨ 掌握 SPSS 在营销调查数据整理与显示中的应用。

实训重点

市场调查与预测必须依据科学的程序，有计划、有组织、有步骤地进行。一般来说，市场调查与预测可分为四个阶段：准备阶段、设计阶段、实施阶段和预测阶段。每个阶段又包括若干个步骤，详细来讲就是：识别与界定问题、生成调研设计、选择调研方法、采集数据、分析资料、撰写报告和做出预测。

对于营销人员来说，这四个阶段的每一个步骤都很关键。数据的来源和准确性对预测结果有很大的影响，因此选择合适的调研方法进行数据采集是市场调查与预测的重点。

实训难点

市场调查阶段必然会收集到很多数据，对收集来的数据决定是否需要分析和采用何种方法进行分析，是一项比较困难的任务，也是实训的难点。

任务一　调查数据处理之统计描述技能实训

一、实训目的

通过实训使学生掌握描述性分析的内容和方法，让学生了解统计数据的均值、方差等基本特征。

二、实训原理

数据描述性分析就是针对数据进行基础性描述，主要用于描述变量的基本特征。SPSS中的描述性分析过程可以生成相关的描述性调查数据，如均值、方差、标准差、全距、峰度和偏度，同时描述性分析过程还将原始数据转换为 Z 分值并作为变量储存，通过这些描述性调查数据，我们可以对变量的综合特征进行全面的了解。

（一）了解调查数据的集中趋势

分析出调查数据的集中趋势是描述性分析的目标之一，集中趋势分析包括均值分析、中位数分析、众数分析和百分位数分析。

1. 均值

均值可分为算术平均数、调和平均数以及几何平均数三种。

算术平均数是集中趋势最常用、最重要的测度值，是将总体标志总量除以总体单位总量而得到的均值。根据掌握资料的表现形式不同，算术平均数有简单算术平均数和加权算术平均数两种。简单算术平均数是将总体各单位每一个标志值加总得到的标志总量除以单位总量而求出平均指标。加权算术平均数是首先用各分组的标志值乘以相应的各组单位数求出各组的标志总量，并加总求得总体标志总量，而后再将总体标志总量除以总体单位总量。

调和平均数又称倒数平均数，是各变量值倒数的算术平均数的倒数。调和平均数的计算方法，根据资料的不同也有简单和加权两种形式。

几何平均数是与算术平均数、调和平均数不同的另一种平均指标，它是几何级的平均数。几何平均数是计算平均比率或平均发展速度的最常用调查数据。根据掌握资料的不同，几何平均数也有简单和加权两种形式。

2. 中位数

将总体单位某一变量的各个变量值按大小顺序排列，处在数列中间位置的那个变量值就是中位数。在资料未分组时，将各变量值按大小顺序排列后，首先确定中位数的位置，可用公式 $(n+1)/2$ 确定，n 代表总体单位的项数；然后根据中点位置确定中位数。有两种情况：当 n 为奇数项时，则中位数就是位于中间位置的那个变量值；当 n 为偶数项时，则中位数是位于中间位置的两个变量值的算术平均值。

3. 众数

众数是总体中出现次数最多的标志值，即最普遍、最常见的标志值。众数只有在总体单位较多而又具有明确的集中趋势的资料中才有意义。单项数列中，出现最多的那个组的标志值就是众数。若在数列中有两个或两个以上的标志值出现的次数相同，且次数最多，则就是双众数或复众数。

4. 百分位数

将一组数据排序，并计算相应的累积百分位，则某一百分位对应数据的值称为这一百分位的百分位数。百分位数适用于定序数据及更高级的数据，不能用于定类数据。百分位数的优点是不受极端值的影响。

（二）掌握调查数据的离中趋势

对调查数据进行描述性分析还要考虑到其离中趋势，因此数据的描述性分析目标包括调查数据的离中趋势分析。最大值和最小值、方差与标准差、均值标准误差、极差、变异系数的数值反映数据的离中趋势。

1. 最大值和最小值

顾名思义，最大值即样本数据中值最大的数据；最小值即样本数据中值最小的数据。

2. 方差与标准差

方差是总体各单位变量值与其算术平均数的离差平方的算术平均数。方差的平方根就是标准差，与方差不同的是，标准差是具有量纲的，与变量值的计量单位相同，其实际意义要比方差清楚。因此对社会经济现象进行分析时，标准差的使用频率更高。根据所掌握的资料不同，方差和标准差的计算有两种形式，即简单平均式和加权平均式。

3. 均值标准误差

均值标准误差就是样本均值的标准差，是描述样本均值和总体均值平均偏差程度的调查数据。

4. 极差

极差又称全距，是总体样本中最大变量值与最小变量值之差，即两极之差，用 R 表示，有 $R=X_{max}-X_{min}$。全距表征了变量值波动范围的大小。极差只是利用了一组数据两端的信息，不能反映出中间数据的分散情况，因此不能准确描述出数据的分散程度，且易受极端值的影响。

5. 变异系数

变异系数是将标准差或平均差与其平均数对比所得的比值，又称离散系数。变异系数和方差、标准差、极差一样，反映数据离散程度。

（三）显示调查数据的分布形态

调查数据描述性统计的第三个目标是向我们展示调查数据的分布形态，调查数据的分布形态包括偏度、峰度和 Z 标准化得分三方面的内容。

1. 偏度

偏度是对分布偏斜方向及程度的测试。测量偏斜的程度需要计算偏态系数。统计上常用三阶中心矩计算偏度。

2. 峰度

峰度是把频数分布曲线与正态分布相比较，考察顶端的尖峭程度。统计上常用四阶中心矩测定峰度。

3. *Z* 标准化得分

标准化值不仅能表明各原始数据在一组数据分布中的相对位置，而且能在不同分布的各组原始数据间进行比较，同时还能接受代数方法的处理。因此标准化值在统计分析中起着重要的作用。*Z* 标准化得分是某一数据与平均数的距离，以标准差为单位计算得出的测量值。

（四）数据收集方案设计

调查数据的收集是一项系统的工作，大致包括四个环节，即确定数据收集目的、设计数据收集方案、开展数据收集活动、评估数据收集质量。其中，设计完整的数据收集方案是十分重要的，是开展数据收集活动的依据，需要缜密考虑。一般而言，统计数据收集方案应包括以下一些内容：

1. 数据收集目的

数据收集目的是指所收集的数据用于研究和解决什么问题，对所研究现象需要达到什么样的认识。只有明确了数据收集目的，才能确定需要收集什么数据、向谁收集和如何收集等问题。

2. 数据及其类型

在明确数据收集目的后，必须明确需要收集的数据及其类型，即确定需要收集哪些数据，明确哪些属于定性数据、哪些属于定量数据，哪些属于观测数据、哪些属于实验数据，哪些需要收集原始数据、哪些需要收集二手数据，以及是否需要截面数据或时序数据等，并相应地把它们归于各类、各种具体的统计指标。

3. 数据收集对象和观测单位

对于原始数据的收集，必须明确数据收集对象和观测单位。数据收集对象，就是所要研究的现象总体。只有对象明确，数据的收集才有明确的范围。观测单位则是指观测标志的承担者，也即构成观测对象总体的每一个个体。例如，要研究工业企业的经济效益，就需要取得工业企业的总产值、利润额、劳动生产率、资金利税率、资金周转速度等标志的有关资料，因此一定地区范围内的所有工业企业就构成了资料收集的对象，而每一个工业企业则是上述标志的承担者，即观测单位。但是，有时观测标志的表现结果不必直接由观测单位本身提供，例如要了解某市小学教师的住房状况，则各位教师的住房类型、住房面积等标志的具体结果可由学校提供，而不必直接由教师本人来提供。因此，统计数据的观测单位与提供单位有时是不一致的，应该分别加以明确。

4. 观测标志和调查表

观测标志就是根据数据收集目的所确定的调查项目，即作为原始数据来源的有关品质标志或数量标志。观测标志的选择要把需要与可能相结合，并注重有关标志之间的相互联系。把所要观测的标志按逻辑顺序列在一定形式的表格内，就称为调查表（登记表、记录表或问卷）。在具体应用中，调查表有单一表和一览表两种形式。单一表是指一张调查表只用以填写一个观测单位的标志表现，一览表则是指一张调查表用以同时填写多个观测单位的标志表现。选择单一表还是一览表，应从具体情况出发，根据研究目的、观测对象的特点和观测标志的多少而定。这里需要指出的是，问卷作为一种特殊的调查表，在统计数据的收集中具有重要的作用，如何设计出一份好的问卷，既是技术性问题又是艺术性问题。

5. 数据收集方式与方法

采用什么样的数据收集方式与方法，直接关系到能否及时、准确、完整地收集所需的统计数据，还涉及所需投入的人力、物力和财力。因此，一定要根据研究目的、总体情况、相关条件和数据收集的需要，选择最合适的收集方式与方法。例如，某企业要想了解本企业产品的市场占有率和消费者的使用意见，可以采用抽样调查方式和采访法（问卷调查方法）；若想了解不同包装对产品销售的影响，可以采用实验方式和直接观察法、采访法。

6. 数据所属时间和数据收集期限

事物是发展变化着的，在不同的时间有不同的数量表现，因此，在统计数据的收集过程中，必须明确每一项数据所属的时间，这也是统计指标时间界限的体现。数据收集期限是指完成数据收集活动的起止时限，对其加以明确的规定，是保证统计数据收集及时性的需要。

7. 数据收集地点

数据收集地点，就是观测、记录统计数据的地点。一般情况下，它与观测单位所在的地点是一致的，但有时也会不一致。例如，在人口普查时，规定“常住人口”应在常住地点进行登记，但若某被调查者短期外出工作，则仍应在他的常住地登记而不是在现居地登记。

8. 数据收集的组织

任何一项统计数据的收集，都需要花费一定的人、财、物力，大规模的数据收集活动还要建立专门的组织机构来统一安排各项工作，如人员培训、经费预算、活动分工、进展计算、资料传递、材料印刷等。健全的组织是统计数据收集顺利开展的有力保证。

制订好统计数据收集方案后，就应该严格按照方案进行统计数据的收集活动。在这一阶段，每一位数据收集者都要认真仔细，严防各种可能出现的差错，确保所取得数据的质量。

（五）数据收集方式

统计数据收集方式，是指获取统计数据的组织形式。根据统计数据的来源不同，其收集方式有两种，即统计调查方式和实验方式。生物、化学等领域通常用实验方式获得统计数据，本书重点对营销人员常用的统计调查方式进行了叙述。

所谓统计调查方式，就是运用合适的统计调查手段去收集统计调查对象总体的全部或部分个体的原始数据，也即通过对调查对象总体的全部或部分个体的有关标志特征进行调查或观测的方式来获取统计数据。常用的统计调查方式有普查、抽样调查、重点调查等几种，其中抽样调查最为常用。有时，我们还需要进行间接的统计调查，称之为统计推算。

(1) 普查

普查是根据特定的统计研究目的而专门组织的一次性的全面调查,用以收集所研究现象总体的全面资料(即总体中的所有个体都是观测单位)。一般而言,普查所要收集的资料大多属于处于一定时点上的社会经济现象的总量及分类数,如全国人口总数及分类数等。但有时,普查也可用来反映一定时期的现象的总量,如某年的出生人口总数及性别分类数等。

普查是一个国家或地区用于定期掌握国情国力(如人口、经济发展状况等)的统计调查方式,为政府制定社会经济发展战略和方针政策提供依据。此外,普查所取得的资料,还可以为经常性的抽样调查提供抽样框和各种辅助资料,提高抽样调查的效果。我国目前主要有人口普查、经济普查和农业普查三种。

普查的组织方式一般有两种:一是建立专门的普查机构,配备一定数量的普查人员,对观测单位直接进行登记,如我国历次的人口普查等。二是利用观测单位的原始记录和核算资料颁发调查表,由观测单位按要求填报,如物资库存普查等。后一种方式也需要有专门的机构和专门的人员来组织领导。有时,为了满足国家的迫切需要,还可以采用快速普查的形式,即改变一般普查"逐级布置、逐级汇总"的做法,直接由最高普查机构把任务布置到基层单位,基层单位直接把资料报送给最高普查机构,越过中间环节,实行越级汇总、集中汇总。

(2) 抽样调查

抽样调查是一种非全面的调查,就是从总体中抽取样本,以样本推断总体。根据抽取样本方式的不同,抽样调查可分为概率抽样和非概率抽样两类。概率抽样是按照随机原则抽取样本,即总体中的每个个体都有已知的、非零的概率被抽取到样本中来。从抽样组织形式上看,概率抽样可分为简单随机抽样、分层抽样、等距抽样、整群抽样和多阶段抽样五种。非概率抽样即调查者根据自己的方便或主观判断抽取样本的方法,非概率抽样主要有偶遇抽样、主观抽样、定额抽样、滚雪球抽样等类型。

(六) 操作方法

通过 SPSS 软件对市场调查所采集的数据进行描述分析,具体操作步骤如下:

① 对调查问卷进行整理分析预测。

② SPSS 的描述统计分析。

③ 利用综合指标的计算公式和原理对数据做初步分析。

下面我们通过一组数据来阐述如何对数据进行描述性分析。打开相应的数据文件,或者建立一个数据文件,就可以在 SPSS 数据编辑窗口进行描述性统计分析。

1. 打开文件

这里使用 SPSS 安装目录下的文件 Demo/transaction,如图 1.1.1 所示。

在数据编辑窗口的菜单栏中选择"分析"→"描述统计"→"描述"命令,如图 1.1.2 所示。

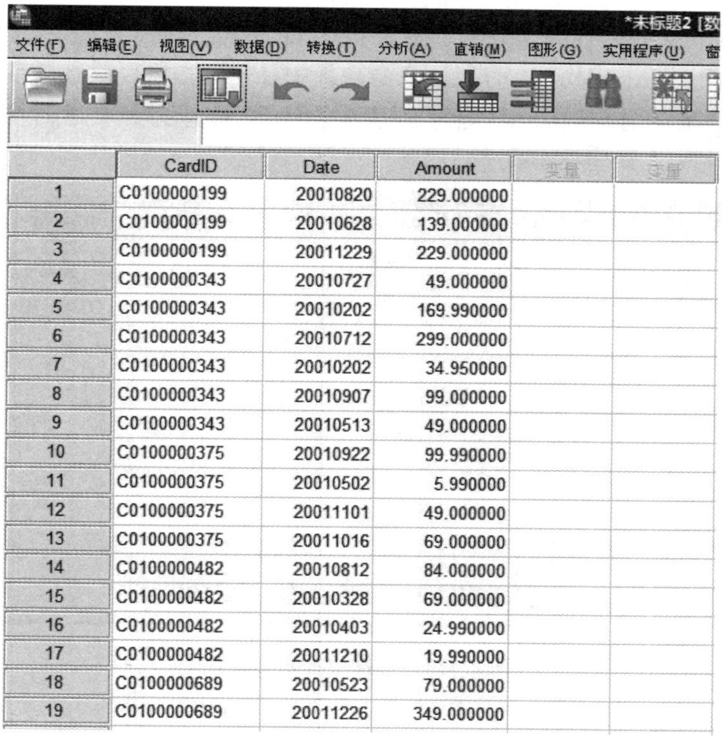

	CardID	Date	Amount
1	C0100000199	20010820	229.000000
2	C0100000199	20010628	139.000000
3	C0100000199	20011229	229.000000
4	C0100000343	20010727	49.000000
5	C0100000343	20010202	169.990000
6	C0100000343	20010712	299.000000
7	C0100000343	20010202	34.950000
8	C0100000343	20010907	99.000000
9	C0100000343	20010513	49.000000
10	C0100000375	20010922	99.990000
11	C0100000375	20010502	5.990000
12	C0100000375	20011101	49.000000
13	C0100000375	20011016	69.000000
14	C0100000482	20010812	84.000000
15	C0100000482	20010328	69.000000
16	C0100000482	20010403	24.990000
17	C0100000482	20011210	19.990000
18	C0100000689	20010523	79.000000
19	C0100000689	20011226	349.000000

图 1.1.1　导入数据

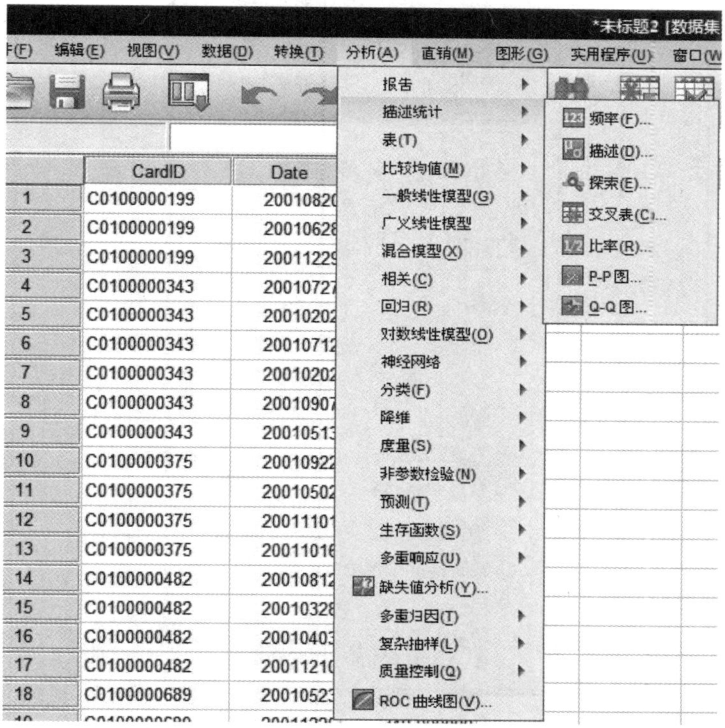

图 1.1.2　选择统计分析的类型

2. 选择变量

之后打开如图 1.1.3 所示的对话框,从源变量中首先单击需要描述的变量,然后单击右箭头按钮,将需要描述的变量选入“变量”列表中。当然,此选择是可逆的,也可单击左箭头按钮进行操作。

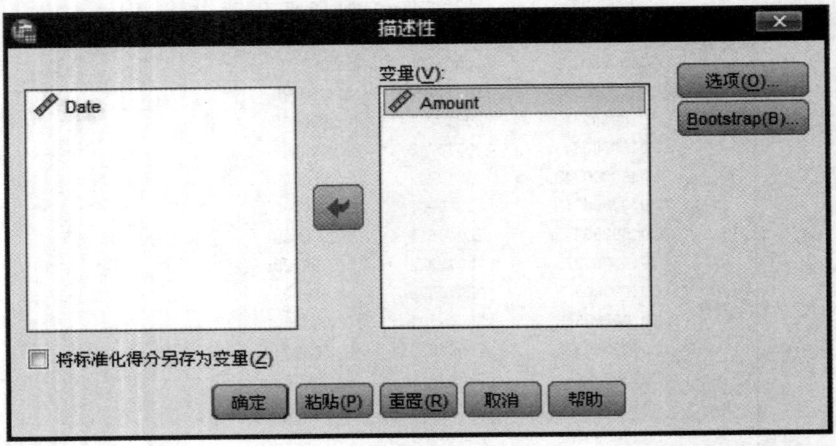

图 1.1.3　选择被描述的变量

3. 进行选项设置

单击右侧“选项”按钮,弹出如图 1.1.4 所示的“描述:选项”对话框。

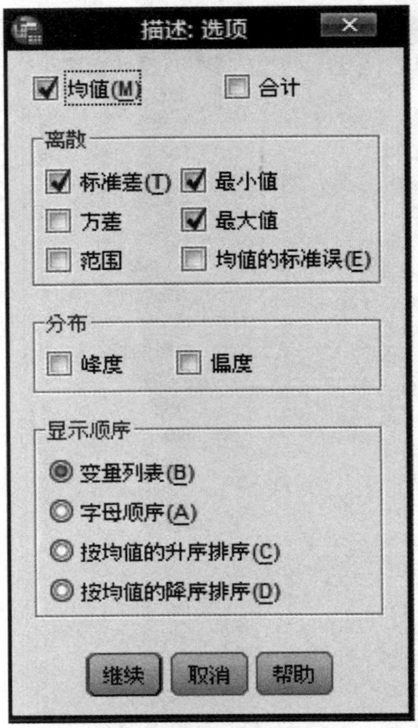

图 1.1.4　设置描述选项

“描述:选项”对话框主要用于指定需要输入和计算的基本统计量和结果输出的显示顺

序，具体有“均值”和“合计”复选框、“离散”选项组、“分布”选项组、“显示顺序”选项组；描述选项的设置如图 1.1.4 所示，点击继续输出描述结果。

三、参考案例

淮南时代广场市场调查描述性分析①

淮南时代购物广场位于淮南市龙湖路与朝阳路交叉口，地处淮南辐射能力最强的区域，地理位置优越，是安徽省旭日房地产(集团)开发有限公司投资 3 亿元重点打造的商业地产项目，项目整体面积约为 16 万平方米，其中商业建筑面积为 8 万余平方米，于 2010 年 12 月试运营，2011 年 2 月 9 日全面开业。广场采取主力店+次主力店+室外步行街的 Shopping Mall 商业运营模式，涵盖购物、餐饮、休闲、娱乐、影院、商务等全方位业态。“一站式”满足城市各层级多元化消费需求，“聚客效应”突出，是淮南当时唯一的一家商业综合体。每天客流量为 1.47 万人次左右，节假日客流是平时的 2～3 倍。早期进入时代百货的知名时尚品牌 ONLY、VERO MODA 等年度销售均在 300 万元左右，并保持每年 30%以上的同比增长幅度。

但是近年来，龙湖路地下商业街、南京新百、新世界广场等多家商城的兴起，给时代广场造成了很大的冲击，怎样才能在激烈的竞争中胜出呢？时代广场营销部的主管，面对不容乐观的市场形势，考虑到淮南时代广场的核心竞争力就是服务，因此他制订了一项提升服务、旨在使服务具有可操作性的计划，这一计划的第一个阶段是建立一个系统，以不断追踪消费者对时代广场所提供服务的满意程度。根据以往的经验，他选择了自己信任的两家调查公司来设计追踪消费者满意程度的调查系统。这两家公司拟采用不同的资料收集方法。第一家公司建议用电话采访，每月对 400 名消费者进行采访，经计算，该抽样方式所提供的消费者满意程度评估的结果有 95%的把握，误差不超过 5%；第二家公司建议通过邮寄调查收集必要资料。他们的理由有两条：第一，此方法成本低、质量高；第二，消费者在回信时比接受电话采访时更坦率。电话采访的月成本约为 8400 元，邮寄方式的月成本约为 6900 元。初步计算：邮寄调查的回收率为 25%，即 75%的人不回信，如果回信人的观点截然不同，那么调查结果就有偏差，不能真实代表顾客的意见。电话采访的回答率估计为 70%。尽管电话采访仍存在很高的不回答率，但潜在的不回答者的不同意见要少得多。另外，电话采访更快捷，大约两周内就可完成，邮寄调查则需六周时间。

四、实训操作方法

本实训主要通过市场调查法，以组为单位进行市场调查。

实训步骤如下：

① 学习实训原理。学生对有关市场信息的数据收集技巧和方法进行学习与总结，掌握市场调查的基本原理与方法。

---

① 本书中所用部分参考案例来源于编者教学中所搜集、整理，相关数据仅为教学参考使用，不具备其他效力。

② 开展市场调查。

③ 进行调查过程的设计,完成消费者满意度调查报告。

操作说明:开展小组调研,每组成员不少于5人,并对调查任务进行合理分工。

五、实训项目任务

实训项目:蚌埠市面包市场调查

① 开展市场调研。利用观察法、询问法收集一手资料,利用网络等途径收集二手资料,了解市场环境,包括产品生产商的生产模式、经销商的经营特色、行业饱和度情况和竞争对手分析,为制订有效的市场营销策略打下基础。

② 开展消费者调查。

③ 在市场调研的基础上进行市场分析和消费者行为偏好分析,完成此次项目任务,撰写调查报告。

蚌埠市面包市场的调查背景资料

随着街上越来越多的面包店已开始不断向居民小区进发,你是否发现,这些所谓的西点饼屋甚至比卖米卖面的地方都多。在我国台湾、香港地区以及新加坡、法国等地的蛋糕连锁品牌相继进入内地市场的同时,内资品牌无论是老字号稻香村还是新兴品牌好利来等,也都已开始提速以扩大市场规模,部分糕点店已实现由中央工厂进行产品配送,市场竞争相当激烈。

蚌埠市本土企业——老约翰食品于1995年成立,是一个集生产、销售、科研、服务为一体,拥有员工300多名、占地面积1000多平方米的现代化中心工厂,在蚌埠、淮南有100家以上的专卖连锁店的大型现代化食品公司。老约翰在淮南有市场占有率大、消费者口碑较高的优势,但是随着外地品牌的进入,老约翰公司应提高警惕意识。因此,老约翰公司需要对淮南市面包市场进行调研,了解竞争对手情况,做到知己知彼、百战不殆,此外,对消费者需求进行调研,掌握当地居民的消费习惯,根据消费者偏好推出更受大家喜欢的产品。

(注:学生也可根据自己的兴趣选择一项真实的产品作为研究项目,经指导老师批准即可。)

六、预习要求与思考题

预习实训原理,通过一组数据,根据所学的内容运用SPSS软件对其进行分析,熟练掌握数据描述性分析的步骤,将数据进行整理、归纳并得出初步结论。

七、实训成绩评价

1. 考核方式

考核方式包括过程考核、成果考核两部分，其中过程考核占 30%，成果考核占 70%。过程考核主要是针对学生参与实训过程的有关情况(参与态度、完成进度)进行考核评定；成果考核主要是针对学生借用电脑和应用计算机技术进行统计分析的结果(实训成果)进行考核评定。

2. 成绩评定

实训结束后根据学生上交的实训报告，结合学生参与实训的情况进行综合评价。最终成绩按“优秀”“良好”“中等”“及格”“不及格”五个等级评定。90 分及以上为“优秀”，80～89 分为“良好”，70～79 分为“中等”，60～69 分为“及格”，59 分及以下为“不及格”。具体评分标准如表 1.1.1 所示。

表 1.1.1　评分标准

评 分 标 准	满　分
1. 作风务实，积极参与团队研讨，按规定内容及进度开展各项工作，按时完成策划项目任务	20
2. 能运用科学的方法进行市场营销环境调研，信息收集、处理方法正确，有综合、收集和正确利用各种信息的能力	30
3. 对市场营销环境的调查分析论据充分，结构严谨合理	30
4. 调查报告逻辑性好，阐述语言准确，表达清楚	20

任务二　调查数据处理之相关与回归分析实训

一、实训目的

本任务重点培养学生的两项专业技能：① 市场调查数据的相关分析技能；② 市场调查数据的回归分析技能。同时对培养学生根据相关分析结果了解指标间的相关关系和根据回归分析做出预测判断能力有较好的促进作用。

二、实训原理

(一) 相关分析

1. 相关分析的定义

相关分析(correlation analysis)是一种非确定性的关系，例如，以 X 和 Y 分别记一个人的身高和体重，或分别记每公顷施肥量与每公顷小麦产量，则 X 与 Y 显然有关系，而又没有确切到可由其中的一个去精确地决定另一个的程度，这就是相关关系。相关分析就是研究现象之间是否存在某种依存关系，并对具体有依存关系的现象探讨其相关方向以及相关程度，是研究随机变量之间的相关关系的一种统计方法。

2. 相关分析的种类

(1) 线性相关分析

研究两个变量间线性关系的程度。用相关系数 r 来描述，r 的大小能反映出变量间的不同种类的相关关系。$|r|>0.95$ 表示存在显著性相关；$|r|\geq 0.8$ 表示高度相关；$0.5\leq|r|<0.8$ 表示中度相关；$0.3\leq|r|<0.5$ 表示低度相关；$|r|<0.3$ 表示关系极弱，认为不相关。一般地，如果 x，y 变化的方向一致，如身高与体重的关系，则认为二者正相关；如果 x，y 变化的方向相反，如吸烟与肺功能的关系，则两个变量之间为负相关。r 的数值可以通过对定距连续变量的数据进行计算即 Pearson 相关系数法，或者当对分类变量的数据或变量值的分布明显非正态或分布不明时，通过 Spearman 和 Kendall 相关系数法先对离散数据进行排序或对定距变量值排(求)秩再得出 r 值。

(2) 偏相关分析

研究两个变量之间的线性相关关系时，控制可能对其产生影响的变量。如控制年龄和工作经验的影响，估计工资收入与受教育水平之间的相关关系。

(3) 距离分析

距离分析是对观测量之间或变量之间相似或不相似程度的一种测度，是一种广义的距离，分为观测量之间距离分析和变量之间距离分析。距离分析包括不相似性测度和相似性测度。

(二) 回归分析

1. 回归分析的定义

回归分析(regression analysis)是确定两种或两种以上变量间相互依赖的定量关系的一种统计分析方法。

2. 回归分析的种类

回归分析运用十分广泛，按照不同的标准，可以分为如下几类：

(1) 按照涉及的自变量的多少

按照涉及的自变量的多少，可将回归分析分为一元回归分析和多元回归分析。

(2) 按照自变量和因变量之间的关系类型

按照自变量和因变量之间的关系类型，回归分析可分为线性回归分析和非线性回归分析。此外，如果在回归分析中，只包括一个自变量和一个因变量，且二者的关系可用一条直线近似表示，这种回归分析称为一元线性回归分析。如果回归分析中包括两个或两个以上的自变量，且因变量和自变量之间是线性关系，则称为多元线性回归分析。现实数据常常不能完全符合上述假定。因此，统计学家研究出许多的回归模型来解决线性回归模型假定过程的约束。

3. 回归分析的主要内容

① 从一组数据出发确定某些变量之间的定量关系式，即建立数学模型并估计其中的未知参数。估计参数的常用方法是最小二乘法。

② 对这些关系式的可信程度进行检验。

③ 在许多自变量共同影响着一个因变量的关系中，判断哪个（或哪些）自变量的影响是显著的，哪些自变量的影响是不显著的，将影响显著的自变量选入模型中，而剔除影响不显著的变量，通常用逐步回归、向前回归和向后回归等方法。

④ 利用所求的关系式对某一生产过程进行预测或控制。

4. 回归分析的应用

相关分析研究的是现象之间是否相关、相关的方向和密切程度，一般不区别自变量或因变量。而回归分析则要分析现象之间相关的具体形式，确定其因果关系，并用数学模型来表现其具体关系。比如说，从相关分析中我们可以得知"质量"和"用户满意度"变量密切相关，但是这两个变量之间到底是哪个变量受哪个变量的影响、影响程度如何，则需要通过回归分析方法来确定。

一般来说，回归分析是通过规定因变量和自变量来确定变量之间的因果关系，建立回归模型，并根据实测数据来求解模型的各个参数，然后评价回归模型是否能够很好地拟合实测数据的方法；如果能够很好地拟合，则可以根据自变量做进一步预测。例如，如果要研究质量和用户满意度之间的因果关系，从实践意义上讲，产品质量会影响用户的满意情况，因此设用户满意度为因变量，记为 Y；质量为自变量，记为 X。根据自变量和因变量建立相应的线性关系式，如

$$Y = A + BX + \S$$

式中，A 和 B 为待定参数，A 为回归直线的截距；B 为回归直线的斜率，表示 X 变化一个单位时，Y 的平均变化情况；$\S$ 为依赖于用户满意度的随机误差项。在 SPSS 软件里可以很容易地实现线性回归，得出回归方程中涉及的未知量前的系数。

除了简单地涉及一个自变量的线性回归问题，在数据分析的时候，我们也可以将此推广到多个自变量的多元回归，具体的回归过程和意义请参考相关的统计学书籍。

5. 回归分析的步骤

（1）确定变量

明确预测的具体目标，也就确定了因变量。如预测具体目标是下一年度的销售量，那么销售量 Y 就是因变量。通过市场调查和查阅资料，寻找与预测目标的相关影响因素，即自变量，并从中选出主要的影响因素。

（2）建立预测模型

依据自变量和因变量的历史统计资料进行计算，在此基础上建立回归分析方程，即回归分析预测模型。

（3）进行相关分析

回归分析是对具有因果关系的影响因素（自变量）和预测对象（因变量）所进行的数理统计分析处理。只有当自变量与因变量确实存在某种关系时，建立的回归方程才有意义。因此，作为自变量的因素与作为因变量的预测对象是否有关，相关程度如何，以及判断这种相关程度的把握性多大，就成为进行回归分析必须要解决的问题。进行相关分析，一般要求出相关关系，以相关系数的大小来判断自变量和因变量的相关程度。

（4）计算预测误差

回归预测模型是否可用于实际预测，取决于对回归预测模型的检验和对预测误差的计算。

回归方程只有通过各种检验,且预测误差较小,才能将回归方程作为预测模型进行预测。

(5) 确定预测值

利用回归预测模型计算预测值,并对预测值进行综合分析,确定最后的预测值。

我们以 SIM 手机的用户满意度与相关变量的线性回归分析为例,来进一步说明线性回归的应用。从实践意义上讲,手机的用户满意度应该与产品的质量、价格和形象有关,因此我们以“用户满意度”为因变量,“质量”“形象”和“价格”为自变量,做线性回归分析。利用 SPSS 软件的回归分析,得到回归方程如下:

用户满意度=0.008×形象+0.645×质量+0.221×价格

对于 SIM 手机来说,质量对其用户满意度的贡献比较大,质量每提高 1 分,用户满意度将提高 0.645 分;其次是价格,用户对价格的评价每提高 1 分,用户满意度将提高 0.221 分;而形象对产品用户满意度的贡献相对较小,形象每提高 1 分,用户满意度仅提高 0.008 分。回归方程各检验指标及含义如表 1.2.1 所示。

表 1.2.1 回归方程检验指标及含义

指标	显著性水平	意 义
形象	0.008	1.000,“形象”变量对回归方程几乎没有贡献
质量	0.645	0.001,“质量”对回归方程有很大贡献
价格	0.221	0.001,“价格”对回归方程有很大贡献

从方程的检验指标来看,“形象”对整个回归方程的贡献不大,应予以删除。所以重新做“用户满意度”与“质量”“价格”的回归方程如下:

用户满意度=0.645×质量+0.221×价格

对于 SIM 手机来说,质量对其用户满意度的贡献比较大,质量每提高 1 分,用户满意度将提高 0.645 分;用户对价格的评价每提高 1 分,用户满意度将提高 0.221 分(在本示例中,因为“形象”对方程几乎没有贡献)。

6. 回归分析需要注意的问题

应用回归分析预测法时应首先确定变量之间是否存在相关关系,如果变量之间不存在相关关系,对这些变量应用回归分析预测法就会得出错误的结果。正确应用回归分析预测法时应注意以下几点:

① 用定性分析判断现象之间的依存关系。

② 避免回归分析预测的任意外推。

③ 应用合适的数据资料。

三、参考案例

回归分析预测法预测新田公司销售

(一) 新田公司的发展现状

新田公司全称为新田摩托车制造有限公司,成立于 1992 年 3 月,当时的锡山市(原无锡县)有两个生产摩托车的乡镇企业:查桥镇的捷达摩托车厂和洛社镇的雅西摩托车厂。这两家厂各具特点:雅西摩托车厂完全是自主生产,除发动机外其余配件都由本厂生产;捷达摩托车厂则是装配型厂,配件由其他厂家生产,本厂只是组装(后来也发展成了连发动机都生产的综合型企业)。顾建新当时还只是一家村办企业的供销员,他就瞄准了摩托车行业的发展前景,于是想方设法和捷达厂取得了联系,从 1992 年 3 月起为捷达厂生产两种型号的减震器,厂名是无锡减震器厂,由此开始了企业发展的道路。

减震器厂自成立以后,随着捷达摩托车厂摩托车年产量的不断增长而得到了迅速发展。后来,顾建新终于有了一个极好的机会:捷达摩托车厂的销售部门和捷达摩托车的销售商产生了矛盾,因此捷达摩托车的销售商答应顾建新,若顾建新也能生产出和捷达差不多质量的摩托车,则他们会在相同条件下优先销售顾建新生产的摩托车。有了这个承诺,顾建新成立了新田摩托车制造有限公司,开始生产新田牌摩托车。

新田公司成立以后,在顾建新总经理和匡建中总工程师的领导下,开始了艰苦的创业过程,经过六年多的奋斗,新田公司终于从一个 20 多人的小厂发展成了如今的工人总数超过 400 人、日产摩托车超过 200 辆、年利润超过 2000 万的集团型企业,新田摩托车的配件包括发动机在内都由本企业自主生产。

新田公司如今已是一个企业集团,除公司本部(总装厂)外,还有减震器厂、发动机厂、塑件厂、车架车间、油箱车间、喷涂车间等独立部门,这些部门除满足新田公司所需配件外,还可以对外供应。由于摩托车市场的竞争日趋激烈,新田公司的销售模式由代理制转向了派员销售制(由公司往各城市直接派出销售人员,负责各城市的销售工作),以减少中间环节,确保公司产品在整个摩托车市场的竞争力。同时,由于销售模式的转变,也带来了生产模式的变化:以前是根据各地代理商的订货量来组织生产,现在则必须根据销售情况和对将来销售情况的预期来组织生产,这给企业的生产组织带来了极大的困难。

(二)新田公司销售的历史数据及要解决的问题

到目前为止,新田公司已取得了飞跃性的发展,这可以从新田公司的销售数据中看出来。表 1.2.2～1.2.4 就是新田公司主导产品的销售数据。从表中的数据可以看出,新田公司的生产销售形势还是比较好的,从总体上来说处于上升趋势,但某些车型的销售也有下降趋势。同时,还有一些问题从销售数据上是看不出来的。自从公司实行派员销售制以来,由于销售的预期值估计不准,常常出现工人加班加点仍赶不上交货时间或工人上了班却无事可做的情况。顾建新总经理和其他公司领导也都发现了这个问题,并找出了原因,但由于技术上的原因而无法解决。因此,新田公司目前急需解决的问题就是如何来进行准确可行的销售预测,以保证公司的正常运行。

表 1.2.2 新田公司 2014 年第一季度销售数据

XT150-T	XT150-H	XT125-C	XT125-W	XT100-W	XT100-G	XT50-K	总数
665	897	1660	1500	1529	1608	933	10372

表 1.2.3 新田公司 2014 年第二季度销售数据

XT150-T	XT150-H	XT125-C	XT125-W	XT100-W	XT100-G	XT50-K	总数
668	350	1808	1581	1542	1503	1603	9862

表 1.2.4 新田公司 XT50-M 在无锡的销售数据

年 份	第一季度	第二季度	第三季度	第四季度
2010 年	150	170	172	180
2011 年	201	230	233	245
2012 年	258	292	284	298
2013 年	283	255	209	199
2014 年	175	160	122	90

由于新田公司销售预测中只用到一元线性回归预测法，而一元线性回归又是一种广泛应用并且比较简单的预测方法，因此，只需对一元线性回归模型做简单介绍。

1. 预测模型

设 X 为自变量，Y 为因变量，Y 与 X 之间存在某种线性关系，一元线性回归模型为

$$y_i = a + bx_i + \varepsilon_i,\quad i = 1,2,\cdots,n$$

式中 ε 为各种随机因素对 y 的影响总和，ε 服从正态分布 $N(0,\sigma^2)$，设 $\hat{y}_i = a + b x_i$。对此，$\sum(y_i - \hat{y}_i)^2 =$ 最小值，可以通过最小二乘法来估计模型的回归系数。根据最小平方原理，必须符合以下条件：

$$\sum(y_i - \hat{y}_i)^2 = \text{最小值}$$

$$\sum(y_i - \hat{y}_i) = 0$$

根据最小二乘法要求，记 $Q = \sum(y_i - \hat{y}_i)^2 = \sum(y_i - a - b x_i)^2$。

根据极值原理，为使 Q 具有最小值，可分别对 a、b 求偏导数，并令其等于零，即

$$\frac{\partial Q}{\partial a} = -2\sum(y_i - a - bx_i) = 0$$

$$\frac{\partial Q}{\partial b} = -2\sum x_i(y_i - a - bx_i) = 0$$

整理得：

$$na + b\sum x_i = \sum y_i$$

$$a\sum x_i + b\sum x_i^2 = \sum x_i y_i$$

对上两式联立求解，即可得到回归系数的估计值：

$$\hat{a} = \frac{\sum y_i}{n} - \hat{b}\frac{\sum x_i}{n},\quad \hat{b} = \frac{n\sum x_i y_i - \sum x_i \sum y_i}{n\sum x_i^2 - \left(\sum x_i\right)^2}$$

相关系数 R 可根据最小二乘原理及平均数的数学性质得到：

$$R = \frac{n\sum x_i y_i - \sum x_i \sum y_i}{\sqrt{n\sum x_i^2 - \left(\sum x_i\right)^2}\sqrt{n\sum y_i^2 - \left(\sum y_i\right)^2}}$$

相关系数 R 的绝对值的大小表示相关程度的高低。

当 $R=0$ 时，说明是零相关，所求回归系数无效。

当 $|R|=1$ 时，说明是完全相关，自变量 X 与因变量 Y 之间的关系为函数系。

当 $0<|R|<1$ 时，说明是部分相关，R 值越大相关程度越高。

估计标准差

$$s_y=\sqrt{\frac{\sum y^2-\hat{a}\sum y-\hat{b}\sum xy}{n-2}}$$

预测区间

$$\hat{y}_0 \pm i_{\frac{a}{2}}(n-2)\, s_y \sqrt{1+\frac{1}{n}+\frac{n\,(x_0-\bar{x})^2}{n\sum x^2-\left(\sum x\right)^2}}$$

在上式中，a 为显著水平，$n-2$ 为自由度，y_0 为 y 在 x_0 的估计值。

2. 预测计算

根据上面介绍的预测模型，计算 XT125-C、XT150-W 的预测结果，这里不再给出计算过程而直接写出结果。

XT125-C 的预测结果为

$$\hat{b}=73.9,\quad \hat{a}=-17.2,\quad \hat{y}_i=1682,\quad R=0.99,\quad s_y=16.56$$

预测区间为(1641,1723)($i_{0.025}$(20=2.086))。

XT125-W 的预测结果为

$$\hat{b}=31.9,\quad \hat{a}=789,\quad \hat{y}_i=1523,\quad R=0.99,\quad s_y=29.13$$

预测区间为(1450,1596)($i_{0.025}$(20=2.086))。

3. 预测结果分析

从上面的预测结果来看，XT125-C、XT150-W 的预测中，相关系数 R 都非常接近于 1，也就是说，这两种车型的销售量和时间基本上是线性关系的，相关程度非常高。

四、实训操作方法

本实训主要对调查数据进行回归分析，实训步骤如下：

① 学习实训原理。学生对相关分析和回归分析方法进行学习与总结，掌握相关分析和回归分析的基本原理与方法。

② 收集数据。

③ 进行数据分析。完成相关分析和回归分析并做出预测。

操作说明：以小组为单位，每组成员不超过 6 人，并对项目任务进行合理分工。

五、实训项目任务

实训项目：益益乳业“美丽键”产品市场调查与预测

① 开展市场调查。利用问卷法、询问法收集一手资料，利用网络等途径收集二手资料，了解益益乳业淮南市场环境，包括产品市场分销资源、相关中间商的经营特点、市场竞争

情况。

② 开展消费者购买行为和消费者偏好调查。

③ 在市场调研收集数据的基础上进行回归分析，了解益益乳业“美丽键”产品在淮南市场的销售情况并根据回归分析结果做出预测。

益益乳业“美丽键”产品市场调查与背景分析资料

公司简介：安徽益益乳业有限公司坐落在风景秀美的淮河之滨，拥有安徽最大的纯天然平原牧场，具有50年的专业奶牛养殖和乳品加工经验，凝练成今天安徽最大的优质奶源基地、乳制品加工基地和绿色食品基地，国家学生奶定点生产企业，安徽省唯一通过婴儿奶粉生产许可证的乳业企业。

产品类型：目前，公司产品有奶粉、超高温灭菌奶、巴氏杀菌奶、酸牛奶、鲜牛奶、含乳饮料等8大类、9个系列、80多个品种，乳品生产线10多条。现有5个规模化奶牛场、165个专业化家庭奶牛场及周边3600多个养牛专业户，存栏奶牛达9500多头，占全省奶牛总存栏数的41%，年产鲜奶4.2万吨以上，占全省总产量的60%以上。其中，“美丽键”产品定位中端牛奶消费者，一推出市场就受到广大消费者的欢迎。为了了解该产品近年来市场份额及未来发展情况，在对益益乳业“美丽键”产品进行市场调查的基础上，进行产品销售额回归分析和未来市场占有率预测。

（注：学生也可根据自己的兴趣选择一家真实的企业产品作为研究项目，经指导老师批准即可。）

六、预习要求与思考题

预习相关分析和回归分析的基本内容和相关步骤，熟悉SPSS软件对该数据进行相关性分析和回归分析的方法，明确实训任务要求。

七、实训成绩评价

1. 考核方式

考核方式包括过程考核、成果考核两部分，其中过程考核占30%，成果考核占70%。过程考核主要是针对学生参与实训过程的有关情况（参与态度、完成进度）进行考核评定；成果考核主要是针对学生应用SPSS进行回归分析的结果（实训成果）进行考核评定。

2. 成绩评定

实训结束后根据学生上交的实训报告，并结合学生参与实训情况进行综合评价。最终成绩按“优秀”“良好”“中等”“及格”“不及格”五个等级评定。90分及以上为“优秀”，80～89分为“良好”，70～79分为“中等”，60～69分为“及格”，59分及以下为“不及格”。具体评分标准如表1.2.5所示。

表 1.2.5　评分标准

评 分 标 准	满　分
1. 作风务实，积极参与团队研讨，按规定内容及进度开展各项工作，按时完成策划项目任务	20
2. 能独立查阅相关文献和进行项目产品市场营销环境调研，有综合、收集和正确利用各种信息的能力	30
3. 能正确运用统计分析的方法，信息处理正确	30
4. 实训报告逻辑性好，阐述语言准确，表达清楚；报告书编制符合要求	20

项目二　推销能力与技巧模块实训指导

项目概述

推销能力是市场营销专业人才必备的基础能力之一，在营销能力层次中推销能力和技巧被归于业务操作能力，是从事销售管理工作的基础。本项目包含了两个实训任务，即大客户拜访推销训练和店面及销售现场人员推销训练。本项目将利用案例、体验、实训演练等方式进行推销能力和技巧的培养与训练。

实训重点

本项目要求学生在了解推销的基本知识的基础上，重点训练推销人员应具备的各项能力和各种推销技巧。这些能力和技巧包括：推销员形象和体态展示、推销语言运用技巧、推销人员应注意的细节之处、如何寻找最佳推销对象、如何建立并获得客户信任、如何说服客户、巧妙化解客户的抵触、正确处理客户抱怨、迅速促进成交技巧等。

实训难点

1. 推销破冰——如何迅速与客户建立联系并取得信任。
2. 推销说服——如何有效说服客户并化解客户抵触。
3. 推销成交——如何把握并促进交易实现。

任务一　大客户拜访与推销技能实训

一、实训目的

通过实训使学生了解对大客户拜访和推销中应注意的问题和细节，掌握寻找大客户、意向性接触，进一步沟通、准确有效地推介产品、成功解决推销障碍、说服成交等大客户拜访的关键程序和方法。

二、实训原理

对于企业来说，大客户的贡献率经常超过总利润的50%，开发大客户资源成了企业利润的主要保障与突破口。但大客户不同于一般顾客,其专业性要求很高,也是各类竞争对手关注的焦点。因此,大客户拜访与推销的实训项目要从多方面入手开展训练。

(一)大客户的概述

1. 大客户的定义

大客户(key account,KA),又被称为重点客户、主要客户、关键客户、优质客户等。大客户是指对产品(或服务)消费频率高、消费量大、客户利润率高而对企业经营业绩能产生一定影响的要害客户。

2. 优质大客户的特征

① 已是公司产品的拥有者,对公司的产品与服务有迫切的需求。

② 客户对公司和公司所在的行业、公司的产品或者服务持肯定态度。

③ 客户有很强的经济实力。

④ 客户对他的人际圈有很强的影响力。

3. 大客户的类型

第一类客户是喜欢表现、喜欢荣誉的客户。主动愿意给公司介绍其他客户,而他不要任何好处,只是比较喜欢出风头,好表现自己。每个人都喜欢听到好听话,客户也不例外。因此,赞美就成为接近顾客的好方法。赞美顾客必须要找出别人可能忽略的特点,而让顾客知道我们的话是真诚的。赞美不是拍马屁,它要先经过思索,不但要有诚意,而且要选定既定的目标。例如:“张总,您好!我们公司最近安排对我们的金牌业主进行一场拜访活动,我就一下子想到了您,很想向您请教下您事业的成功经验,是通过什么样的方法让事业、家庭两不误的,您看什么时候方便,我过来参观学习?”

第二类客户是现实客户。他很看重物质利益,要求得到好处,比如折扣、提成等。几乎所有的人都对钱感兴趣,省钱和赚钱的方法很容易引起客户的兴趣。例如:“张总,您好!我们公司前天开会做出一个决定,针对我们的老客户特别制订了一次返利活动计划,凡是能够推荐朋友成功购买本公司产品的,我们给×××元的返利。所以我就想到您了,特地过来拜访下您。”

第三类客户是需要推销人员帮助的客户,比如说他在解决技术难题、融通资金等方面需要推销人员给予帮助。

第四类客户是单纯的友谊客户,纯粹是出于朋友之间关系帮忙的。

(二)拜访大客户的目的

销售人员拜访客户目的是什么呢?有人说是为了与客户建立共识;有人说是了解客户需求;有人说是为了客户更好地认同自己的公司、认同自己的产品;有人则说是为了成交。无论哪类说法,拜访的最终目的都是为了把产品更好地推销出去。上门拜访的目的是推销自己和企业文化而不单单是产品(过于强调产品会使客户产生戒备心理)。

(三)拜访客户的步骤

1. 拜访前准备

(1)了解客户现状

客户公司的行业背景、行业地位,最近公司的动向、主要客户是谁、竞争对手是谁,年销售额大概是多少等(这些可以通过在网上查阅公司的黄页来了解);客户所在部门、职位,在公司多长时间,工作经历、教育经历、兴趣爱好、籍贯、家庭情况等。

(2) 物料准备

个人名片、笔记本、电脑、项目手册、产品资料、PPT、影视宣传片等。在有条件的时候,拜访者还可以随身携带一些小礼物赠送给客户,当然小礼物的价值不能太高,否则客户会误以为行贿受贿而不敢收取,我们所要表达的意思仅仅是“礼轻情意重”。

(3) 仪表准备

“第一印象的好坏 90%取决于仪表”,上门拜访要想成功,就要选择与个性相适应的服装,以体现专业形象。一般来说拜访时着装不要太职业化。销售所需要的是一种由内而外的气质。在和客户接触的过程中,彬彬有礼的举止、专业而生动的产品知识解说、婉转而得体的邀约都可以充分地展示推销员的个人魅力。

作为销售人员,在拜访客户的时候的基本礼仪应该注意哪些呢?

① 销售人员在拜访客户时穿着的服装应清洁、方便、不追求修饰。女性职员要保持服装淡雅得体,不得过分时髦:现代女性热衷流行的时装是很正常的现象,即使你不去刻意追求,流行也会左右着你。流行的东西是因为它美才能被人们接受,但这种美并不等于所有场合下都能收到合适的效果。女性职员在与客户交流的时候,美主要体现在工作能力上,而非赶时髦的能力上。

② 衣着不得过分暴露:夏天的时候,许多职业女性不够注重自己的身份,穿起颇为性感的服饰。这样智慧和才能便会被埋没,甚至还会被看成轻浮。因此,再热的天气也应注重自己仪表的整洁大方。

③ 衣着不得过分潇洒:最典型的样子就是一件随随便便的 T 恤或罩衫,配上一条泛白的“破”牛仔裤,丝毫不顾及客户感受。这样的穿着可以说是非常不合适的。

④ 衣着不得过分可爱:在服装市场上有许多可爱的款式,也不适合拜访客户时穿着。这样会给人不稳重的感觉。

⑤ 男士服装要特别注意领子和袖口保持整洁。男士不要穿短裤和赤脚穿凉鞋,风纪扣和纽扣要扣好。如穿前后身长不齐的衬衣时,应将衬衣下端纳入裤腰内,并注意整理头发和胡须,剪短指甲。不要脱衣挽袖,在室内应脱去帽子、围巾等。

2. 选取拜访时间

拜访客户的时间也很有讲究。一般来说,上午 9 点半至 10 点半、下午 2 点至 3 点之间是非常适合拜访客户的时间。在这个时间段拜访客户,一方面客户正好处于上班时期,双方精力都很充沛,精神状态也非常不错;另一方面,双方都有充足的时间来进行深入的沟通和交流,如果谈到兴浓时,双方还可以约好一起吃午餐或晚餐,继续深入沟通。其他的时间段拜访客户,则需要看拜访对象是谁,预计拜访时间要多长,然后才好做出相应的安排。比如说去拜访一个非常重要的客户,而这个客户又是喜欢在外吃饭的,那么就应该“顺应”客户的需求,主动提出在上午 10 点半至 11 点、或者是下午 3 点半至 4 点半之间拜访他,然后谈论一个多小时,就可以直接约好一起出去吃饭了。原则上,不应该上午或下午刚上班时就去拜访客户,因为这种时候,往往是客户处理杂事、安排工作的时候,客户会非常忙,其重心和关注度也不在这次会谈上。

3. 电话预先约定及确认

当确定一个联系人时,不要认为自己的能力已经足够随机应变,拿起电话就可以直接沟通,就算是经验很丰富的销售员,临时组织语言的能力,也仅仅是精心准备后的说服能力的30%～50%。打电话之前深吸一口气,把自己想要说的写在纸上,面带微笑,拨打电话(推销员的微笑可以通过电话传递给客户)。

如:“王总,您好！我是某某公司的小刘,您看最近几天有时间吗?公司安排我对本公司的金牌客户进行一次日常拜访,看看您对我们公司的发展有没有一些好的意见,同时我个人也想像您这样的成功人士多学习一些企业生产管理的经验,请您多指导一下。”

拜访前要事先和对方约定,以免扑空或扰乱主人的计划。拜访时要准时赴约,时间长短应根据拜访目的和主人意愿而定,通常宜短不宜长。

4. 与客户的寒暄

进门后,拜访者随身带来的外套、雨具等物品应搁放到主人指定的地方,不可任意乱放。对室内的人,无论认识与否,都应主动打招呼。如果推销员带其他人来,要介绍给主人。见到客户时要以热情和老熟人的口吻向客户打招呼问候,如:“王总,上午好啊!”主人端上茶来,应从座位上欠身,双手捧接,并表示感谢。同时,为营造一个好的会谈气氛,重新拉近彼此之间的距离,让客户对你的来访产生一种愉悦的心情,可以适当对主人的工作环境等做出积极的评价,如:“王总,您办公室今天新换了一幅风景画啊,看起来真不错!”

5. 顾客接近的技巧

(1) 称赞顾客的开场白

称赞别人是一种很好的开场白方式,每个人都有希望得到别人的赞赏,得体的赞美很容易被人注意的。所以,在谈话的伊始适当地赞美一下客户,便能有效唤起客户的注意。你可以根据客户的外表、衣着、谈吐、气质、工作、地位、智慧、能力、性格、品格等,只要具体、得体、恰到好处,对方的任何方面都可以成为赞美的内容。比如今天客户的发型、衣着、办公室摆设等,从客户身边的细节来挖掘客户的喜好,从而深入话题。

(2) 利用好奇心做开场白

利用人们对陌生人以及物品产生好奇的心理,直接把客户的注意力转移到自己的产品上,并抓住客户观察产品的时间去说服客户,当客户了解到你的意图之后,可能已经准备购买了。如:“您知道吗?我们公司在×××新项目上应用了新的技术,进行了第三代产品的实验,它是现代高科技和环境的完美融合。它的特点有……”

(3) 许诺好处、利益的开场白

如“张总,您好!我们公司前天开会做出一个决定,针对我们的金牌客户特别制订了一次让利活动计划,凡是能够推荐朋友成功购买公司产品的,我们给予推荐者×××元的激励,感谢您对我们公司的认可和关照!所以我就想到您了,特地过来拜访下您。”

6. 产品介绍的技巧

(1) 直接讲解法

这种方法节省时间,很符合现代人的生活节奏。在讲解时要注意重点,讲解的内容应易于为顾客了解。销售员直接明了地向大客户介绍产品,会让客户觉得这个销售员的工作很有效率,还懂得替客户着想,节省顾客的时间和精力,于是很容易被顾客接受。

(2) 举例说明法

可以举些使用产品的实例,说明它具有哪些效用、优点及特性。不直接向客户讲解,可以使客户感到轻松和容易接受,所以间接的办法得到了广泛的应用。虽然是间接介绍产品的效用、优点及特性，但销售人员应该记住在介绍时始终不能脱离销售这个主题，不然就起不到应有的作用了。要注意的是举例不能乱说一通，要实事求是。和直接介绍相比，间接介绍产品会花费更多的时间和精力，但是可能会更容易被客户接受。所以，间接介绍产品也不失为一种很好的方法。

(3) 借助名人法

运用这种方法时一定要是真人实事，否则后果不堪设想。利用一些有名望的人来说明产品事实上就是利用一种“光环效应”，当人们觉得某个人有威望时，就会相信他所做的决定。

(4) 实际示范法

像卖玻璃刀的人那样，一刀一刀地切割玻璃，买者一目了然，看到它好用，自然会愿意购买。实际上运用这个方法等于直接向客户介绍了产品的效用、优点及特性，有时效果会更好，因为它符合客户的心理。有时销售员还可以请客户演示，因为客户更相信客户，而且客户亲自使用了产品更会相信产品的好处。

(5) 展示解说法

此法与上面的实际行动示范法有共同之处，就是都将产品展示在客户面前。所不同的是前者只用实际示范要客户相信，后者则是边展示边解说。生动的描绘与说明加上产品本身的魅力，更容易使客户产生购买欲望。因此在展示产品时要特别注意展示的步骤与艺术效果，注意展示的气氛。

(6) 文图展示法

这种方法既方便又生动、形象，给人以真实感。这里不但要注意展示的真实性、艺术性，还要尽量使展示图文并茂，这样销售效果会更好。在很多时候，销售员可以利用一些文字与图片的色彩和画面来吸引客户的目光。只要销售员展示得好，就会让客户感到满意。

(7) 资料证明法

一般产品的销售往往用这种方法，因为证明资料最容易令客户信服，如某产品获××奖，或经过××部门认定等资料，最具说服力。如果能在洽谈、演示之中不知不觉地使客户了解证明资料，效果会更好。

7. 化解客户的抗拒心理

一般说来，客户的拒绝理由大概都可以归结为三个类别：

(1) 不需要这个产品

销售人员经常碰到的拒绝就是“不需要”。也许客户说得对，但事实上，大多数“不需要”仅仅是一个借口，或者是客户在故意拖延时间。统计的数据表明，将近80%的顾客对他们现有的产品或者服务感到不满意，但却不想采取任何措施去改变现状，85%的客户实际上没有非常明确的需求。客户对销售人员做出“不需要”的拒绝可能是由于销售人员喋喋不休地介绍自己的产品或者服务，或者由于刚刚有过一个销售人员惹恼了客户，导致客户把怨气发在你的身上，不过，值得庆幸的是，尽管“不需要”是客户最经常采用的拒绝方式，但却是最容易避免的拒绝。良好的利益陈述能够降低客户的排斥心理，只要销售人员能够讲得使客户略感兴趣，那么就有了打开成功大门的钥匙。当然，客户“不需要”的情况有时是真实的，那么这种拒绝实际上是没有成功销售希望的。作为一个销售人员，尽量利用多种手段充分地了解客户，才能有效地区分真“不需要”还是假“不需要”。

(2) 不着急改变现状

推销员与客户坐在一起商谈，相处得非常融洽，商谈在非常轻松的气氛下进行，能感受到彼此之间的相互信任。客户非常清楚他们的需要，双方几乎就可以达成交易，然而，在最后的关键时刻，客户提出要求给一点时间再考虑一下，然而从此之后，这件事就杳无音信了。这种情况最让销售人员感到沮丧，眼看订单已经落在自己口袋里了，却没想到口袋是漏的。得过且过是每个人的天性，所以在销售的整个过程中，最紧要的是时时保持紧绷的神经，不因为过程比较顺利而放松了神经。同时，销售人员应该尽量使客户保持比较强烈的需求感。

(3) 现在没有资金

遭受“没钱”的拒绝实在让人懊恼，销售过程最终达成的最大难点就在这里。但是你是否遇到过如下经历：如果仅仅是擦破了一点儿皮，你绝对不会花很多的钱找很好的大夫来治伤，但是如果你得了很严重的病，你绝对不会在乎花多少钱才能请到好大夫(当然是在力所能及的范围内)。这个道理告诉我们，如果需求是强烈的和必需的，以至于是一种紧迫的需求，“没钱”的借口就不攻自破。这给推销员的启示是不要被客户“没钱”的借口所迷惑，如果出现这种情况，只能说明你在介绍你的产品或者服务的时候，忘记了启发客户的需求。

所以，在销售洽谈的过程中，最初的几个阶段最为重要，在帮助客户做需求分析的时候，一定要让你的产品和服务给予客户强烈的需求印象，无论这个需求是真实的还是虚幻的。只要做到这一点，价格的问题就显得不重要了，而且你的报价在他们看来会变得相当合理。

8. 促成成交技巧

(1) 请求成交法

也叫直接发问法。用简单明了的语言，直截了当地向客户提出成交要求的一种方法。采用这种方法，推销员看准时机，主动“出击”。在合适的条件下使用请求成交法，才能达到预期效果。

(2) 假定成交法

该法是建立在“客户会买”的肯定假设上，推销员以此为出发点，逐步展开各种推销方法，一旦取得进展就可向客户提出成交请求。使用这种方法，推销员人为地提出了推销员与客户谈判的起点，让客户觉得成交是不可避免的。

(3) 解除疑问法

这是指在成交阶段客户异议已经发生，在这种情况下，针对客户异议设法转化解决，促使推销成功的一种方法。一般情况下，解决成交阶段的异议不能再用推销异议的处理办法和推销提示语言。需要通过异议探测，有针对性地解除客户的疑问。

(4) 诱导选择成交法

这是指由推销员为客户确定一个有效的选择范围，并要求客户立即做出抉择的成交方法。这是一种极好的方法，向客户提供两种不同的选择，使其在两者之中选其一，而不让其有可能做出第三种选择。

(5) 从众成交法

这是指推销员利用客户的从众心理，引诱或促使客户立即购买推销的产品的一种成交方法。推销员在运用从众成交法时必须以事实为依据，以信用为准绳，不可以捏造事实欺骗客户，否则，客户的从众效应反而会影响公司的信誉，破坏推销工作。

(6) 激将成交法

这是指推销员利用反暗示原理促使客户迅速成交的一种方法。推销员通过一定的语言技巧刺激客户的自尊心,促使客户在逆反心理作用下完成交易行为。激将成交法适用于特殊的客户,尤其对那些高傲孤僻、严肃拘谨、不擅人际交往、不重感情、轻视别人、主观固执、自以为是、自尊心强、心胸狭隘的客户效果更佳。使用激将成交法要把握分寸,善意刺激,促使客户反其道而行之。

(7) 小点成交法

对于价格较高的产品,一般客户不会轻易做出购买决策,而要在决策前反复考虑,有时即使经过反复考虑仍会拿不定主意。推销员应不直接提出成交,以避免在客户心里造成压力,而是通过一系列的试探性提问,逐步清除客户心中的疑虑,循序渐进,积少成多,逐步接近目标。

(8) 提示成交法

这是指推销员通过对推销品的优点及购买以后的利益进行概括汇总提示,促使客户做出购买决定的方法。只要推销员明确列举商品的特征、优点与效益,并保证满足客户的需求,让客户自己来衡量其中的得失利弊,做出适当的选择;如果所得利益大,客户便会答应成交。否则任凭推销员怎样说服,也很难成交。

(9) 优惠成交法

这是指推销员利用客户的求利心理,通过为客户提供优惠条件吸引客户购买推销品的成交方法。它是遵循留有余地的策略来开展推销成交工作的,在推销成交难于达成的情况下,及时推出各种优惠条件便于解除推销成交的困境。

(10) 机会成交法

这是指通过及时向客户提示最后成交机会,而促使客户立即购买推销品的成交方法。在推销成交阶段,可以利用的成交机会有价格优惠、组合商品数量、各种促销手段等。使用机会成交法可以向客户施加压力,增强成交的说服力和感染力。

三、参考案例

布鲁斯与霍顿女士的第一次见面

布鲁斯是专门销售上光用油漆的公司的销售人员,他将要和泰尔公司的采购代表霍顿女士会面。过去两家公司曾经会面过,但是没有达成买卖协议。这次是布鲁斯第一次与霍顿女士见面。在预定的时间外足足等了 20 分钟,终于,一位秘书将他带进霍顿的办公室。

布鲁斯:你好,霍顿女士。我是葛林油漆公司的布鲁斯,我想和你谈谈我们的产品。(霍顿女士并没有理睬布鲁斯的微笑,而只是指着桌前面的一张椅子。)

霍顿:请坐。我想告诉你我手头现在有两个月的存货。而且,泰尔公司已经同那些供货商打了近三年的交道。

布鲁斯:(坐下)谢谢! 你知道,葛林油漆公司是全国最大的油漆公司之一。我们的服务和价格都是无可挑剔的。

霍顿:你为什么觉得你们的服务优于其他公司呢?

布鲁斯:因为我们对全国的每个销售点都保证在 24 小时内发货,如果我们当地的储备不足,我们会空运供货。我们是业界唯一通过空运的公司。另外,我们的油漆很牢固。你们通常的订货量是多少,霍顿女士?

霍顿:这要看情况而定。

布鲁斯：大多数公司都订一到两个月的货。你们一年之中共用多少油漆？

霍顿：只有看了你们的产品之后，我才想谈订货的问题。

布鲁斯：我明白，我只是想弄清你们的订货量，以便决定对你们的价格折扣。

霍顿：我想，你们的价格和折扣不会比现在的好。我想给你看一份价目单。

布鲁斯：我相信各个厂家之间油漆价格的竞争会很激烈，这是我们最新的价目单，你可以比较。如果把价格与产品质量和服务保证联系起来，你会发现我们的产品很具吸引力。

霍顿：也许吧！

布鲁斯：许多和你们公司类似的公司都有不止一家供货单位，这可以保证供货的稳定性，我们愿意成为你们的供货商之一。

霍顿：我只想有一家供货商，这样我可以得到更多的折扣。

布鲁斯：你考虑过两家轮流供货吗？这样你可以获得相同的折扣，并且货源更加充足。

霍顿：让我考虑考虑，把你随身带来的文件留下来我看看吧。

（资源来源：根据网络资料改编。）

问题：① 布鲁斯的个人基本素质怎样？

② 霍顿是什么类型的客户？什么才能吸引她呢？

③ 请对布鲁斯的整个推销过程进行评述。

④ 如果你是布鲁斯，你会做得有何不同？

四、实训操作方法

① 将学生分为若干小组，每组 2～6 人，每组设组长 1 名，负责组织工作。

② 各小组讨论分析实训要求，确定实训内容，并由组长确定具体人员分工。

③ 首先进行小组案例讨论，每个小组形成分析报告并制作 PPT 文件，再进行汇报演讲。

④ 然后小组成员分别扮演推销员和大客户经理，根据产品推销任务，进行场景模拟。

⑤ 其他组同学点评，最后由老师讲评。

五、实训项目任务

实训项目任务如表 2.1.1 所示。

表 2.1.1　实训项目

项目	实训内容		推销员(模拟)	大客户经理(模拟)
一	案例分析		分析参考案例，撰写分析报告，制作汇报 PPT	
二	现场推销训练	电话约见	针对大客户经理的不同措辞，推销员要设计出合理的应答方法	•“我很忙，没有时间” •“我对这个不感兴趣” •“你先传个资料，我们看一看再联系” •“我在开会”或“我不在办公室” •“你怎么知道我电话的”

续表

<table>
<tr><th>项目</th><th colspan="2">实训内容</th><th>推销员(模拟)</th><th>大客户经理(模拟)</th></tr>
<tr><td rowspan="4">二</td><td rowspan="4">现场推销训练</td><td>客户拜访</td><td>·要求设计 2～3 种开场方法,如调查开场法、赞美开场法、提供信息开场法、利益开场法等
·运用倾听和询问方法,了解客户的需求</td><td>针对推销员的言辞,做出适当的回应</td></tr>
<tr><td>产品推介</td><td>·要求设计 2～3 种产品推介方法,如直接法、举例法、说理法、假设法等
·正确地演示产品</td><td>针对推销员的言辞,做出适当的回应</td></tr>
<tr><td>抗拒化解</td><td>针对大客户经理的不同措辞,推销员要设计出合理的应答方法</td><td>·“我考虑考虑”
·“价格太贵了”
·“其他公司的更便宜”
·“超出公司预算”
·“我很满意现在的供货企业”
·“我要征求上级的意见”</td></tr>
<tr><td>终结成交</td><td>·要求设计 2～3 种终结成交方法,如请求成交法、优惠成交法、假定成交法、从众成交法、激将成交法等
·熟悉签约的过程</td><td>针对推销员的言辞,做出适当的回应</td></tr>
</table>

六、预习要求与思考题

预习本实训原理,熟悉大客户拜访和推销的操作步骤,明确项目任务要求。

七、实训成绩评价

实训结束后根据学生上交的实训报告、并结合学生参与实训情况进行综合评价。最终成绩按“优秀”“良好”“中等”“及格”“不及格”五个等级评定。90 分及以上为“优秀”,80～89 分为“良好”,70～79 分为“中等”,60～69 分为“及格”,59 分及以下为“不及格”。具体评分标准如表 2.1.2 所示。

表 2.1.2 评分标准

评 分 标 准	满 分
1. 案例分析条理清晰,分析报告撰写认真,制作汇报 PPT 符合要求	30
2. 现场推销训练中,着装得体,语言得当,举止文雅	20
3. 角色扮演神态自然,情景模拟逼真,语言流利,口齿清楚	20
4. 推销方案逻辑性好,有一定的创新性,现场可信度较高,临场表现出一定的随机应变能力	30

任务二　店面及销售现场推销技能实训

一、实训目的

通过实训使学生了解店面及销售现场人员推销中应注意的问题、细节，掌握准确识别客户类型、发掘客户需求、通过言语沟通吸引和满足客户需求、打消客户疑虑、促成交易等店面及现场销售的关键程序和方法。

二、实训原理

店面及销售现场人员推销是指销售人员在产品销售现场与一个或一个以上可能成为购买者的人交谈做口头陈述，以推销产品，促进和扩大销售。常见的服装、家用电器、汽车、房地产等的销售都属于这一类。很显然，这一实训项目要从销售人员准确识别客户类型、发掘客户需求、通过言语沟通吸引和满足客户需求、打消客户疑虑、促成交易等多方面入手开展训练。

（一）SPIN 客户接近方法

SPIN 销售技巧的通俗叫法是顾问式的销售方法，20 世纪 90 年代后，大概有 80%以上的世界 500 强的公司都在推广这种销售方法。这套方法的宗旨就是尽量通过各种提问来引导客户思维，从而让客户自己说出需求。

1. 情况性问题（situation questions）

通过设置询问现状，来发现客户的一些隐藏的背景与信息。

2. 难题性问题（problems questions）

以难题性问题来探索客户隐藏的需求，使客户透露出所面临的问题，困难与不满足，由技巧性的接触来引起准客户的兴趣。比如可以询问客户："您对目前产品使用还满意吗？"

3. 隐喻性问题（implication questions）

隐喻性问题使客户感受到隐藏性需求的重要与急迫性，由销售人员列出各种线索以维持客户的兴趣，并刺激其购买欲望。比如可以询问客户："目前这套产品使用出现的问题，给您增加了很多麻烦吧？""这些麻烦增加了哪些不必要的工作呢？"

4. 需求—代价的问题（need-payoff questions）

一旦客户认同需求的严重性与急迫性，且必须立即采取行动时，成功的销售人员便会提出"需求—代价"的问题让客户产生明确的需求，以鼓励客户将重点放在解决方案上，并明确解决问题的好处与购买利益。

（二）FABE 产品推介法

1. 列出商品特征（features）

首先应该将商品的特征详细地列出来，尤其要针对其属性，写出其具有优势的特点。将这些特点列表比较。列表特点时，应充分运用自己所拥有的知识，将产品属性尽可能详细地表示出来。

2. 介绍商品的优点（advantages）

也就是说，所列的商品特征究竟发挥了什么功能，对使用者能提供什么好处。

3. 强调客户的利益（benefits）

即商品的优势带给客户的好处。利益推销已成为推销的主流理念，一切以客户利益为中心，通过强调客户得到的利益激发客户的购买欲望。

4. 保证满足消费者需要的证明（evidences）

亦即证明书、样品、商品展示说明、录音录像带等。

（三）打消顾客疑虑的方法

1. 提前列出客户疑虑并准备有效答复

销售人员最好提前想到并搜集一些客户疑虑，如产品或服务上存在的缺陷、交付能力等，为每种疑虑都准备最有力的回答和一套切实可行的解决方案。

例如，对于那些有风险的产品的疑虑，销售人员可以预先制订一套保险单计划，帮助客户规避风险；对于产品质量的疑虑，销售人员可以提供包换保修服务，也可以实现试用制度；对于大额销售项目，销售人员可以提供分期付款，也可以实行厂家贷款、客户分期付款等；对于复杂的技术疑虑，销售人员可以请专家讲解，也可以请专业研究机构进行鉴定等。

2. 请客户参与产品演示和鉴别

不要刻意掩饰产品的缺陷，也不要对客户的负面评论火上浇油。如果客户的疑虑是事实，你不妨直说：我也听到了别人这么说过。接着，请客户自己重新演示和鉴别产品的好坏，帮助其对产品进行比较，从而消除他们的疑虑和困惑。

这时需要销售人员能够清楚地了解竞争者的产品，能够解释他们的产品与自己的产品在特点、益处以及购买条件上的差别。在分析比较中，客户就能明白你的产品的优势了。

3. 恢复客户的信心

恢复客户信心是消除客户疑虑的重要方法之一。因为在决定是否购买时，客户信心动摇、开始后悔都是常见的现象。这时，客户对自己的看法和判断失去了信心，销售人员必须强化客户的信心和勇气，帮助他们消除疑虑。销售人员必须以行动和语言帮助客户消除疑虑。此时，专业销售人员的沉稳和自然展现的自信，都可以重建客户的信心。你必须知道自己掌握了状况，也一定要让客户知道这一点。消除客户疑虑的最佳武器就是这种自信。

4. 适时地给客户提建议

客户在决定购买产品时，需要他人肯定自己的决定是否明智，是否符合本身的利益。但客户表现疑虑的方式各不相同，他们可能不高兴、怀疑、唱反调，也可能不说话，或者面色不悦。不管客户表现出怎样的疑虑，你都必须一再提出保证，肯定客户购买产品是当下最明智的选择。所有客户都会有疑虑，而你必须帮助客户消除疑虑，客户才会愿意购买产品。

5. 迂回法消除客户疑虑

有时，如果针对客户的疑虑直接说过去，可能会越说越僵。这时，销售人员应微笑着将对方的疑虑暂时搁置起来，转换成其他话题，用以分散客户的注意力，瓦解客户内心所筑起的心理长城。等到时机成熟了，再言归正传，这时往往会出现山重水复疑无路，柳暗花明又一村的新天地、新转机。

6. 间接法消除客户疑虑

间接法又称为“是的……不过……”法。这个方法的最终目的虽然也是在于反驳对方的拒绝，消除对方的疑虑，但比起正面反击要婉转得多，拐了一个弯来说明我们的观点，间接地驳斥了对方的观点。在销售中，当销售人员介绍产品时，几乎每一个客户都会对产品心存疑虑。他们担心的问题可能是客观存在的，也有可能是客户心理作用而导致的。无论是出于什么原因，销售人员在处理客户疑虑时，都必须认真对待，采取主动的方式，及时发现客户的疑虑，并请客户讲出来，把销售当中的这个障碍当成向客户提供更多信息的机会，从而使客户消除疑虑，愿意购买产品。每位销售人员都不能忽视这个问题，不能一味地只求销售成功，应把解决客户问题作为一项重要内容来看待。

三、参考案例

汽车4S店现场销售

某天，一对夫妇来到了某品牌汽车的4S店，在与销售人员寒暄后，双方进入了销售的环节。销售人员将这对夫妇带到车库，用手指着停在车库内的各款轿车并向客户介绍。

销售人员：这是59800元的标准型，这是69800元的舒适型和实用型。

客户：59800元和69800元这两款车有什么不同？

销售人员：59800元这款车没有方向助力、ABS、电动后视镜等。

客户：装一个方向助力要花多少钱？

销售人员：××××元。

客户：如果我定下来款怎么付？

销售人员：可以分期付款也可以银行按揭。

客户：按揭一个月要付多少？

销售人员：如果按揭的话，先付40%，余下的分三年付清，每个月只要付××××元。如果你们的经济情况可以一次性付款的话，买69800元的比较合算。如果采用分期付款的贷款方式，就没有必要买69800元的，而应该买59800元的。

这对夫妇又看了看，留给销售人员一句话：“让我们回去考虑一下是买59800元的还是买69800元的那款吧。”然后离开了汽车4S店。

（资源来源：根据网络资料改编。）

问题：① 销售人员为什么没有做成这笔生意？

② 如果你是这位销售人员，你会如何回答客户的问题？

四、实训操作方法

① 将学生分为若干小组，每组 2～6 人，每组设组长 1 名，负责组织工作。

② 各小组讨论分析实训要求，确定实训内容，并由组长确定具体人员分工。

③ 首先进行小组案例讨论，每个小组形成分析报告并制作 PPT 文件，并进行汇报演讲。

④ 小组内部分为两方，分别扮演推销员和现场客户，由指导老师事先设计一个产品推销任务，由学生进行场景模拟。

⑤ 其他组同学点评，然后由老师讲评。

五、实训项目任务

实训项目任务如表 2.2.1 所示。

表 2.2.1 实训项目

项目	实训内容	推销员（模拟）	现场客户（模拟）
一	案例分析	分析参考案例，撰写分析报告，制作汇报 PPT	
二	客户接近	学会运用 SPIN 技术来了解客户需求，达到现场客户接近的目的，即 · 情况性问题 · 难题性问题 · 隐喻性问题 · 需求—代价的问题	针对推销员的言辞做出适当的回应
三	产品推介	学会运用 FABE 模式向客户有效推销产品，即 · F 代表特征（Features） · A 代表优点（Advantages） · B 代表利益（Benefits） · E 代表证据（Evidences）	针对推销员的言辞做出适当的回应
四	异议处理	针对客户的不同措辞，推销员要设计出合理的应答方法	· 客户听完介绍，一言不发地离开 · “你们卖东西的都说自己的好……” · 客户接受了建议，但说：“再考虑考虑，下次再买。” · 客户的同伴说出反对意见 · “××牌子的东西和你们差不多，但价格比你们便宜多了！” · “东西不错，但价格太高了，等打折的时候再说吧！”

续表

项目	实训内容	推销员(模拟)	现场客户(模拟)
五	现场成交	·要求设计 2～3 种终结成交方法,如请求成交法、优惠成交法、假定成交法、从众成交法、激将成交法、小点成交法等 ·熟悉售后服务的过程	针对推销员的言辞做出适当的回应

六、预习要求与思考题

预习本实训原理,熟悉店面及销售现场人员推销的操作步骤,明确项目任务要求。

七、实训成绩评价

实训结束后根据学生上交的实训报告、并结合学生参与实训情况进行综合评价。最终成绩按“优秀”“良好”“中等”“及格”“不及格”五个等级评定。90 分及以上为“优秀”,80～89 分为“良好”,70～79 分为“中等”,60～69 分为“及格”,59 分及以下为“不及格”。具体评分标准如表 2.2.2 所示。

表 2.2.2　评分标准

评 分 标 准	满　分
1. 案例分析条理清晰,报告撰写认真,制作汇报 PPT 符合要求	30
2. 现场推销训练中,着装得体,语言得当,举止文雅	20
3. 角色扮演神态自然,情景模拟逼真,语言流利,口齿清楚	20
4. 推销方案逻辑性好,有一定的创新性,现场可信度较高,临场表现出一定的随机应变能力	30

项目三　商务谈判技能模块实训指导

项目概述

商务谈判是市场营销专业的核心技能之一，商务谈判水平的高低往往直接影响学生就业后的岗位胜任力和工作绩效。为了让学生更好地掌握谈判技能并提高商务谈判综合素养，实训教学显得尤为重要。本项目将利用案例、情景模拟、实训演练等方式进行商务谈判能力和技巧的培养与训练。

实训重点

本项目在学生了解商务谈判基本知识的基础上重点训练商务谈判各个阶段应具备的各项能力和谈判沟通技巧。主要包括：商务谈判信息收集和处理、谈判开局、谈判中局价格磋商、让步与拒绝策略、僵局化解、签约等能力和技巧的训练。项目将利用案例、体验、实训演练等方式实施教学。

实训难点

1. 谈判战略规划——如何进行商务谈判调研并制订合理的谈判计划。
2. 谈判开局——如何制订开局策略，建立良好的谈判气氛。
3. 谈判磋商——如何讨价还价及打破僵局。

任务一　商务谈判信息收集和计划制订实训

一、实训目的

通过本次实训，要求学生了解商务谈判信息收集的基本原则和谈判计划决策科学化的途径，掌握制订商务谈判计划的基本步骤，学会制订商务谈判计划。

二、实训原理

通过实训，首先要求学生了解谈判者在谈判前必须认真收集、整理和分析自身及对手的相关情况，既要科学准确地评价对手，又要客观恰当地评价自身，客观地分析谈判双方各自的优劣势，为制订谈判计划做好充分的前期准备工作；其次，在谈判调研的基础上制订谈判计划，特别是学会设计谈判方案，明确不同层次的谈判目标、谈判战略选择及谈判中可能运用的策略等。

三、参考案例

日本与澳大利亚的煤铁谈判

日本的钢铁和煤炭资源短缺，而澳大利亚则盛产煤、铁。日本渴望购买澳大利亚的煤和铁，而在国际贸易中澳大利亚一方不愁找不到买主。按理来说，日本人的谈判地位低于澳大利亚，澳大利亚一方在谈判桌上占据主动权。可是，日本人把澳大利亚的谈判者请到日本去谈判。澳大利亚人一旦到了日本，一般都比较谨慎，讲究礼仪，不过分侵犯东道主的权益，因而日本和澳大利亚在谈判桌上的相互地位就发生了显著的变化。澳大利亚人过惯了富裕的舒适生活，到了日本几天后，就急于想回到故乡别墅的游泳池、海滨和妻子儿女身边去，所以在谈判桌上常常表现出急躁的情绪。作为东道主的日本谈判代表，却可以不慌不忙地讨价还价，掌握了谈判桌上的主动权。结果日本方面仅花费了少量的款待费做“鱼饵”，就钓到了“大鱼”，取得了大量谈判桌上难以获得的东西。

（资料来源：聂元昆. 商务谈判学[M]. 北京：高等教育出版社，2013.）

问题：日本人为什么能够取得谈判的有利地位？

四、实训操作方法

① 将学生分为若干小组，每组 2～6 人，每组设组长 1 名，负责组织工作。

② 各小组讨论分析实训要求，确定实训内容，并由组长确定具体人员分工。

③ 首先进行小组案例讨论，每个小组形成分析报告并制作 PPT 文件，推荐一名组员在全班范围内进行汇报演讲。

④ 然后小组内部分为两方，分别扮演谈判的双方，由指导老师事先设计一个谈判背景，由学生进行谈判信息收集和制订谈判计划。

⑤ 双方提交谈判计划，然后由老师讲评。

五、实训项目任务

（一）谈判调研与信息收集

学生调研收集的信息应该包括如下内容：

① 谈判双方的资格与实力（公司历史、社会影响与商誉、资本与投资、技术装备产品品种与质量、数量和品牌等）。

② 谈判双方的需求。

③ 谈判双方的财务状况。

④ 谈判双方队伍的人员结构和知识背景。

⑤ 谈判双方的决策权限。

（二）谈判计划制订

学生制订的谈判计划应该包括如下内容：
① 谈判目标。
② 谈判队伍。
③ 谈判环境。
④ 谈判议程。
⑤ 谈判方案。

六、预习要求与思考题

预习本实训原理，熟悉商务谈判信息收集的操作技巧和计划制订的方法、步骤，明确实训的任务要求。

七、实训成绩评价

实训结束后根据学生上交的实训报告结合学生参与实训情况进行综合评价。最终成绩按“优秀”“良好”“中等”“及格”“不及格”五个等级评定。90 分及以上为“优秀”，80～89 分为“良好”，70～79 分为“中等”，60～69 分为“及格”，59 分及以下为“不及格”。具体评分标准如表 3.1.1 所示。

表 3.1.1　评分标准

评分标准	满分
1. 谈判调研态度积极、认真	20
2. 信息收集全面、有效	40
3. 谈判计划的制订内容全面、可行性强	40

任务二　商务谈判开局技能实训

一、实训目的

通过本次实训，要求学生掌握开局目标建立的方法和技巧，掌握开局陈述的基本方法，学会运用各种开局策略。

二、实训原理

开局谈判是谈判开始时，谈判双方之间的寒暄和表态，以及对谈判对手的底细进行试探摸底，为影响和控制谈判进程奠定基础。它是商务谈判的前奏，其目的是建立适宜的谈判气氛，为实质性谈判提供策略依据。

1. 谈判的开局目标

主要有：建立良好的谈判气氛，使谈判在和谐的气氛中顺利进行；召开预备会议，使双方明确谈判的目标和共同努力的途径与方法，为以后各阶段的谈判奠定基础；双方表述各自的基本观点、立场和建议。

2. 开局陈述的基本方法和技巧

① 寒暄导入。从步入会场、互相介绍到寒暄结束，时间较短，主要目的是双方接触。

② 交换意见。双方各自表明谈判的目的、计划、讨论议题、谈判进度等内容。

③ 双方概述。这是各方简要地阐述各自的谈判目的和意愿，让对方了解己方对相关问题的看法和基本原则，达成一个互知、互谅的过程。

④ 明示要求。让对方了解自己的所欲、所求以及困难和问题，以便在磋商中解决这些问题。

3. 开局谈判的基本策略

① 一致式开局。即在谈判开始时，为使对方对己方产生好感，以协商的方式，创造或建立起对谈判“一致”的感觉，从而使谈判双方在友好愉快的气氛中不断深入谈判。

② 保留式开局。即在谈判开局时，对谈判对手提出的关键性问题不做彻底、确切的回答，而是有所保留，从而给对手造成神秘感，以吸引对手步入谈判。

③ 坦诚式开局。即以开诚布公的方式向谈判对手陈述自己的观点或想法，从而为谈判打开局面。

④ 进攻式开局。即通过语言或行为来表达己方强硬的姿态，从而获得谈判对手必要的尊重，并借以制造心理优势，使得谈判顺利地进行下去。

⑤ 挑剔式开局。即指开局时，对对手的某项错误或礼仪失误严加指责，使其感到内疚，从而达到营造低调气氛，迫使对手让步的目的。

三、参考案例

进攻式开局策略

澳大利亚一家著名的汽车公司在美国刚刚“登陆”时，急需找一家美国代理商来为其销售产品，以弥补他们不了解美国市场的缺陷。当澳大利亚汽车公司准备与美国的一家公司就此问题进行谈判时，澳大利亚公司的谈判代表路上塞车迟到了。美国公司的代表抓住这件事紧紧不放，想要以此为手段获取更多的优惠条件。澳大利亚公司的代表发现无路可退，于是站起来说：“我们十分抱歉耽误了你的时间，但是这绝非我们的本意，我们对美国的交通状况了解不足，所以导致了这个不愉快的结果，我希望我们不要再为这个无所谓的问题耽误宝贵的时间了，如果因为这件事怀疑到我们合作的诚意，那么，我们只好结束这次谈判。我认为,我们所提出的优惠代理条件是不会在美国找不到合作伙伴的。”

澳大利亚代表的一席话说得美国代理商哑口无言,美国人也不想失去这次赚钱的机会,于是谈判顺利地进行下去。

(资源来源:根据网络资料改编。)

问题:在这次谈判中,针对美国人采取的进攻式开局策略,澳大利亚人是如何巧妙应对的?

四、实训操作方法

① 将学生分为若干小组,每组 2～6 人,每组设组长 1 名,负责组织工作。

② 各小组讨论分析实训要求,确定实训内容,并由组长确定具体人员分工。

③ 进行小组案例讨论,每个小组形成分析报告并制作 PPT 文件,进行汇报演讲。

④ 再将小组内部分为两方,分别扮演谈判的双方,按照设计的谈判背景,由学生进行开局谈判。

⑤ 双方提交谈判总结报告,然后由老师讲评。

五、实训项目任务

实训项目:一个关于解决汽轮机转子毛坯延迟交货索赔问题的谈判

要求学生仔细学习、分析开局谈判背景资料,两组学生分别根据自己模拟的角色,制订合理的谈判开局策略,进行角色扮演,要求重点演练五种开局策略。

开局谈判背景资料

(一) 谈判主题

解决汽轮机转子毛坯延迟交货索赔问题,维护双方长期合作关系。

(二) 谈判团队人员组成

主谈(决策人);技术顾问;法律顾问。

(三) 双方利益分析

1. 我方核心利益

① 要求对方尽早交货。

② 维护双方长期合作关系。

③ 要求对方赔偿,弥补我方损失。

2. 对方核心利益

解决赔偿问题,维持双方长期合作关系。

（四）双方优劣势

1. 我方优势

公司占有国内电力市场1/3的份额，对方与我方无法达成合作将对其造成巨大损失。

2. 我方劣势

① 在法律上有关罢工属于不可抗力范围这点对对方极为有利，对方将据此拒绝赔偿。

② 对方延迟交货对我公司已带来了利润、名誉上的损失。

③ 我公司毛坯供应短缺，影响恶劣，迫切与对方合作，否则将可能造成更大损失。

3. 对方优势

① 法律优势：有关罢工属于不可抗力的规定。

② 对方根据合同，由不可抗力产生的延迟交货不适用处罚条例。

4. 对方劣势

属于违约方，面临与众多签约公司的相关谈判，达不成协议将可能陷入困境。

（五）谈判目标

1. 战略目标

体面、务实地解决此次索赔问题，重在减小损失，并维护双方长期合作关系。

原因分析：让对方尽快交货远比要求对方赔款重要，迫切要求维护与对方的长期合作关系。

2. 索赔目标

报价：① 赔款：450万美元。② 交货期：两个月后，即11月。③ 技术支持：要求对方派一技术顾问小组到我公司提供技术指导。④ 优惠待遇：在同等条件下优先供货。⑤ 价格目标：为弥补我方损失，向对方提出单价降5%的要求。

底线：① 获得对方象征性赔款，使对方承认错误，挽回我公司的名誉损失。② 尽快交货以减小我方损失。③ 对方与我方长期合作。

六、预习要求与思考题

预习本实训原理，熟悉商务谈判开局陈述的基本方法、技巧和策略，明确实训的任务要求。

七、实训成绩评价

考核成绩由指导教师根据学生在实训期间的表现以及学生实训任务完成情况进行综合评定。最终成绩按“优秀”“良好”“中等”“及格”“不及格”五个等级评定。90分及以上为“优秀”，80～89分为“良好”，70～79分为“中等”，60～69分为“及格”，59分及以下为“不及格”。具体评分标准如表3.2.1所示。

表 3.2.1 评分标准

评分标准	满分
1. 模拟训练态度认真,积极参与	30
2. 角色扮演神态自然,情景模拟逼真,开局谈判语言运用合理	30
3. 开局谈判策略正确,沟通能力强	40

任务三　商务谈判磋商和僵局化解技能实训

一、实训目的

通过本次实训,要求学生掌握商务谈判中的报价、讨价还价的策略及方法,掌握正确的让步、拒绝以及僵局化解等环节的关键点。

二、实训原理

商务谈判中的报价,通常是谈判者所要求的总称,包括价格、交货期、付款方式、数量、质量、保证条件等。报价直接影响谈判的开局、走势和结果,事关谈判者最终获利的大小,是关系到商务谈判最终能否成功的关键问题之一。要取得成功,必须研究商务谈判的报价技巧和方式。

(一) 报价技巧

1. 报价起点策略

这种策略的通常做法是:作为卖方,开出的起点价要最高;而作为买方,报出的起点价则要最低。

2. 报价时机策略

顾名思义,这种策略就是要在最确切的时机报一个最合适的价格。即在商务谈判中,应当首先让对方充分了解商品的使用价值和为对方带来的利益,待对方对此产生浓烈兴趣再来报价。经验表明,提出报价的最佳时机,一般是对方询问价格时,因为这说明对方已经对商品产生了浓厚的兴趣,此时报价往往水到渠成。

3. 吊筑高台策略(欧式报价)

这是指卖方提出一个高于本方实际要求的谈判起点来与对手讨价还价,最后再做出让步达成协议的谈判策略。喊价要狠,让步要慢。应对方法:要求对方出示报价或还价的依据,或者本方出示报价或还价的依据。

4. 抛放低球策略(日式报价)

这是指先提出一个低于己方实际要求的谈判起点,以让利来吸引对方,试图首先去击败参与竞争的同类对手，然后再与被引诱上钩的卖方进行真正的谈判，迫使其让步，达到自己的目的。应对方法：其一，把对方的报价内容与其他卖主的报价内容一一进行比较和计算，并直截了当地提出异议。其二，不为对方的小利所迷惑，自己报出一个一揽子交易的价格。

5. 其他报价策略

（1）除法报价策略

以商品价格为除数，以商品的数量或使用时间等概念为被除数，得出一种数字很小的价格，使买主对本来不低的价格产生一种便宜、低廉的感觉。

（2）加法报价策略

在商务谈判中，有时怕报高价会吓跑客户，就把价格分解成若干层次渐进提出，使若干次的报价最后加起来仍等于当初想一次性报出的高价。

（3）差别报价

这是指在商务谈判中针对客户性质、购买数量、交易时间、支付方式等方面的不同，采取不同的报价策略。

（4）对比报价

这是指向对方抛出有利于本方的多个商家同类商品交易的报价单，设立一个价格参照系，然后将所交易的商品与这些商家的同类商品在性能、质量、服务与其他交易条件等方面做出有利于本方的比较，并以此作为本方要价的依据。

（5）数字陷阱

指卖方在分类成本中"掺水分"，将自己制作的商品成本构成计算表给买方，用以支持本方总要价的合理性。

（二）讨价还价与让步技巧

1. 投石问路策略

要想在谈判中掌握主动权，就要尽可能地了解对方的情况，尽可能地了解甚至掌握某一步骤，了解对对方的影响以及对方的反应如何，投石问路就是了解对方情况的一种战术。例如，在价格阶段讨论中，想要试探对方对价格有无回旋的余地，就可提议："如果我方增加购买数额，贵方可否考虑优惠价格呢?"然后，可根据对方的开价，进行选择比较，讨价还价。通常情况，任何一块"石头"都能对对方进一步进行了解，而且对方难以拒绝。

2. 抬价压价战术

在谈判中，通常是没有一方一开价，另一方就马上同意，双方拍板成交的，都要经过多次的抬价、压价，才会相互妥协，确定一个一致的价格标准。由于谈判时抬价一方不清楚对方要求多少，在什么情况下妥协，所以这一策略运用的关键就是抬到多高才是对方能够接受的。一般而言，抬价是建立在科学的计算，精确的观察、判断、分析基础上，当然，忍耐力、经验、能力和信心也是十分重要的。在讨价还价中，双方都不能确定彼此能走多远，能得到什么。因此，时间越久，局势就会越有利于有信心、有耐力的一方。

3. 避免做出单方面的让步

当各方都报出初始价格后，那么就是时候为达成双方都接受的协议进入精心设计的程序了。谈判专家能灵活地做出让步，但同时也要求互利互惠。避免做出单方面的让步是很重要的。幸运的是，大多数谈判都遵循一种互利互惠的原则：谈判各方都明白他们要轮流让步。如果对方破坏了这个原则，你应该立刻处理这个问题。

4. 沉默是金

曾经有经验丰富的谈判人员向我们透露说他们正是这样利用沉默来操纵谈判的。与其错误地回应对方的报价，还不如守株待兔、静观其变。对方在沉默中经常会因为紧张而对自己的报价进行修改，让报价变得更易于让人接受，或干脆发出愿意做出更大让步的信号。水平高超的谈判人员不仅知道沉默的力量，而且也明白沉默是金的道理。

5. 向对手强调你的让步

根据互利互惠原则，谈判人员应该在对方让步时也礼尚往来地让步。所以应该向对手强调你的让步。不要简单地让步或降低你的要求，而要让对方意识到你的让步对你来说代价高昂。因为在你强调过你的让步后，对方很难不对其重视并证明自己不会从中受益。

6. 定义互利互惠原则

如果你不仅向对方强调你的让步，还详细地让对方明白你具体想要什么作为回报，那么互利互惠原则就奏效了。这个策略同时还消除了谈判中模棱两可的部分。即便对方认可你的让步，他们可能仍然用一些低价值的东西来回报你，除非你明明白白地让对方知道这样做并没有履行他们互利互惠的责任。

7. 配合让步

配合让步清楚地将你的让步和对方的行动联系起来。换句话说，你可以将你的让步变成相互交换的形式，让对方知道只有自己让步，你才会让步。就像说如果你保证将货物早日送达，我可以出更高的价钱一样。你在让步和合作意愿上附加的条件越多，就越难与对方建立信任，加强双边关系。所以配合让步应该适时而用，不可过度。

8. 警惕让步程度递减效应

在大部分谈判中，让步程度有其特定的规律，即早期的让步比后期的让步大。换句话说，谈判人员在谈判中的让步有逐渐减小的趋势。比如在汽车销售方面，销售人员可能从4.5万美元开始，然后下调至4.4万美元，接着至4.35万美元，最后至4.33万美元。这个趋势有其合理之处。谈判人员越接近他自己的底线，那么大幅度让步的可能就越小。结果大部分谈判人员在谈判中做好了应对这个规律的准备，并将其作为对方接近底线的信号。但是对方也可能战略性地利用谈判人员的预期，也就是一方在离底线尚有距离之际就暗示对方自己已经没有让步的空间了。所以你在判断议价区域区间的真实大小时，考虑到这种可能性是很重要的。

（三）僵局化解技巧

1. 从客观角度来关注利益

谈判陷入僵局之时，人们总是容易脱离实际，盲目地坚持自己的主观立场，甚至忘记了自己的出发点是什么。因此，为了有效地克服困难，首先要做到从客观的角度来关注利益。在客观的基础上，要充分考虑到双方潜在的利益到底是什么。

2. 从不同的方案中寻找替代

谈判过程中，存在多种可以满足双方利益的方案，而洽谈人员经常简单地采用某一种方案，当这种方案不能为双方同时接受时，僵局就会形成。这时，谁能够创造性地提出可供选择的方案，谁就能掌握谈判中的主动权。替代方案一定是既能有效地维护自身的利益，也能兼顾对方的利益要求。

3. 从对方的无理要求中据理力争

如果僵局是由于对方理屈所致的，那么一定要勇敢地据理力争，从而主动打破僵局。对方提出不合理的要求，特别是在一些原则问题上表现出蛮横无理时，要做出明确而又坚决的反应，让对方自知观点难立，不可无理强争，这样就可能使他们清醒地权衡失与得，做出相应的让步，从而打破僵局。因此在必要的时候，要坚持原则，不能轻易放弃。

4. 站在对方的角度看问题

谈判双方实现有效沟通的重要方式之一就是要设身处地，从对方的角度来观察问题。设计引导对方站到我方的立场上来思考问题，就能够多一些彼此之间的理解。

5. 有效的退让

对于谈判的任何一方，目的主要是为了成功达成协议，绝不会抱着失败的目的而来。因此，当谈判陷入僵局时，我们要清醒地认识到，如果促使合作成功所带来的利益要大于坚守原有立场而让谈判破裂所带来的好处，那么有效的退让也是我们应该采取的策略。明智地考虑在某些问题上稍做让步，而在另一些方面去争取更好的条件。

三、参考案例

出口丁苯橡胶的价格谈判

中国某公司向韩国某公司出口丁苯橡胶已一年，第二年中方又向韩方报价，以继续供货。中方公司根据国际市场行情，将价格从前一年的成交价每吨下调了120美元(前一年为1200美元/t)，韩方感到可以接受，建议中方到韩国签约。中方人员一行两人到了首尔该公司总部，双方谈了不到20分钟，韩方说:“贵方价格仍太高，请贵方看看韩国市场的价，3天以后再谈。”中方人员回到饭店感到被戏弄，很生气，但人已来首尔，谈判必须进行。中方人员通过有关协会收集到韩国海关丁苯橡胶进口统计，发现从哥伦比亚、比利时、南非等国进口量较大，从中国的进口也不少，中方公司是占份额较大的一家。价格水平南非最低但高于中国产品价，哥伦比亚、比利时价格均高于南非。在韩国市场的调查中，批发和零售价均高出中方公司的现报价30%～40%，市场价虽呈降势，但中方公司的给价是目前世界市场最低的价。为什么韩国人员还这么说？中方人员分析，对手以为中方人员既然来了首尔，肯定急于拿合同回国，可以借此机会再压中方一手。那么韩方会不会不急于订货而找理由呢？中方人员分析，若不急于订货，为什么邀请中方人员来首尔？再说韩方人员过去与中方人员打过交道，有过合同，且执行顺利，对中方工作很满意，这些人会突然变得不信任中方人员了吗？从态度看不像，他们来机场接中方人员，且晚上一起喝酒，保持了良好气氛。从上述分析，中方人员共同认为:韩方意在利用中方人员出国心理，再压价。根据这个分析，经过商量中方人员决定在价格条件上做文章。总的来讲，态度应强硬，(因为来前对方已表示同意中方报价)不怕空手而归。其次，价格条件还要涨回市场水平(即1000美元/t左右)。再者不必用2天给韩方通知，仅1天半就将新的价格条件通知韩方。

在1天半后的中午前，中方人员电话告诉韩方人员："调查已结束。得到的结论是：我方来首尔前的报价低了，应涨回去年成交的价位，但为了老朋友的交情，可以下调20美元，而不再是120美元。请贵方研究，有结果请通知我们。若我们不在饭店，则请留言。"韩方人员接到电话后1个小时，即回电话约中方人员到其公司会谈。韩方认为中方不应把过去的价再往上调。中方认为这是韩方给的权利，我们按韩方要求进行了市场调查，结果应该涨价。韩方希望中方多少降些价，中方认为原报价已降到底。经过几回合的讨论，双方同意按中方来首尔前的报价成交。这样，中方成功地使韩方放弃了压价的要求，按计划拿回合同。

（资源来源：根据网络资料改编。）

问题：① 中方在这次谈判中采取了什么样的报价策略？

② 中韩双方的谈判僵局是如何被化解的？

四、实训操作方法

① 将学生分为若干小组，每组2～6人，每组设组长1名，负责组织工作。

② 各小组讨论分析实训要求，确定实训内容，并由组长确定具体人员分工。

③ 进行小组案例讨论，每个小组形成分析报告并制作PPT文件，进行汇报演讲。

④ 再将小组内部分为两方，分别扮演谈判的双方，依据谈判背景资料，由学生进行中局谈判。

⑤ 双方提交谈判总结报告，然后由老师讲评。

五、实训项目任务

实训项目：丁苯橡胶交易的谈判

要求学生仔细学习、分析价格谈判的背景资料，两组学生分别模拟中韩谈判的双方，根据自己模拟的角色，制订合理的谈判价格策略，进行角色扮演，要求重点演练报价、讨价还价和打破僵局的策略。

价格谈判背景资料

1. 卖方——中国山东齐鲁石化公司

① 公司背景：中国大型石化公司，通过技术引进，装备了先进的、高效的石油加工设备。该企业受到政府的关注与支持。由于是一家新型的石化公司，各方面均具有活力，在国内、外市场十分引人瞩目。丁苯橡胶仅是其众多产品系列中的一个品种，由于该产品市场广阔，该公司对韩国市场也十分关注。

② 产品：系轮胎、胶鞋等橡胶制品的增塑剂。数量2000 t。

③ 客户关系：去年曾出口韩国晓星公司，成交价为C&F1250美元/t。中方与韩方买家系老朋友。中方生产量较大，希望在韩国扩大市场。已与买方通过电传、电话进行了初步谈判，双方对C&F980美元/t的成交价均表示可以接受。卖方感到有希望成交，就接受

了买方邀请，派人去首尔谈判签约。

④ 市场背景：今年市场价在下跌，平均价在 C&F1000 美元/t 左右。在韩国市场上的主要竞争对手有南非、哥伦比亚、比利时等国，但其价均比中方价格高。

⑤ 谈判阶段：技术交流已完成，双方达成一致。价格解释与评论已做出，进入讨价还价阶段。

⑥ 谈判目标：按照电传、电话达成的意向，以不低于 C&F980 美元/t 的价格成交。

2. 买方——韩国晓星公司

① 公司背景：韩国名列前茅的大型综合企业集团，化工产品是其经营的项目之一，丁苯橡胶只是其经营的产品中的一项。采购不是为了自用，主要利用其资金优势买进后再卖给韩国的轮胎公司，作为后者生产轮胎用的原料之一。该公司进入中国较早，对中国市场亦较熟悉。

② 产品：采购 2000 t 丁苯橡胶，生产轮胎用。

③ 客户关系：与卖家关系不错，彼此具有信誉。已买过卖家中方公司的产品，使用效果很好并根据中方材料调整轮胎生产工艺。已通过电传、电话与中方交流价格条件，中方有意在 980 美元/t 价之上成交，才邀请中方代表来首尔谈判，以便再压卖方降价。

④ 市场背景：卖方价相比南非、哥伦比亚、比利时等多国的价格是优惠的。去年买价为 C&F 1250 美元/t。今年市场价平均在 C&F1000 美元/t。晓星公司的最终用户生产轮胎用量不小，丁苯橡胶用量大幅增加。过去从欧洲、南美等地采购较多，计划开辟第二供货商。中国山东齐鲁石化系生产该类产品的公司，从第一批供货看，产品质量不错，价格也便宜，考虑可作为新的供货商。

⑤ 谈判阶段：技术交流已完成，双方达成一致。价格解释与评论已做出，进入讨价还价阶段。

⑥ 谈判目标：争取以尽可能比市场价低的价格成交，在保证 C&F980 美元/t 成交价的基础上能压低则压，但不能丢掉合同。

六、预习要求与思考题

预习本实训原理，熟悉商务谈判磋商和僵局化解的操作方法、技巧和步骤，明确实训的任务要求。

七、实训成绩评价

考核成绩由指导教师根据学生在实训期间的表现以及学生实训任务完成情况进行综合评定。最终成绩按“优秀”“良好”“中等”“及格”“不及格”五个等级评定。90 分及以上为“优秀”，80～89 分为“良好”，70～79 分为“中等”，60～69 分为“及格”，59 分及以下为“不及格”。具体评分标准如表 3.3.1 所示。

表 3.3.1　评分标准

评 分 标 准	满　分
1. 模拟训练态度认真，积极参与	30
2. 角色扮演神态自然，情景模拟逼真，中局谈判语言技巧运用合理	30
3. 中局谈判策略正确，沟通能力强	40

项目四　营销策划模块实训指导

项目概述

营销策划实训以市场营销主要业务活动为对象，设计5个策划实训任务，主要包括市场定位策划、产品形象策划、价格策划、促销活动策划、分销渠道策划。通过营销策划实训培养学生用科学的方法和创造性思维，对策划对象的资源、环境因素进行调查、研究、分析并在此基础上开展创意、设计制订营销行动方案的能力，掌握制订各种营销策划方案的基本技能。

实训重点

培养学生用科学的方法和创造性思维，对策划对象的资源、环境因素进行调查、研究、分析的能力，以及在此基础上进行市场定位策划、产品形象策划、价格策划、促销活动策划、分销渠道策划的基本技能。

实训难点

1. 对策划对象的资源及营销环境因素开展调查、研究与分析能力的培养。
2. 对市场营销活动进行创意设计能力的培养。

任务一　市场定位策划实训

一、实训目的

通过实训使学生了解目标市场营销战略策划的框架构成，掌握市场环境分析的方法以及市场定位策划的程序和方法。

二、实训原理

市场定位策划是目标市场营销战略策划的关键内容之一，是在市场细分及目标市场选择的基础上进行的。目标市场营销战略策划包括市场细分、目标市场选择以及市场定位策划。进行营销战略策划的前提是对营销环境的具体分析，营销战略策划的实质就是在充分分析企业内外部环境的基础上找到适合企业发展的方向及内容，即确定为谁服务，为他们提供什么。该部分实践技能包括营销环境分析能力、目标市场选择能力以及市场定位策划能力。

(一) 市场环境分析

营销环境是影响企业营销活动的各种因素，以科特勒的观点可分为微观环境和宏观环境两部分。微观环境与企业紧密相连，是企业营销活动的参与者，直接影响与制约营销活动的能力，主要包括供应商、分销商、顾客、竞争者以及社会公众。宏观环境是指一系列影响微观环境的巨大的社会力量，主要有政治、经济、科学技术、社会文化、人口等因素。营销环境具有不可控性、复杂性、动态性。这决定了企业营销越来越重视对环境的分析，才能制订更为有效的营销活动策略。

营销环境分析的最常用的方法是SWOT分析法。它是优势(strength)、劣势(weak)、机会(opportunity)、威胁(threat)的简称。复杂的营销环境对企业营销的影响主要表现为机会与威胁，所以对环境分析主要是对相关环境因素给企业带来的机会与威胁的评价以及与竞争环境相对应的企业所具备的优势及劣势，做到知己知彼。

影响企业营销活动的因素很多，最基本、最直接的因素主要有：消费者、竞争者、企业自身条件，这三个因素被称为市场竞争的"金三角"。当然并不是说其他因素不重要，这三方面因素是应该重点分析的内容。

(二) 确定目标市场

目标市场选择是指在市场细分的基础上，经过全面比较、慎重选择后，企业最后决定要进入的最佳细分市场。

1. 市场细分的标准

消费者需求的差异性以及由此决定的购买者动机和行为的差异性是市场细分的内在依据，造成消费者需求差异的因素概括为以下四类：

(1) 地理因素标准

企业可按国家、区域、地形、气候、城乡、城市规模、人口密度、交通条件等标准划分市场。

(2) 人口因素标准

包括以消费者的国籍、年龄、性别、家庭规模、家庭生命周期、民族、种族、宗教信仰、文化程度、职业、收入水平等因素作为细分市场策划的标准。

(3) 消费心理标准

包括以消费者的社会阶层、生活方式、性格、购买动机、偏好、流行时尚等因素作为市场细分策划的标准。

(4) 消费行为因素标准

包括以购买时机、购买频率、使用频率、消费态度、品牌忠诚度等因素作为市场细分策划的标准。

企业可以依据上述一种或少数几种因素将整体消费者划分为若干消费者群，并从中选择具有一定的规模及成长潜力、符合企业的营销战略目标和资源条件、有利于竞争中发展的细分市场，作为自己的目标市场。

2. 确定目标市场的原则

（1）产品、市场和技术三者密切关联

企业所选择的目标市场，应能充分发挥企业的技术特长，生产符合目标市场需求的产品。

（2）发挥企业的竞争优势

应选择能够突出和发挥企业特长的细分市场作为目标市场。这样才能利用企业相对竞争优势，在竞争中处于有利的地位。

（3）具有稳定性

目标市场的性质、特征在一定时期内能保持相对稳定，才能有利于制订长期的营销发展战略。

（4）具有可盈利性

目标市场的顾客数量、购买力与发展潜力能使企业有利可图，可以实现预期的效益。同时新确定的目标市场要对企业原有的产品营销带来良性互动，新、老产品营销能互相促进。

3. 目标市场策略

通常有三种不同的目标市场策略供企业选择，它们分别是无差异市场营销策略、差异市场营销策略、集中市场营销策略。

（三）市场定位策划

1. 市场定位策划的主要内容

在营销实践中，市场定位的内涵和对象可以包括产品定位、品牌定位和企业定位。

（1）产品定位

产品定位是在营销策划时针对目标顾客的需求特点确定产品各种属性的位置、档次。具体包括：① 产品的核心价值定位；② 产品的质量档次定位；③ 产品的外观款式定位；④ 产品的体积和包装工艺定位；⑤ 产品的品种角色定位；⑥ 产品的价格定位等。

（2）品牌定位

包括品牌的产品种类、目标消费者、品牌的核心价值、品牌个性及消费市场等，其中品牌核心价值要从品牌的物理价值和品牌的心理价值两方面定位。

（3）企业定位

包括企业的产业领域、企业在行业中的地位，企业的经营模式、盈利模式，企业的发展战略和企业文化等，企业定位策划是涉及企业生存与生命本源以及企业使命和企业愿景方面的思考。

产品定位、品牌定位与企业定位分别是三个不同的层次，它们的先后顺序与企业发展阶段和企业发展战略密切相关，对于在发展中已经形成清晰的企业定位和品牌定位的成功企业，通常用成功的品牌来推广产品，因此是在企业定位、品牌定位之后进行产品定位的。而对于广大中小企业和创业初期的企业而言，以产品创新和产品营销推动品牌建设，建立品牌形象，则需要在产品定位策划的基础上进一步做好品牌定位策划。

2. 市场定位策划基本步骤

（1）分析目标市场的竞争现状与需求特征

了解目标市场上的竞争者提供何种产品，能满足顾客什么需求，顾客实际的需求有哪些，还有哪些尚未满足，以确定产品开发的方向和目标。

(2) 识别差异化优势进行目标市场的初步定位

通过“3C”分析识别企业的差异化优势。在分析目标市场需求及本企业产品的差异化特色后，策划者就要权衡利弊初步确定企业为目标市场所要提供的差异化价值，并简洁明了地表述出来。

(3) 对目标市场的正式定位

如果目标市场的初步定位比较顺利，则这个定位是正确的，可以将其正式确定下来，并加强传播，逐渐形成鲜明的市场形象。但有时初步定位也需要进一步矫正，需对质量、造型、包装、广告等方面的策略做相应的调整，这就是重新定位。

3. 市场定位策划基本思路与方法

① 特色定位。从产品特色、品牌价值等进行定位。

② 利益定位。从功能利益、情感利益进行定位。

③ 使用者定位。如六个核桃——经常用脑的学生；脑白金——中老年人。

④ 竞争者定位。根据竞争者定位进行定位，如七喜——非可乐。

⑤ 使用场合定位。

三、参考案例

定位“健脑益智”，“六个核桃”走向成功

饮料市场很大，但是我们可以把它分门别类。总体而言，饮料包含两大类，一类是解渴型的，比如矿泉水、纯净水、可乐等；另一类是补充肌体营养元素型的，比如果汁饮品、牛奶类饮料、营养维生素类饮料。

在每一个细分产品领域里都有国际行业巨头把持着。但是在植物蛋白饮料这个领域里，国内的品牌占据了绝对的市场领先地位。

植物蛋白饮料是大饮料概念里的一个重要的分支。在植物蛋白饮料这个领域，市场上已经有了“椰树椰汁”“露露杏仁露”“银鹭花生奶”等品牌。

我们来看看它们的品牌诉求。“椰树椰汁”的诉求是“白白嫩嫩”，“露露杏仁露”的品牌诉求是“更滋润”，“银鹭花生奶”的品牌诉求是“白里透红”。它们无一例外都集中在美容养颜的功效诉求，集体偏向食补养颜。

但凡成功的产品，必定有自己独特的产品定位。“六个核桃”瞄准了健脑益智饮料这个市场空白点，定位为健脑益智饮料，抢占了先机。

任何独特的产品定位，要想取得成功，有一个非常重要而且基本的前提，就是这个细分市场要足够大，否则剑走偏锋却反而容易误入歧途。健脑益智饮料市场前景几何？

养元智汇通过前期大量的市场调研发现，随着人们生活节奏的加快，市场经济的快速发展和日渐成熟，竞争成为一种社会常态。无论是企事业单位领导、公司职员，还是在校的学生，都面临着激烈的竞争，都需要经常用脑，这种生活变化使得人们的健脑意识迅速增强，并产生了很强的消费新需求。

与此同时，核桃“健脑益智”的形象早已深入人心，它享有“干果之王”的美誉，传统中医学“以形补形”理论也进一步说明，核桃形似人脑，有益大脑健康。核桃在国外被叫作“益智

果”，核桃仁中含有的不饱和脂肪酸，是大脑组织细胞结构脂肪的良好来源，能够为大脑提供新鲜血液，提高生理功能，而磷脂则对脑神经有良好的保健作用。

因此，用核桃为主要原料做成的健脑益智饮料具备了成功的基础条件。换言之，“六个核桃”定位在健脑益智饮料这个细分产品领域，一是具备了巨大的潜在消费市场，发展前景看好；二是核桃天然所具有的健脑益智功能为“六个核桃”饮料提供了最好的、天然的物理证明，无须太多的市场教育和动员。

具有了成功的、精准的产品定位，这是成功的第一步，也是最关键的一步。但是这只是在纸面上实现的，在具体的操作过程中，要让纸面上的东西落地，必须要在技术上、原料的择取上等各方面保障健脑益智饮料新品——“六个核桃”的成功。

为此，在原料的择取上，“六个核桃”全部采摘自太行山深处的优质生态核桃基地；在技术上，养元智汇饮品公司作为中国核桃饮品行业的先行者，汇集国内大批专业的核桃饮品研发人员，数年如一日专注核桃饮品技术的开发与创新，经过无数次的开发创新实验，养元智汇饮品于2005年独自创立了国内领先的“5.3.28”核桃饮品生产工艺，不仅有效解决了核桃口味上的“涩和腻”，而且更有利于人体的消化吸收，一举将食用不便的核桃干果变身成为好喝、营养、方便的饮用佳品。

（资料来源：根据网络资料改编。）

四、实训操作方法

本实训主要采用项目研究法，以组为单位开展研究。实训步骤如下：

① 学习实训原理。对市场营销环境分析、目标市场需求分析以及产品（品牌）市场定位的方法、技术进行学习与总结，掌握市场定位策划的原理与方法。

② 开展市场调研，收集营销环境信息，分析产品市场营销环境。

③ 进行产品市场定位策划，完成项目产品市场定位策划报告。

操作说明：开展小组研究，每组成员不超过6人，并对项目任务进行合理分工。

五、实训项目任务

实训项目：H企业“M”产品的市场定位策划

1. 开展市场调研与信息收集

利用观察法、询问法收集一手资料，利用网络等途径收集二手资料，重点调查分析如下内容：

① 项目产品市场需求情况：市场需求规模及发展趋势分析。

② 竞争者营销策略：竞争者产品特点、价格水平、促销策略等（重点分析3～5个竞争者）。

③ 消费者需求调研：消费者购买行为特点、需求特点等。

④ 企业产品调研：“M”产品的特点、功能、价值调研。

2. 分析产品营销环境

在市场调研的基础上进行产品营销环境分析，并选择确定目标市场。

3. 完成策划报告

根据目标顾客需求进行产品市场定位策划，提炼产品差异化价值，完成策划报告。

H企业"M"产品市场定位策划背景资料

H企业是安徽一家知名的医药企业，成立于2000年11月13日，其前身为始建于1958年的蚌埠第一制药厂，公司为国家级高新技术企业。它占地面积达到66000平方米，公司内部配备了先进的生产设备，是达到GMP标准的现代制药基地。

公司秉承着"关注健康，造福人类"的宗旨，一直在医药科学领域坚持以"科技为先导，以市场为中心，以质量为命脉"的经营理念，为人类健康而努力，通过不断创新改革，以质优价廉的高科技绿色健康产品更好服务社会。

公司拥有先进的塑料瓶包装输液、玻璃瓶包装输液、口服液、滴剂、片剂、胶囊及原料生产线，在蚌埠市拥有良好的业界口碑，自成立之初到今天，也获得了众多的殊荣，如：被认定为省著名商标、获得安徽省质量管理奖、被认定为国家级高新技术企业、被认定为国家火炬计划重点高新技术企业、安徽省火炬计划项目证书(那格列奈原料及片剂项目)等。

近年来我国的医药行业发展环境变化很大，由于近些年的发展产业集中度逐渐上升，发展内在动力得到进一步加强，产品市场环境的良好发展有效地促进了制药企业的发展。随着生活水平的提高，居民对药品质量和产品疗效的要求越来越高，一方面人们追求药品对身体的治愈功能，另一方面消费者更关注药品的天然、绿色、健康，这些为行业发展带来良好契机。

同时我国的医疗体制改革发展较快，由于进一步规范了药品集中招标采购制度，导致药品价格趋于市场化；药品分类管理的提速对制药企业科学的管理和经营提出了更高要求。同时，随着21世纪经济全球化的深入，医药行业的全球化市场竞争加剧，发达国家的医药企业凭借自己在产品、价格、技术、资金和市场的优势，对医药市场进行垄断，这给中国的医药企业造成了很大的竞争压力。

在这样的市场背景下，H企业在自身产品、价格等方面都要做出合理调整，以顺应市场的发展变化，勇于面对市场竞争。

目前公司确立以抗感染药、中老年用药为发展重点，以治疗型输液及固体制剂为发展领域的方针，在产品上不断创新的同时十分注重市场开发，在广州、重庆、兰州、哈尔滨等各大城市设有地区办事处，旗下有一支专业的营销团队，为市场提供高质量的服务。

在进行用户市场调查的基础上，在2010年推出专治尿频、尿急、尿不尽的"M"胶囊产品，主要是针对有因膀胱过度兴奋引起的尿频、尿急或紧迫性尿失禁症状的用户。本产品属于国家二类新药，有着价格实惠、治疗效果快的优点。但此类药品目前市场上已经有多家药企经营，其市场竞争力不可小觑。企业要想打开"M"产品的市场，需要认真做好营销策略规划。请为"M"产品进行市场定位策划。

(注：学生也可根据自己的兴趣选择一家真实的企业产品作为研究项目，经指导老师批准即可。)

六、预习要求与思考题

预习实训原理，熟悉市场定位策划的操作步骤和方法，明确项目任务要求。

七、实训成绩评价

学生必须在规定的时间内完成实训任务，并提交《××产品市场定位策划书》方可参加考核。考核成绩由指导教师根据学生在实训期间的表现以及实训任务完成情况进行综合评定。最终成绩按“优秀”“良好”“中等”“及格”“不及格”五个等级评定。90分及以上为“优秀”，80～89分为“良好”，70～79分为“中等”，60～69分为“及格”，59分及以下为“不及格”。具体评分标准如表4.1.1所示。

表4.1.1　评分标准

评分标准	满　分
1. 作风务实，积极参与团队研讨，按规定内容及进度开展各项工作，按时完成策划项目任务	20
2. 能独立查阅相关文献和进行项目产品营销环境调研，有综合、收集和正确利用各种信息的能力	30
3. 对项目产品定价环境分析论据充分，结构严谨合理，策划方案科学合理	30
4. 方案撰写逻辑性好，阐述语言准确，表达清楚；策划书编制符合要求	20

任务二　产品形象策划实训

一、实训目的

本实训主要训练品牌命名设计及产品包装宣传文案的编制，通过实训使学生掌握品牌名称设计及产品包装宣传文案编制的基本技能。

二、实训原理

（一）品牌名称设计基本原理

1. 设计原则

品牌命名要力求做到易读易记、反映属性、引发联想、巧借认知、合理合法。

① 简洁醒目，易懂好记。名牌名称是品牌记忆点的关键所在，产品所起的名字应该读

起来朗朗上口，使大多数人一目了然，好名字本身就是一则微型广告。品牌命名设计时，要求文字要简洁流畅，读音清晰响亮，节奏感强，易于传播沟通。

② 揭示产品功能、利益。品牌名称尽量要能反映产品的性能、用途，揭示产品能够提供给消费者的效用和利益，引发联想，有助于消费者认识产品价值。

③ 富蕴内涵，情意浓重。消费者购买的归根到底不是产品服务的本身，而是心理上的想象和感受，只有突出情感、文化等内涵的诉求，才能吸引受众。产品命名要有时代感，要与目标受众心理密切联系。

④ 构思巧妙，突出特色。优秀的品牌名一般都是特色鲜明，极有自我个性，使顾客一目了然，过目不忘。

⑤ 合理合法，避免不良联想。

2. 设计思路

① 源于核心价值的定位。品牌的核心价值是凸显承诺给消费者的利益工具，品牌命名可以依据核心价值设计，来凸显核心价值。

② 源于消费者心理及认知定位。品牌名称要能与目标受众心理需求及认知资源密切联系。要充分把握消费者需求特点，借用消费者认知命名，更能有效帮助消费者引发联想，揭示产品能够提供给消费者的效用和利益，使消费者一目了然，过目不忘。

③ 要有独特鲜明的描述。简洁、明了、富有感染力的名称描述，表达了品牌的特征，在消费者心目中占据位置，并能迅速传播开来，提升品牌形象。

3. 常用方法

设计一个令人满意的、让消费者乐于接受的品牌名称，常用方法有：

① 创始人名做品牌名，如“张小泉”“李宁”“福特”“老干妈”。

② 地名做品牌名，如“茅台酒”“青岛啤酒”“燕京啤酒”“蒙牛”“鲁花”。

③ 动物名做品牌名，如“小天鹅”“七匹狼”“白象”。

④ 由美好联想的词做品牌名，如“美的”“王老吉”“金六福”“健力宝”“红豆”。

⑤ 据产品类别定位命名，如“徽府茶行”“东方树叶”“六个核桃”“九朵玫瑰”。

⑥ 根据目标消费者定位命名，如“喜之郎”“娃哈哈”“太太乐”。

⑦ 根据产品功能定位命名，如“飘柔”“舒肤佳”“脑白金”“血尔”。

⑧ 象征地位的名称做品牌名，如“太太”“老板”“豪门”。

⑨ 组合字首做品牌名，如“NEC”“IBM”“3M”。

（二）品牌标志设计

1. 品牌标志的内容

品牌标志要以符号、图案为标志内容。人们更容易识别符号、图案，一张简单的图片能表达很多意义，可以引发消费者联想。运用符号、图案来表达品牌，便于消费者识别、记住，可以强化品牌定位。使消费者印象深刻，一有提示马上联想起品牌。

2. 品牌标志设计要求

品牌标志设计要求简洁、凝练、独特、新颖，简单的符号图形更容易记忆。同时品牌标志强调创意，品牌的独创性、新颖性越强，越能吸引消费者，与竞争对手的差异性越强，更有利于消费者识别和受到保护。

3. 基本形式

① 可以设计“名称标志”。把名称与标志合在一起，把名称的文字、数字艺术化，可以作为与众不同的品牌标志。如 NEC、IBM、NIKE。

② 可以设计“符号标志”。如特步是由“×”符号表示的，耐克是由“√”符号表示的。

③ 可以设计“图案标志”。如奥迪轿车的标志是 4 个连环圆圈，表示当初是由霍赫、奥迪、DKW 和旺德诺 4 家公司合并而成的。苹果手机(iPhone)用被咬了一口的苹果作为标志，形象生动。

(三) 产品宣传文案编制要求

产品宣传文案被广泛用于产品包装、POP 广告中，是重要的广告形式。产品宣传主要目的是向消费者传播产品价值信息，其重点是描述产品的特点、功能及客户利益，尽可能地帮助消费者理解产品价值，激发购买欲望。产品宣传文案的编制一般有以下要求：

① 内容要符合国家有关规定。广告宣传要符合《广告法》的相关规定，切忌弄虚作假，夸大宣传。

② 语言表达要充分考虑用户的阅读需要，通俗易懂。

③ 要充分体现产品特点、特色，提高吸引力。

④ 要详略得当，能突出重点，具有说服力。

⑤ 语言准确、通俗、简洁，条理清楚。

(四) 产品说明技巧

产品包装以及 POP 广告是对产品宣传的重要工具，因此宣传文案要有技巧地对产品的特性、功能、利益进行阐述，更有效地帮助消费者认识产品，激发购买欲望。

在充分把握产品价值与消费者需求特点的基础上，运用“FAB”说明法将产品价值与消费需求有效链接。“FAB”是特性、功能、利益三个词语的英文开头字母组成，揭示了产品说明的三个主要内容。

① 特性(F-feature)：产品与众不同的属性。

② 功能(A-advantage)：产品特性产生的作用。“功效”是在说明“特性”所具有的作用或功能，是阐述特性的内涵。

③ 利益(B-benefit)：产品的功效能给客户带来的好处。站在客户立场，看产品能给客户解决什么问题。

值得注意的是在描述产品特点、功能后一定要阐述产品利益！要将产品特点与功能转化为产品利益，要有技巧地描述消费场景、提示消费体验价值，从而更有力地引导顾客联想，帮助顾客理解产品的利益和价值。

三、参考案例

“老约翰”是一个集生产、销售、科研、服务为一体的大型现代化食品公司，拥有 300 多名员工，占地面积 1000 多平方米的现代化中心工厂，在蚌埠及淮南有几十家专卖连锁店。端午节推出系列粽子产品，制作精美的宣传手册进行宣传，如图 4.2.1 所示。

“老约翰”粽子宣传手册

【紫薯香粽】净重：100 g/只。

精选优质糯米，搭配营养丰富的紫薯，糯香爽滑，健康营养。

【紫米蜜枣粽】净重：100 g/只。

糯香爽滑，蜜枣益脾，紫米养血，营养健康又美味。

【杂粮养生粽】净重：100 g/只。

晶莹剔透的糯米中添加紫米、栗子、莲子、红豆等多种杂粮，营养丰富，健康美味。

【相思红豆沙粽】净重：100 g/只。

精选上等红豆，慢火熬制成沙，配以晶莹剔透的白糯米，让你整个舌尖享受香甜软糯的美味。

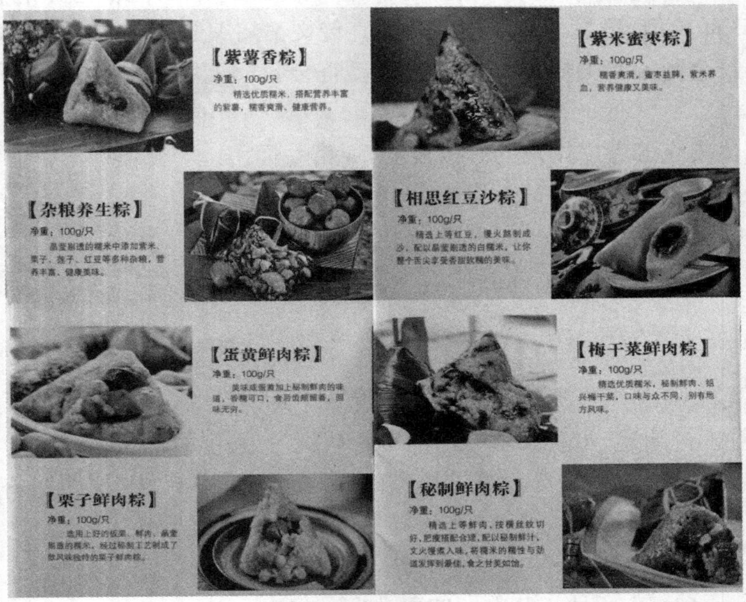

图 4.2.1 “老约翰”粽子宣传手册

【蛋黄鲜肉粽】净重：100 g/只。

美味咸蛋黄加上秘制鲜肉的味道，香糯可口，食后齿颊留香，回味无穷。

【梅干菜鲜肉粽】净重：100 g/只。

精选优质糯米，秘制鲜肉、绍兴梅干菜，口味与众不同，别有地方风味。

【栗子鲜肉粽】净重：100 g/只。

选用上好的板栗、鲜肉、晶莹剔透的糯米，经过秘制工艺制成了风味独特的栗子鲜肉粽。

【秘制鲜肉粽】净重：100 g/只。

精选上等鲜肉，按横丝纹切好，肥瘦搭配合理，配以秘制鲜汁，文火慢煮入味，将糯米的糯性与劲道发挥到最佳，食之甘美如饴。

四、实训操作方法

本实训主要采用项目研究法，以组为单位开展研究。实训步骤如下：

① 学习实训原理。学生对产品命名设计以及产品宣传文案的编制技巧和方法进行学习与总结，掌握产品视觉形象策划的基本原理与方法。

② 开展项目产品属性、价值及市场需求特点的调查。

③ 进行产品命名创意，编制产品宣传文案，完成产品形象策划报告。

操作说明：开展小组研究，每组成员不超过 6 人，并对项目任务进行合理分工。

五、实训项目任务

实训项目：怀远“绿壳鸡蛋”的产品命名及宣传策划

① 开展项目产品调查，包括属性、功能、价值以及产品核心价值定位。

② 开展目标顾客需求分析和产品特色分析。

③ 小组成员开展研讨，进行命名创意和产品宣传文案编制，完成策划方案。

项目策划背景资料

绿壳鸡蛋是乌骨鸡产的蛋。据中国农科院、江西农业大学、江西畜牧局分别测定，该鸡蛋的脂肪含量是普通鸡蛋的四分之一，含有人体所需的 17 种氨基酸及赖氨酸。绿壳鸡蛋属于高维生素、高微量元素、高氨基酸、低胆固醇、低脂肪的理想天然保健食品，已被国家绿色食品发展中心批准认定为“绿色食品”，被国家卫生部批准为“保健食品”，被誉为“鸡蛋中的人参”，更有国外友人称之为“东方神蛋”。绿皮鸡蛋适宜人群广泛，尤其适合孕妇、产妇、婴幼儿、中老年人食用。对孕妇来说能有效改善孕期食欲不振、消化不良、恶心呕吐等症状，改善睡眠质量，增进孕妇营养吸收，促进胎儿健康成长；对儿童来说能促进生长、增强记忆力、提高智商、增强免疫；同时对女人的调经养血、养颜美容非常有益处；对中老年人来说能够降低血脂、软化血管，有延年益寿等功效。

近几年绿壳鸡蛋开始走向市场，但目前在绝大部分地区还没有销售，消费者了解度和接受度不高。作为新品类产品经营企业希望将产品推向市场，为此要进行产品命名及宣传策划。

（注：学生也可根据自己的兴趣选择一家真实的企业产品作为研究项目，经指导老师批准即可。）

六、预习要求与思考题

预习实训原理，熟悉产品命名策划及宣传文案编写要求，明确项目任务。

七、实训成绩评价

学生必须在规定的时间内完成实训任务，并提交策划书方可参加考核。考核成绩由指导教师根据学生在实训期间的表现以及实训任务完成情况进行综合评定。最终成绩按“优秀”“良好”“中等”“及格”“不及格”五个等级评定。90 分及以上为“优秀”，80～89 分为“良好”，70～79 分为“中等”，60～69 分为“及格”，59 分及以下为“不及格”。具体评分标准如表 4.2.1 所示。

表 4.2.1　评分标准

评 分 标 准	满　分
1. 作风务实，积极参与团队研讨，按规定内容及进度开展各项工作，按时完成策划项目任务	20
2. 能进行项目产品功能、价值及消费需求特点调研，有收集和正确利用各种信息的能力	30
3. 对项目产品命名的创意好，产品宣传文案写作宣传力强	30
4. 方案逻辑性好，阐述语言准确，表达清楚；策划书编制符合要求	20

任务三　价格策划实训

一、实训目的

通过本项目训练使学生熟悉产品定价策划的业务流程、掌握产品价格策划的基本方法和技巧。

二、实训原理

（一）价格策划一般程序

1. 价格策划环境的分析

价格策划环境是由影响产品定价的各种因素构成，主要包括国家政策环境、市场环境和企业经营环境等。认真分析和研究这些环境因素是制订价格策略的基本要求。特别是要重点分析影响定价的三大主要因素，即消费者需求、市场竞争因素、企业及产品自身经营状况，在此基础上确定定价策略及定价的指导思想，如以竞争为目的、以扩大销售为目的还是以树立品牌形象为目的等，然后依次做好后续工作。

2. 选择定价目标

通常的定价目标有生存、最大当期利润、最高当期收入、最大市场占有率等，此外还有其他一些定价目标。

3. 确定市场需求

在正常的情况下，需求和价格是反向的关系，即价格越高、需求越低，价格越低、需求越高。

4. 估计产品成本

企业制订的价格应包括生产、分销和推销该产品的成本，还包括适当的利润。

5. 分析竞争者产品的价格策略

在由市场需求和成本所决定的可能价格范围内，竞争者的产品成本、价格水平、定价策略直接影响企业产品的价格制订。企业需要对竞争者和自己的成本进行比较，以了解自己是否具有竞争优势。

6. 选择定价方法并制订定价方案

通常的定价方法有成本导向定价法、竞争导向定价法以及需求导向定价法。在通盘考虑市场需求与竞争情况以及企业、分销商利益的基础上确定价格方案。

7. 制订最终价格

在选定最终价格时，必须考虑消费者心理因素、定价政策、渠道利益、产品的市场定位等对价格的影响，有技巧地确定更加合适市场需求的价格。

（二）影响定价的主要因素分析

影响定价的因素很多，有市场供求、产品成本、市场竞争、国家政策、消费者需求特点等多方面因素，其中最重要、最直接的是顾客、竞争者、企业产品因素这三个方面，在产品定价时应进行重点分析。具体而言：

1. 顾客因素

分析目标顾客的类型及其对产品的价值认知、目标顾客对价格的接受能力、对价格的心理认知特点。

2. 竞争者因素

主要分析竞争者产品的定价策略、价格水平以及彼此在市场竞争中的地位，做到知己知彼。

3. 企业产品因素

主要分析产品在企业产品组合中的地位与作用、产品的消费特点、产品的市场需求弹性、产品成本以及企业的财务状况、经营目标、与中间商合作要求等。

对上述因素进行综合考虑来制订合适的价格方案。

（三）定价策略与方法

1. 产品定价的基本策略

① 新产品定价策略：低价渗透策略、满意定价策略、高价策略。

② 折扣定价策略：现金折扣、数量折扣、功能折扣、季节折扣、价格折让。

③ 地区定价策略：原产地定价、统一交货定价、分区定价、基点定价。

④ 心理定价策略：声望定价、小数定价、整数定价、招徕定价。

⑤ 差别定价策略：顾客差别定价、产品形式差别定价、时间差别定价、产品部位差别定价。

2. 常用的定价方法

① 成本导向定价法：成本加成法、目标利润法、维持生存法等。

② 需求导向定价法：零售价格倒推法、需求差异定价法、感知价值定价法等。

③ 竞争导向定价法：随行就市定价法、投标定价法等。

新产品定价应综合分析影响定价的五大类因素，其中的重点是顾客需求、市场竞争以及企业产品，在此基础上确定定价策略与方法并测算、确定产品最终的价格及价格体系。

三、参考案例

给产品一个合适的价格

新疆 A 企业在进入乳品行业初期，由于产品单一，无品牌影响力，对主推纯牛奶品项上市之初，采取的是 243 mL/袋，百利包装形式，产品规格为 20 袋/箱，产品供货价为 19 元/件，终端零售价为 20 元/件，产品销售量每日不足 12 t，企业处于无利甚至亏损状态。为此新上任的总经理急于改变这种状况，对产品品种进行了调整，每袋容量改为 200 mL/袋，规格 24 袋/箱，然而在制订产品供货价时却遇到难题，由于各方面意见不一致，有的主张仍采取原先价格每箱 19 元就可以了，有些主张产品价格定在 24 元/件，有些则主张定在 20～21 元/件即可，有的则主张定位在 22 元/件。因此新上任的总经理陷于矛盾之中，固然采取原先的 19 元价位产品销售较有保证，但产品利润率极低，采取提价定价在 20～24 元之间，产品价格越高，利润率越高，固然是好，况且当时企业面临生存的问题和销售急需上量的问题，因而总经理一直犹豫不决，编者在得知这个消息后，开始了对这次产品定价的分析和确定工作。

定价过程的分析阶段如下：

首先，对产品进行定性分析。乳制行业中纯牛奶产品一直是市场上走货量较大的产品，同时该产品肩负着企业品牌和形象传播的任务。

其次，目标消费人群分析。纯牛奶产品作为乳品行业中的一个普通品种，其消费人群涵盖上至老人、下至小孩的所有人群，属于家庭消费占主导的普通消费品。

第三，渠道状况的分析。牛奶产品的消费面对广大家庭，A 企业产品的销售渠道主要是街边超市和社区周围的杂食店，是食品行业的传统销售渠道。

第四，产品策略的分析。该纯奶品项是企业的长线产品，承担着企业的战略任务，产品价格一旦定下来，将是长期和稳定的。

第五，产品特性的分析。该产品采用百利包装，包装形式与市面产品大同小异，其功能、概念无特殊和独到之处，是普通的产品。

第六，产品的价格需求弹性分析。纯牛奶产品是一个价格需求弹性大的产品，产品价格对产品销售量起到很大作用，特别是该地区消费者尚无品牌消费概念且对牛奶知识认识较少；对品牌尚无建立的 A 企业而言，价格与需求的弹性表现更为明显。

定价过程的市场调研阶段如下：

1. 行业发展情况调查

乳制品行业中的液态奶产品处于一个高速发展阶段，市场容量较大，行业兴盛，同时从网上查看了全国各地区牛奶产品的价位，作为百利色产品的销售单袋价格均在 1 元，而整个箱由于包装规格不同，产品价格有所不同，但折合每袋价格仍在 0.9～1 元之间。

2. 市场环境的调查

① 对整个市场竞争产品进行分析，发现产品规格、包装趋于一致，同一规格的产品售价一致，供货价也一致，但因促销买赠下来差别较大，低的折算下来只有 18 元/件，而高的在 22 元/件，是市场上的主流。② 通过对消费者调查得出：A 企业产品，品味非常好，比该市场的第一品牌口味都要好，很受消费者欢迎，但终端铺货量较少，价格对消费者影响尚不大。③ 通过对销售渠道调查得出：A 企业原先规格产品供货价为 19 元，零售与整箱购买对渠道而言利润一致，虽然整箱利润与竞品一致，但零售与竞品相比价差 1 元，终端有微异，从而也影响终端零售店主的零售推荐力。

3. 企业自身环境的调查

① 企业对奶业发展充满信心，企业的目标是让全疆人民喝上一杯放心奶，在后期会对于乳业在推广、品牌宣传上进行大的投入，因而产品定价需要考虑此部分空间利润。② 企业母公司规模较大，财务状况良好，并拥有几个千头奶牛的牛场，奶源质量高，奶源的优势明显，但对产品价格定位是白金品质、白银价格，是追求市场份额的企业。③ 企业的乳业处于市场发展初期，尚无品牌优势，而且纯奶产品的市场地位属于跟随者地位。④ 从企业处的市场环境来看，牛奶产品正处于销售势头的上升期，销售量会大幅提升。

定价的最终结论如下：

根据对各因素的综合考虑，结合市场的调查结果分析，采取竞争导向定价法的随行就市定价法，将该产品的定价定位在中档价位，价格定在 22 元/件，建议零售价为 23～24 元/件，考虑市场后期发展的不可预见性，并建议企业在产品推广中预提 2 元用于产品的推广费和促销费用。

此方案得到公司总经理的认可，并执行该价格定位，最终结果是企业产品顺利上市，并形成大的销售量，取得定价的成功。

（资料来源：根据网络资料改编。）

四、实训操作方法

本实训主要采用项目研究法，以组为单位开展研究。实训步骤如下：

① 学习实训原理。学生对产品定价的技巧和方法进行学习与总结，掌握价格策划的基本原理与方法。

② 开展项目产品定价环境调研，主要包括产品成本、竞争产品价格策略、消费者价格心理等。

③ 进行产品价格策略设计，完成项目产品价格策划报告。

操作说明：开展小组研究，每组成员不超过 6 人，并对项目任务进行合理分工。

五、实训项目任务

实训项目:H企业"T"产品的价格策划

1. 开展项目产品定价环境调研

要求学生利用观察法、询问法收集一手资料,利用网络等途径收集二手资料,重点调查分析的内容如下:

① 竞争者产品价格策略——竞争产品的价格水平及定价策略(调查分析5个及以上竞争产品)。

② 消费者对产品需求特点及价格心理。

2. 完成策划方案

在市场调研的基础上进行产品价格策略设计,完成《"T"产品价格策划方案》。

H企业"T"产品价格策划背景资料

在我国糖尿病等慢性疾病的发病率呈逐年上升的趋势。随着中国社会老龄化的不断加深而越来越凸显,专家估计到2035年我国糖尿病患者人数为1.43亿。依据当前医疗技术水平的发展,糖尿病仍然无法根治,只能依靠药物维持。口服降糖药分为两类,一类是胰岛素药物,主要用于1型糖尿病的治疗;另一类是口服降糖类药物,主要用于2型糖尿病的治疗。H企业的"T"产品就是治疗2型糖尿病的口服药。

面对巨大的市场需求,我国的糖尿病药品的市场竞争日益激烈,各大外资、合资企业加快市场开拓的同时,各中小型企业也纷纷加入其中。H企业的"T"产品(国家医保批准文号:国药准字H2000067,规格30 mg)如何在激烈竞争的市场中不断开拓需求进行有效的价格策划?请为该产品做一份价格策划方案。

(注:学生也可根据自己的兴趣选择一家真实的企业产品作为研究项目,经指导老师批准即可。)

六、预习要求与思考题

预习实训原理,熟悉价格策划操作步骤、方法,明确项目任务要求。

七、实训成绩评价

学生必须在规定的时间内完成实训任务,并提交策划书方可参加考核。考核成绩由指导教师根据学生在实训期间的表现以及学生实训任务完成情况进行综合评定。最终成绩按"优秀""良好""中等""及格""不及格"五个等级评定。90分及以上为"优秀",80~89分为"良好",70~79分为"中等",60~69分为"及格",59分及以下为"不及格"。具体评分标准如表 4.3.1 所示。

表 4.3.1 评分标准

评分标准	满分
1. 作风务实，积极参与团队研讨，按规定内容及进度开展各项工作，按时完成策划项目任务	20
2. 能独立查阅相关文献和进行项目产品定价环境调研，有综合、收集和正确利用各种信息的能力，对项目产品定价的环境分析论据充分，结构严谨合理	30
3. 价格策划方案科学合理，具体可行	30
4. 方案逻辑性好，阐述语言准确，表达清楚；策划书编制符合要求	20

任务四 促销活动策划实训

一、实训目的

通过本项目训练使学生掌握以营业推广为主的促销活动策划的方法、技巧。

二、实训原理

广义的促销主要有四类工具：人员促销、广告促销、营业推广以及公关促销。其中营业推广也称销售促进，是企业重要的促销活动方式。它是一种非经常性的推销活动，有利于在短期内迅速提升销售量。营业推广活动的具体形式十分丰富，面对不同的促销对象其促销目标和方式方法各不相同。

（一）营业推广目标与方法

1. 针对中间商的营业推广目标与方法

针对中间商的营业推广目标主要有鼓励中间商采购新品、大批进货，鼓励中间商开拓新市场，推销积压品，争取新的中间商等；常用的营业推广方法有价格折扣、推广津贴、产品展销、销售竞赛、销售返利。

2. 针对消费者的营业推广目标与方法

针对消费者的营业推广目标主要有鼓励老客户反复购买、吸引新客户购买产品、争夺竞争对手的客户、消化库存等；常用方法有有奖销售、买赠促销、价格折扣、样品赠送、免费试用、竞赛、游戏、抽奖、示范表演等。

（二）促销活动策划

促销活动策划的一般程序和内容依次是：活动背景分析、活动目的、活动时间、活动地点、活动主题、活动内容、活动信息传播方案设计以及活动费用预算和评价等。

1. 促销活动背景分析

对促销活动的竞争环境、目标顾客及其需求特点、企业目前情况与本次促销动机等进行分析。

2. 促销目标设计

一般来说，针对消费者的促销目标有：① 增加销售量，扩大销售；② 吸引新客户，巩固老客户；③ 树立企业形象，提升知名度；④ 应对竞争，争取客户。促销目标可以确立单个目标，也可以确立多个目标。

3. 促销主题设计

(1) 主题是方案设计的核心

主题应该明确揭示本次促销为目标顾客带来的经济利益以及情感利益，能够切中目标顾客的需求，迎合消费者心理需求，能引起消费者的强烈共鸣，主题确立要强调创意。

(2) 主题语表现

主题是通过主题语来表现的，主题语设计要做到明确利益与情感诉求；突出鲜明的个性；简明易懂，生动有活力。

4. 促销活动方案设计

"促销活动"是方案设计的核心内容，要求：

(1) 紧扣促销目标，体现促销主题

促销方案的设计要求围绕着促销主题而展开，设计要点是以市场分析为依据，充分发挥设计者的创新精神，力争创出与众不同的新方案。

(2) 合理组合促销方式

当前运用较多的有"特价促销""买赠促销""有奖促销""打折促销""服务促销"等。在方案策划中可以采用多种形式有机组合，提高促销活动的有效性。

(3) 促销活动设计要求"具体""可操作"

方案要尽可能具体，要把行动方案按不同的时段进行分解，还要突出重点。

(4) 促销活动设计追求"创意"

只有具有新意、生动活力的促销活动才能引起消费者的强烈共鸣。当然这些"创意"要考虑现行的客观性、可行性。

(5) 促销宣传方案设计

要把促销的信息告知消费者，在销售场所营造促销气氛，在促销中展示企业形象，必须运用好广告宣传、现场展示。

当前用得较多的促销广告有"媒体广告""DM 广告""POP 广告"以及新兴的网络广告。在运用媒体广告时应该根据目标顾客接收媒体的习惯、企业条件来选择适当的媒体，进行广告媒体的恰当组合。

① POP 广告。在实体终端促销中，POP 广告形式用得很多，主要有宣传标语、商品海报、招贴画、商场吊旗、特价赠送指示卡、门面横幅招旗、气球花束装饰等，促销的实际效果更好。

POP 广告不仅在向消费者传递商品信息，充当无声的售货员，它们还能极力展示商场特色和个性，来营造浓烈的购物气氛，树立良好的企业形象，诱发顾客的购物欲望。

② 网络广告。网幅广告(旗帜广告)是最早的网络广告形式,有静态、动态和交互式(游戏、插播式、回答问题、下拉菜单等)三种;文本链接广告;电子邮件广告;视频广告;定向广告等;淘宝、京东等网络平台上投放广告,微信、微博、QQ 互动平台的广告都是十分重要的沟通媒介,在网络环境大行其道的背景下应重视网络沟通平台的应用。

在促销活动策划中要根据具体促销主题、要求及其费用预算,来确定促销采用的广告形式,要最大限度地发挥其作用。

5. 促销费用预算

促销费用预算一般要考虑的费用有广告宣传费用、促销活动费用、人员推销费用等。

在方案设计中费用预算要注意:① 了解促销费用;② 尽可能细化;③ 尽可能准确;④ 求得最优效果。

6. 促销实施进度安排

为了保证促销计划得以顺利实施,必须对整个计划实施过程予以控制,明确实施进度安排。促销实施一般包括前期促销准备阶段和后期促销进行阶段。前期促销准备主要有促销商品进货;DM 广告的制作和发放;POP 广告的制作和布置;促销商品陈列和环境布置;促销活动准备。为了保证促销活动如期有效地开展,需要制订"促销实施进度安排表"明确安排促销具体工作,活动时间、由谁做、有什么要求。这样,使计划方案由单纯的构思创意转为具体的实施计划,它也可作为计划实施活动进行控制的检查标准。

三、参考案例

P 乳业的"HP"豆奶面向大学生市场的促销活动方案

P 乳业始建于 1956 年,是安徽省级农业产业化龙头企业和蚌埠市政府重点菜篮子工程基地。企业先后获得"蚌埠市先进单位""全国农产品加工业示范企业""蚌埠市农业产业化十家龙头企业"等荣誉。2012 年 P 乳业进入多品牌发展的新阶段,开发了"HP"等品牌产品,突出原汁、原香、原味,以营养膳食为理念,打造均衡营养新主张。产品推向市场得到消费者的青睐,为了进一步提高新品牌的影响力,企业欲面向大学生做一次促销活动,旨在提高"HP"产品在当地大学生市场的销售量和知名度。

(一) 目标顾客需求调研

1. 购买动机

学生购买豆奶产品主要是为了改进膳食,补充营养,有助于增强体质。大学生多数是住校生活,且学习压力较大,所以他们很注重自己身体素质的保养,同时有了一定的经济能力,会选择有营养的饮品来补充自己身体需要的营养。

2. 消费需求特点

豆奶在大学生市场还处于导入期,学生喝豆奶的频率还不高,超过一半的学生表示一个星期只喝 1～3 次。可以看出,作为基础生活消费品,如果能有效地激发市场需求将有很大的发展潜力。

另外,在校大学生对豆奶品的需求呈现出随季节周期性的变化,夏季高温时期多选择果饮料，冬季因蚌埠当地气温较低，对豆奶需求量较大。

3. 购买行为调查

大学生购买豆奶比较关注的因素是营养程度、品牌、口味和价格。其中首选条件是健康卫生、营养丰富、口感良好，其次希望价格低廉，能符合学生的消费水平，60%的同学认为该豆奶应定在1.5～2元之间，40%的同学则认为应定在2～2.5元之间。对价格的重视导致折扣促销很受欢迎，80%的同学认为直接折扣优惠的促销方式更能吸引他们购买，这也符合大学生群体的消费能力。

同时在购买豆奶的人群中，女生的购买比例远大于男生，其中女生为80%，男生仅为20%。可以看出豆奶更受女生的青睐。

从上述目标顾客的需求特点分析，可以看出豆奶在大学生市场具有较大的发展潜力。要针对大学生喜闻乐见的促销活动形式在国庆节期间开展以营业推广为主的促销活动，打造"HP"豆奶的知名度，促进大学生购买。

(二) 促销活动方案设计

活动主题："HP"——激昂青春活力。

活动目的：提高"HP"豆奶的知名度；提升产品市场销量。

活动时间：2014年9月30日～10月2日。

活动地点：蚌埠地区各大高校。

活动主要内容如下。

1. 购奶抽大奖，惊喜奖品等着你

活动方式：当日买1箱享受8.5折优惠；买2箱享受7折优惠；买3箱及以上可获得6折优惠，同时凡购买者都有一次抽奖机会。

奖项设置：一等奖：心相印卷纸一提；二等奖：毛巾一条；三等奖：玻璃杯一个。

2. 免费品尝

在各大学校园设立销售专台，宣传"HP"的科学营养搭配，开展免费品尝活动，让过往的大学生品尝"HP"的美味。

3. 玩游戏，拿奖品

(1) 摇摆呼啦圈

玩呼啦圈的游戏，能提升大学生的身体素质。现场的大学生参与扭呼啦圈比赛，5人一组，每组选手中能坚持到最后者获胜，可直接获得奖品(印有"HP"品牌LOGO)鼠标垫一个。

(2) "爱拼才会赢"游戏

活动流程：① 提前准备好拼图样板、拼图材料、指导手册等；② 在活动现场，5人为一组，拼出如"P乳业""HP"品牌标志等图案，用时最短的获胜；获胜者可得奖品(印有"HP"品牌LOGO)杯子一个。

4. 活动现场布置

所有工作人员身穿企业统一配备的着装，给人以整体印象，在大学校园搭建展销棚，配以"HP"——激昂青春活力的横幅、飘飘的彩旗、七彩的气球、动听的音乐、漂亮的游戏道具和丰富的奖品，以烘托隆重的气氛，吸引大学生的注意。

促销宣传方案设计如下：

① 海报宣传。在四所学校的食堂和寝室楼下，张贴产品宣传海报和促销活动宣传海报。

② 宣传单。在大学城范围内散发传单，将宣传单发放至每一个宿舍。

③ 通过和学校院系学生组织合作，利用院系专用展板进行广告宣传。

④ 利用QQ、微信、人人等大学生使用频率较高的网络渠道进行活动宣传。

（三）促销活动的组织管理

1. 活动前期准备

① 人员安排：由企业营销部人员以及4名临时促销人员开展促销活动，活动举行前期由企业营销部人员宣传促销活动的信息，活动期间由营销部主要负责人带领临时促销人员负责活动现场的秩序，进行活动现场规则的讲解以及赠品、礼品的发放。

② 活动材料准备：在活动举行之前需要搭建展台，悬挂宣传条幅，并配备话筒、音响、扩音器等，具体准备材料如表4.4.1所示。

表4.4.1　材料名称及数量

准备材料	数量
露天舞台	1个
音响	2个
话筒	1个
宣传手册、海报、店内吊旗、彩带	各20个
促销人员服装	6套
促销展台、X展架	各3个
小型扩音器	6个
拼图材料、拼图指南	5组
宣传手册	30本
赠品	50个

2. 活动中期安排

在活动期间应该注意活动纪律、现场控制以及保证参与人员的安全性；控制活动环节，保证每项活动进行得有条不紊。

3. 活动后期工作

活动结束后应该打扫现场，还原超市的干净卫生；将活动现场的宣传条幅等拆除并整理好。

（四）促销预算

本次活动分为场地费用、赠品费用、宣传费用、促销费用的预算，如表4.4.2所示，现场布置和宣传费用是主要的支出。

表 4.4.2 促销费用估算

费用支出形式	明 细	金额(元)
促销活动现场布置	音响、话筒、海报、拼图纸等	1000
促销赠品	豆奶、玻璃杯、健康手册	2000
宣传费用	海报、校园广播、宣传单等	500
促销人员工资	临时促销人员工资等	1000
总计		4500

四、实训操作方法

本实训主要采用项目研究法,以组为单位开展研究。实训步骤如下:

① 学习实训原理。学生对营销推广活动策划的技巧和方法进行学习与总结,掌握促销策划的基本原理与方法。

② 开展项目产品营销环境调研。

③ 进行产品促销活动方案设计,完成项目产品促销活动策划报告。

操作说明:开展小组研究,每组成员不超过 6 人,并对项目任务进行合理分工。

五、实训项目任务

实训项目:D 品牌休闲糖果促销活动策划

1. 市场营销环境调研

要求学生:利用观察法、询问法收集一手资料,利用网络等途径收集二手资料,重点调查分析项目产品的促销环境。主要内容包括:

① 消费需求调研:购买行为特点调研、品牌认知调研。

② 企业产品调研:D 品牌休闲糖果的特点、功能、品牌核心价值调研。

③ 企业促销活动动机、促销活动目标调研。

2. 目标顾客需求分析

主要包括目标顾客的购买动机、购买行为习惯、信息收集、促销活动偏好等。

3. 促销活动方案设计

要求学生在市场调研的基础上,针对目标顾客需求特点设计促销活动方案,主要包括:

① 促销活动背景分析。

② 促销主题设计。主题应该能够切中目标顾客的需求,并与节日文化契合,能引起消费者的强烈共鸣。

③ 促销活动方案设计。以营业推广手段为重点,进行多种活动组合设计。促销活动设计要求“具体”“可操作”,要能明确活动的操作步骤和具体内容。

④ 促销宣传方案设计。

⑤ 费用预算:促销活动物料费用、宣传费用等。

⑥ 效果测评。

D品牌休闲糖果促销活动策划背景资料

D公司是皖北一家生产休闲糖果的企业,公司创建于2011年,现有固定职工总数近60人,目前拥有技术水平处于国内领先的8条生产线,拥有固定资产总额3000万元。企业年销售总额3000万元,利润总额保持在200万元左右。

企业致力于打造地方特色品牌,对产品质量精益求精。企业产品获得QS食品质量认证,并拥有专利若干项。

目前企业经营产品有两大类。为了更好地开拓市场,公司加大新产品的研发,目前开发一款休闲糖果,为了更好地打开销路,需要做一些促销活动。请为D品牌休闲糖果做一份面向大学生市场的促销活动方案。

(注:学生也可根据自己的兴趣选择一家真实的企业产品作为研究项目,经指导老师批准即可。)

六、预习要求与思考题

预习实训原理,熟悉促销活动策划的内容、步骤与方法,明确项目任务要求。

七、实训成绩评价

学生必须在规定的时间内完成实训任务,并提交促销活动策划书方可参加考核。考核成绩由指导教师根据学生在实训期间的表现以及学生实训任务完成情况进行综合评定。最终成绩按“优秀”“良好”“中等”“及格”“不及格”五个等级评定。90分及以上为“优秀”,80～89分为“良好”,70～79分为“中等”,60～69分为“及格”,59分及以下为“不及格”。具体评分标准如表4.4.3所示。

表4.4.3 评分标准

评分标准	满分
1. 作风务实,积极参与团队研讨,按规定内容及进度开展各项工作,按时完成策划项目任务	20
2. 能独立查阅相关文献和进行项目产品营销环境调研,对项目产品的营销环境分析论据充分,结构严谨合理	30
3. 促销活动方案科学合理,方案具体可行,活动设计有创意、吸引力强	30
4. 方案逻辑性好,阐述语言准确,表达清楚,策划书编制符合要求	20

任务五　分销渠道策划实训

一、实训目的

通过本项目训练使学生熟悉分销渠道策划的业务流程，掌握分销渠道策划的基本方法。

二、实训原理

企业要想更好地发挥分销渠道资源的作用就要力求实现分销渠道经济性、适应性、可控性之间的平衡。为此必须设计合理渠道结构和模式，选择合适的合作伙伴。而渠道结构和模式设计是分销渠道管理的基础。本项目主要训练渠道结构设计技能。

（一）分销渠道结构设计的一般程序

1. 分析产品分销环境

分销环境是由影响产品分销的诸多因素构成，主要包括产品因素、顾客因素、竞争因素、企业因素、中间商因素等，这些因素对产品分销渠道结构及模式有直接、重要的影响，因此要确定有效的分销渠道结构必须先分析影响产品渠道设计的环境因素，从中发现机会，避免威胁，确定更适合市场需求、更有市场竞争力的分销渠道结构模式。

2. 明确分销目标

渠道设计就是企业完成营销目标的重要一环，渠道目标设计应以营销目标为指导，符合一定的营销目标。渠道目标有销售顺畅、提高市场份额、购买便利、迅速开拓市场、维护品牌形象、提高渠道可控性等。

3. 根据目标市场购买特点寻找渠道最佳接触点

调查分析目标市场消费者的购买途径和购买行为特点，这是渠道结构设计的主要依据。但是，同一细分市场多个品牌激烈竞争的情况是很常见的。因此，企业在考虑渠道设置与消费者的最佳接触点时，必须以竞争对手为参照，突出自己的竞争优势。

4. 选择终端流通业态

随着商业零售的发展零售业态的形式不断丰富，主要有传统的百货商店、超级市场、专营店、便利店和新兴的网络商店、电话销售、电视购物，等等。业态的选择必须综合考虑产品属性特点、目标顾客的购买习惯、竞争产品的分销策略以及企业的资源条件等。

5. 界定分销运作模式

目前的分销模式主要有三种，第一种是生产企业自己直接进行销售的自销模式；第二种是将产品卖给中间商，再由中间商专卖的经销模式；第三种是委托中间商代理销售的代理模式。

6. 确定企业的渠道结构方案

企业的渠道结构包括渠道的结构层次，每个层次的中间商类型、数量以及代理商区域划分等。根据渠道目标结合产品因素、顾客因素、竞争因素、企业因素、中间商因素的综合分析进行渠道“长度”“宽度”的规划设计。

（二）分销渠道结构设计的主要内容

1. 分销渠道的“长度”设计

根据产品因素、市场状况、中间商情况、企业本身条件、宏观环境因素进行综合分析，选择渠道的“长”或“短”策略。具体方案可以考虑如下内容：

(1)“最短渠道”方案

采用直接渠道方案，公司直接把产品销售给消费者，不经过中间商。

(2)“短渠道”方案

通过零售商完成销售的渠道方案。一般来说，销售批量大，市场比较集中或技术复杂、价格较高的产品适用短渠道。

(3)“长渠道”方案

采用2～3个中间环节完成销售的渠道方案。一般来说，销售量较大、市场范围广、技术不是很复杂、价格较低的产品宜采用长渠道。

一般而言，长渠道有利于扩大市场覆盖面，可以更充分地利用中间商的优势，减轻厂家的费用压力，但厂家对渠道的控制程度降低，加大对中间商协调的难度。相对而言，短渠道能提高厂家对渠道的控制程度，但市场覆盖面较窄，开拓市场任务主要由厂家自己承担，需要更多的资源投入。

一般来说，长渠道更适用于一般消费品，短渠道更适用于专用品、时尚产品以及顾客密度大的市场区域。

2. 分销渠道的“宽度”设计

分销渠道“宽度”设计就是确定渠道同一层次上中间商数目的多少。在对中间商数目选择时，需要根据产品、市场、中间商、企业的具体情况，可以考虑运用广泛性分销策略、选择性分销策略、独家分销策略。

(1) 广泛性分销策略

此方案要求企业尽可能多地选择中间商来销售自己的产品。通过多家中间商，广泛的分销面，迅速地把产品推入流通领域，使消费者随时随地买到需要的产品，提高产品的销售效率。方案的不足之处在于过多的中间商使分销渠道管理难度增大。

(2) 选择性分销策略

运用选择性分销策略要求企业在某一区域目标市场上只选择少数几个中间商来销售自己的产品。被选择的中间商在当地市场有一定的地位和声誉，有利于制造商借助中间商的信誉和形象提高产品的销售能力。但方案的不足之处在于这样的中间商要求往往较高，销售折扣较大，制造商开拓市场费用比一般情况下要高。

(3) 独家分销策略

要求企业在某一区域目标市场上只选择一家中间商销售其产品。所选择中间商一般在当地极有声望，居于市场领先地位。这样的方案设计的目的是企图通过中间商的良好形象和优势，迅速提高产品知名度。采用独家分销方案，能增大中间商合作的积极性，在销售过程中，运货、结算手续大为简化，便于销售管理和信息反馈。但不足在于产品销售的市场面狭窄，市场占有率低，不便消费者购买；同时，经营风险也较大。

3. "多渠道构成的分销网络"方案

一般来说，为了更好地满足不同目标顾客的需求，加大市场开拓的力度，企业会选择多种分销渠道组合模式。不同渠道的选择一方面要适应目标顾客的购买行为特点，还特别要考虑中间商资源的可得性，由于渠道资源的有限性和竞争性，要求企业获得中间商资源时要投入一定的营销费用，在渠道设计时要根据企业的人、财、物力条件，进行渠道模式的选择，以便于以顾客购买为重点结合竞争者渠道布局和企业自身实力确定分销渠道结构布局。

分销渠道结构设计就是根据产品属性特点、消费行为习惯、企业资源、市场竞争、中间商合作能力等多种因素综合比较、分析，进而合理确定分销渠道的"长度""宽度"，以及与中间商合作的模式。

三、参考案例

怀远"绿壳鸡蛋"的分销渠道策划

绿壳鸡蛋属于高维生素、高微量元素、高氨基酸、低胆固醇、低脂肪的理想天然保健食品，已被国家绿色食品发展中心批准认定为"绿色食品"，被国家卫生部批准为"保健食品"，被誉为"鸡蛋中的人参"，更有国外友人称之为"东方神蛋"。绿壳鸡蛋适宜人群广泛，尤其适合孕妇、产妇、婴幼儿、中老年人食用。近几年绿壳鸡蛋开始走向市场，但目前在绝大部分地区还未销售，消费者的了解度和接受度不高。怀远地区的绿壳鸡蛋经营企业希望将产品推向市场，为此要进行产品分销渠道策划。

（一）市场调查

1. 消费者需求调研分析

通过前期调研，对消费者购买鸡蛋的地点、频率、可接受价位、家庭收入情况、对绿壳鸡蛋的了解程度等相关问题进行了深入调查与分析。在此次调查中我们发现，中高收入的人群中大部分消费者都对绿壳鸡蛋有着一定的了解。他们对于鸡蛋的营养价值要求较高，至于价格则不敏感，重视孕妇和儿童对绿壳鸡蛋的需求。

我们的目标顾客定位是中高收入家庭中的孕妇和儿童。随着社会经济水平的发展和人们生活水平的提高，人们对于生活质量的要求也越来越高，孕妇和儿童作为家庭中的重中之重，大多数消费者愿意花费较高的代价让他们接受较好的照顾。但绿壳鸡蛋作为新产品其市场认知度很低，调查显示：有 23.91％的消费者对绿壳鸡蛋完全不了解，36.96％的顾客只是听说过绿壳鸡蛋，可见大多数消费者对绿壳鸡蛋了解较少。这一方面反映市场发展潜力大，但另一方面也要求企业通过更大的营销努力来开发绿壳鸡蛋产品新市场。

2. 竞争者分析

目前市场上鸡蛋主要有三种：普通鸡蛋、土鸡蛋、绿壳鸡蛋。我们重点调查三类鸡蛋中主要竞争产品的营销策略，如表 4.5.1 所示。

表 4.5.1 鸡蛋竞争产品的营销策略

竞争者	价　格	分销渠道	产品包装	促销方式
普通鸡蛋	0.8 元/个左右	超市、农贸市场、社区的便利店、学校食堂、酒店等	散装、盒装	与超市联合做降价促销活动
土鸡蛋	1.5～2.0 元/个	超市、农贸市场、社区的便利店等	散装、盒装	与超市联合做降价促销活动
绿壳鸡蛋	2～3 元/个	超市、农贸市场、社区的便利店、网络等	散装、盒装	在节假日期间做一次降价促销或者是买赠促销

普通鸡蛋：普通鸡蛋的定价在 0.8 元/个左右，价格属于低端水平。其包装规格一般为散装，超市区域有盒装，主要在超市、农贸市场、社区的便利店、学校食堂、酒店等地方销售。普通鸡蛋一般的营销推广方式就是与超市联合做降价促销活动。

土鸡蛋：土鸡蛋的定价在 1.5～2.0 元/个之间，价格属于中等水平。其包装规格一般为散装，也有少量盒装，主要在超市、农贸市场、社区的便利店等地方销售。土鸡蛋一般的营销推广方式也是与超市联合做降价促销活动。

绿壳鸡蛋：绿壳鸡蛋的价格绝大部分定在 2～3 元/个之间，价格属于高端水平。其包装一般为礼盒装为主，在超市和农贸市场也有散装包装。主要在超市、农贸市场、社区的便利店、网店等销售。其一般促销方式是在节假日期间做一次降价促销或者买赠促销，主要以人员促销为主。

（二）分销渠道策划

鸡蛋属于日常消费品，鸡蛋的购买行为具有批量小、批次多、购买频繁的特点，而且鸡蛋的保质期短，对鸡蛋的保鲜技术要求高，长途运输的成本高，风险大，所以我们选择短渠道分销策略。同时在市场开拓初期企业直接销售需要具备较大的人力、物力、财力投入，所以，分销渠道基本结构是以生产商—零售商—消费者为主要渠道，辅助以生产商—消费者的直接分销渠道。

在零售商的选择时重点考虑消费者购买行为以及零售商的本身特点确定合适的终端形式。消费者购买鸡蛋行为的调查显示，有 38%的消费者在农贸市场购买，32%的消费者在便利店购买，23%的消费者在超市购买，还有 7%的消费者在其他地方购买。可见农贸市场和社区的便利店、连锁超市等是购买鸡蛋的主要场所。

分析这些终端经营特点可知：一般情况下，农贸市场、社区的便利店进驻门槛较低，且消费者习惯在此购买，是首选渠道。具体而言：① 农贸市场人流量大，蛋类销售量高，进入门槛也低。在农贸市场中，可与禽类、蛋类销售商建立合作关系，同时也可设立专卖店（专柜），通过这些专卖店（专柜）的销售与推广，提升企业形象，扩大销售量，提高市场占有率。② 高端社区便利店接近目标消费人群，进驻成本较低，企业形象相对较好，是最实用、最有效的渠道。③ 大、中型超市是消费者比较集中的场所，通过适当的促销方式，既有助于扩大销售量又有助于提高公司产品知名度，是公司树立品牌形象的必要渠道，因此应该更好地利用超市所发挥的作用。尤其是像“家乐福”“沃尔玛”等外资超市，利用它们在全国各地的分店，进入省内其他市场、省外市场，为构建全国性营销网络奠定基础。

考虑到目前企业状况，在企业发展前期，大型商场、超市并不是重点发展对象，因为大型商场、超市的入场费、管理费、促销活动费等都限制了绿壳鸡蛋进驻大型商场、超市的脚步。采用终端反控的策略，在企业市场发展初具影响力后，再积极进驻大型商场、超市。

此外，针对目标顾客消费特点，一些关联消费产品的终端也值得利用，如专业的母婴用品店、医院附近的小型超市等。与母婴用品店的合作也可以更好地针对目标顾客，母婴用品店经营婴幼儿和孕妇使用的各类食品、用品。绿壳鸡蛋进驻到母婴用品店，可以丰富其产品组合，吸引更多顾客；对于绿壳鸡蛋生产企业而言，这种方式则拓宽了自身的销售渠道，两者各取所需，可行度较高，并且母婴用品店的进入门槛相对超市较低，有利于塑造品牌形象。

综合上述分析，我们提出在目前的市场竞争环境下绿壳鸡蛋的分销渠道策略：以直销、高档小区便利店、农贸市场、母婴用品专卖店为第一步重点开发的终端，并在此基础上逐步发展大型连锁超市及商场渠道。

四、实训操作方法

本实训主要采用项目研究法，以组为单位开展研究。实训步骤如下。

1. 学习实训原理

要求学生对产品分销渠道设计的方法进行学习与总结，掌握分销渠道策划的基本原理与方法。

2. 开展项目产品分销环境调研

要求学生重点调查消费者购买行为，市场竞争状况与竞争产品的营销策略，区域市场的中间商资源等。

3. 完成策划报告

进行产品分销策略设计，完成项目产品分销渠道结构策划报告。

操作说明：开展小组研究，每组成员不超过 6 人，并对项目任务进行合理分工。

五、实训项目任务

实训项目：P 企业“HP”豆奶的分销渠道策划

1. 开展项目产品分销环境调研

要求学生：利用观察法、询问法收集一手资料，利用网络等途径收集二手资料，了解区域市场分销环境，包括产品市场分销资源、相关中间商的经营特点、市场竞争情况，判断渠道资源的可得性，为制订有效的分销策略打下基础。

2. 开展项目产品消费者购买行为调查

要求学生：设计调查问卷，运用问卷调查法收集信息并分析消费者购买行为特点。

3. 完成设计方案

在市场调研的基础上进行产品分销渠道结构设计，完成《××产品分销渠道设计方案》。

P企业"HP"豆奶分销渠道策划背景资料

P企业始建于1956年，公司现已形成牧、工、商为一体的综合型乳品专业生产经营企业，经过五十多年的发展，企业以自己突出的生产、销售格局成为安徽省农业产业化龙头企业，也是市政府菜篮子重点工程基地。公司引进先进生产线，从奶类品种到包装都与国际技术接轨，接受先进经营理念，坚持奶源来自自家牧场，保证产品质量，并形成良性循环。

2012年P企业进入多品牌发展阶段，开创了"U果U奶""AX""HP"等副品牌。"U果U奶"在自家牧场自产的有机奶源中添加了多种热带水果，开创果味灭菌牛奶的新天地；"AX"是常温液态奶的全新子品牌，为消费者提供安心产品；"HP"突出特点是原汁、原味、原香，以营养膳食为理念，打造均衡营养新主张。产品线的广泛覆盖，反映了P企业全心全意为消费者服务的经营理念。其中"HP"豆奶是植物蛋白与动物蛋白的混合，有别于公司其他奶制品的市场竞争，该产品在进入市场时其分销渠道该如何规划。请你为该产品进行分销渠道策划。

（注：学生也可根据自己的兴趣选择一家真实的企业产品作为研究项目，经指导老师批准即可。）

六、预习要求与思考题

预习实训原理，熟悉分销渠道策划的操作步骤，明确项目任务要求，为项目实训打好基础。

七、实训成绩评价

学生必须在规定的时间内完成实训任务，并提交《××产品分销渠道策划书》方可参加考核。考核成绩由指导教师根据学生在实训期间的表现以及学生实训任务完成情况进行综合评定。最终成绩按"优秀""良好""中等""及格""不及格"五个等级评定。90分及以上为"优秀"，80～89分为"良好"，70～79分为"中等"，60～69分为"及格"，59分及以下为"不及格"。具体评分标准如表4.5.2所示。

表4.5.2　评分标准

评分标准	满　分
1. 作风务实，积极参与团队研讨，按规定内容及进度开展各项工作，按时完成策划项目任务	20
2. 能独立查阅相关文献和进行项目产品分销环境调研，对项目产品的分销环境分析论据充分，结构严谨合理	30
3. 分销渠道结构设计方案科学合理，具体可行	30
4. 方案逻辑性好，阐述语言准确，表达清楚；策划书编制符合要求	20

项目五　销售管理模块实训指导

项目概述

销售管理是对企业销售活动的计划、组织与团队、人员的配备、培训、领导以及控制，以达到企业的销售目标、利润目标和顾客满意目标，实现企业价值的一种管理活动。它是一门研究销售管理的基本规律、基本业务技术的课程。

本实训帮助学生掌握销售管理的基本方法，锻炼学生从事销售管理工作的必备能力，树立销售管理思考的思维体系，对学生今后进行具体销售及销售管理工作具有十分重要的作用。

通过实训教学，使学生掌握销售及其管理的一些方法、准则、手段，能行使和运用销售管理活动工作的职能和技巧，并能综合运用于对实际问题的操作，初步具有解决销售管理方面问题的能力，培养学生的综合管理素质。

实训重点

本实训目的主要是对学生销售管理基本能力的训练，重点放在对销售区域划分与设计、销售人员的管理上。

实训难点

实训的难点是对销售区域划分与设计的训练。学生对销售区域划分没有感性认识，先通过案例引入，理论讲解；再带领学生选择一家企业尝试细分销售市场，划分控制单元，组合销售区域。

任务一　销售区域设计实训

一、实训目的

通过实训，使学生了解划分销售区域的重要性和作用，熟悉划分销售区域的各种标准，了解销售区域划分的步骤，了解销售人员在责任辖区销售路线上的主要工作，掌握规划和设计销售区域的基本能力。

二、实训原理

销售区域也称区域市场或销售辖区，它是指在一段给定的时间内，分配给一个销售人员、一个销售分支机构或者一个分销商的一群现实及潜在顾客的总和。

销售区域可以有地理界限，也可以没有地理界限。一个销售区域可以被认为是一个细分市场。

销售区域的分类可以按地区划分、按行业划分、按产品划分、按客户名单划分或者不属于上述任何一种，或是以上几个部分的组合，比如根据销售人员先于别人得到的销售名单划分销售区域。

（一）销售区域管理的步骤

1. 规划公司的销售区域

依据地理条件分割为不同的销售区域，如行政区域、山川地理、商业交易习惯、种族文化等条件。

2. 确定每个销售人员的责任辖区

首先，要考虑销售业务员的工作状态（何种工作）和工作负担能力（巡回辖区面积、经销商数量）。

其次，还需要考虑销售区域、销售业务员数量与销售业务员的销售路线间的协调。

另外，企业还要考虑经销商的数量、经销商分布的密度、拜访次数、每位销售业务员当天的出勤时间、配送效率、配送时间和配送距离等。

3. 设计销售人员责任辖区的销售路线

（1）销售路线的功能

① 掌握每一经销店、零售店的销售态势与销货量的变化，进而作为设定未来销售目标的基础。

② 作为新产品上市及实施促销活动的路线及经销点、零售点选择的基础。

③ 对客户提供定期、定点、定时的服务。

④ 作为铺货调查的依据，能彻底了解经销店、零售店的存货周转及其消化速度。

（2）设计销售路线的步骤

① 绘制销售责任辖区地图：备齐商业地图，绘制本身的责任辖区地图，将各个经销商按照实际街道地图加以标出，同时标出竞争对手的经销店和本公司的经销店。

② 设计销售责任辖区地图内的销售活动顺序，包括拜访、推销、送货、收款、服务等，使销售工作有计划、有效率地执行。

销售路线图主要有三种基本模式：销售路线的直线模式、销售路线的主要城区模式、销售路线的苜蓿叶模式。

（3）销售路线的设计要求

① 通过销售拜访路线，逐户拜访销售责任辖区内的经销商，建立起客户资料库（包括地址、负责人、销售内容、类型、业绩、占地面积、进货接洽人、收款单位等）。

② 以销售地图方式，圈出此责任辖区地图，将经销商按地址逐一标明在此地图上。

③ 整理区域内经销商(客户)的资料,以便决定拜访顺序和拜访周期。

④ 每条销售路线的划分,以辖区销售业务员能照顾到为原则,销售业务员依此销售路线逐一拜访客户。为顺利完成任务和提高销售效率,每一条销售路线所规划里程数应有所限制,如销售圈 50 千米以内。

⑤ 销售业务员的责任辖区分配与销售路线并不是一成不变的,而是根据市场变化和公司营销战略的变化进行调整。

(二) 销售区域设计的基本原则

1. 公平合理原则

所有销售区域具有大致相同的市场潜力,所有销售区域工作量大致相等。

2. 可行性原则

销售区域市场有一定的潜力,销售区域的市场涵盖率要高,销售区域目标具有可行性,一定使销售人员经过努力可以在一定时间内实现。

3. 挑战性原则

销售人员有足够的工作量,使销售人员能通过努力工作取得合理的收入。

4. 目标具体性原则

尽量数字化,明确、容易理解。

(三) 销售区域设计的步骤

1. 选择控制单元

将整个目标市场划分为若干个控制单元,划分原则宜小不宜大。

① 控制单元过大可能将市场潜力小的地区包含到市场潜力大的地区中去,造成控制单元内市场潜力分布不均匀。

② 便于灵活调整初步分配方案。

划分控制单元的目的是为了按照一定的标准将它们组合成销售区域。一般可以选择省、市、区、州、县等行政区或邮政编码区域作为控制单元,也可根据现有客户数和潜在客户数设计划分。

2. 选择起始点

① 以销售人员的居住地为起始点,可以节省安家费,可以兼顾工作和家庭。

② 以大城市为起始点,大城市是销售区域中市场潜力最大的部分,交通与信息交流比较方便。

③ 以主要客户所在地为起始点,如工业品往往以某一大客户所在地为起始点。

④ 以销售区域的地理中心为起始点,当各个控制单元内客户分布比较均匀时,选择区域内地理位置相对居中的点作为起始点。

3. 将相邻控制单元组合成销售区域

(1) 注意客户数量:平衡。

(2) 注意地理面积:尽量将地广人稀的区域与面积小而客户多的区域合并。

4. 调整初步设计方案

销售区域的均衡就是市场潜力和工作量两个指标的平衡。

方法一：改变客户访问频率，即修改工作量达到平衡。

方法二：试错法，连续调整各个销售区域的控制单元以求得两个变量平衡。

方法三：渐近法，如果兼顾更多标准，过程更复杂。先满足工作量大致平等，再考虑客户数或地理面积的平衡。

5. 分派销售人员

销售人员在能力和工作效率方面存在明显差异，分派销售人员应根据历史情况、个人差异等，使其各尽所能，创造出最佳的销售业绩。

实际操作中，这项工作会遇到如下问题：

假如企业已有稳定的销售队伍，且各自在销售区域中工作，重新设计和分配销售区域会遇到很大阻力。如果企业新成立，也会因为没有经验及可靠数据设计出精确的方案。

销售组织设计和人员配置涉及微妙的管理艺术问题，单纯依靠历史数据和计算难以达到理想境界。

精确的销售区域设计是否能真正体现公平呢？研究表明，美国市场潜力最大、条件最好的销售区域只占销售区域总数的1/3，却卖掉了55%的消费品和65%的工业用品。企业将销售区域分成大、中、小三种规模，将小区域分配给缺乏经验的销售人员，依次分配，将销售能力与市场机会结合起来。

三、参考案例

某公司婴幼儿用品市场区域策划书

（一）行业现状

国内婴幼儿用品市场的潜力巨大，据有关人口资料显示，2012年中国人口总量为13.5亿，其中目标消费人群中仅0～3岁的婴幼儿约占4.98%，约6700万人，加上4～7岁的年龄段幼儿，潜在消费人口总量超过1亿，市场潜力惊人。20世纪90年代中后期，国内婴幼儿用品市场进入高速发展期，平均每年递增17%以上，远远高于同期社会商品的零售增幅。据权威机构的市场调研资料显示，如果将中国的城市按发达程度、消费水平由高到低划分出A、B、C三类城市的话，C类城市每个家庭每个月用来购买孩子的食品、保健品及玩具等的费用平均为420元，B类城市为590元，A类城市则高达740元。从市场资料提供的数据得知：我国城市新生儿用品家庭月平均消费达900多元，再加上广大农村城镇地区婴幼儿消费，国内的婴幼儿用品市场每年将达到1000亿元以上的市场规模。随着人们生活水平和受教育程度的日益提高，人们的思维方式和生活观念都在发生着改变。人们越来越关注孩子的饮食营养和身体健康问题。

（二）竞争状况分析

已有部分竞争者进入该市场，不过竞争对手状况参差不齐，还未出现领导企业。对于该产品来说，在人们还未形成消费观念的产品初创期，出现竞争对手绝对是个利好消息——如果只有你一个人在卖，有多少人会相信？如果是一群人在卖，这种产品给消费者的感觉就不一样了。

在河南、陕西、山东这几个省，和贵公司产品类似的有“金奇仕”“安奈儿”“傲滋”“御婴”等这几个品牌，价位涵盖了高、中、低档，相互之间的竞争也十分激烈。相比以上几个品牌，本公司的产品具备了竞争的优势，主要原因有以下几点：

1. 产品

产品原材料采用了挪威鳕鱼(其他品牌多采用鲨鱼)、100%新西兰进口优质乳钙(其他品牌多采用碳酸钙、贝类骨头钙)、纯天然的中药金银花、桑叶等。质量也通过了国内、外的质量检测标准，符合当前消费者追求绿色、天然、安全的购物心理。

2. 包装

本公司采用的是铁罐包装、档次高，颜色鲜艳亮丽，在货架上容易吸引顾客眼球(以上品牌多采用纸盒包装)。

3. 价位

大部分产品价位符合目前消费者的可接受范围(产品零售价在百元以下，在部分区域通过客户了解到相关信息)。

(三) 营销目标

① 一年内做强河南、山东市场，其次布点陕西市场。

② 河南、山东、陕西代理商达到39家以上，第一年销售网点达到200家以上，第二年销售网点达到400家以上。

(四) 营销队伍

① 陕西区域经理2人(西安、宝鸡、汉中、安康1人+商洛、渭南、铜川、延安、榆林1人)。

② 河南区域经理3人(焦作、新乡、鹤壁、安阳、濮阳1人+郑州、洛阳、三门峡、开封、商丘1人+许昌、平顶山、漯河、周口、驻马店、信阳、南阳1人)。

③ 山东区域经理3人(济南、聊城、淄博、东营、德州、滨州1人+泰安、莱芜、菏泽、济宁、枣庄、临沂、日照1人+青岛、潍坊、烟台、威海1人)。

(五) 渠道建设及推广

渠道建设也是市场开拓成功与否最关键的一步，在公司发展阶段应先从区域重点市场开始操作，切忌把产品全面推向市场，一旦出现某种问题，想收就来不及了。先从区域市场开始运作，可以以点带面，以强带弱。做品牌和销量不能急，特别是目前的行业情况，要循序渐进，稳扎稳打。

1. 产品规划

在市场操作中，选择合适的产品，并对其进行不同的市场细分和定位，才能为区域空白市场开拓后的良性运作打下基础。产品是影响空白区域市场能否成功的关键。

① 根据消费者喜好确定产品类别。我国地大物博，不同地域都有不同的消费习惯。因此围绕市场所表现出来的不同产品的需求，把合适的产品放到合适的市场销售给合适的消

费者，是产品进入空白区域市场后能否快速让消费者及市场接受的前提和保障。

② 根据消费能力确定产品档次。不同的地域经济水平不同，市场的消费能力、消费者的消费偏好都可能有所不同。因此一定要根据市场的消费能力和可接受的价格确定新市场主推产品的档次。

③ 根据市场策略进行品牌、产品组合。在产品组合时，要注意产品结构的合理性，要注意产品在各个阶段的不同使命，分清主次，从而才能应对市场竞争变化的各种情况。

2. 市场布局

① 市场不能盲目开发(像打仗一样不能没有重点的全面作战)，应该将市场划分为重点市场、潜力市场、关注市场(以市场经济为主要依据)。

② 将陕西划分为两大区域(西安、宝鸡、汉中、安康＋商洛、渭南、铜川、延安、榆林)，其中以西安、宝鸡、汉中、渭南、铜川为重点开发区域。

③ 将河南划分为三大区域(郑州、洛阳、三门峡、开封、商丘＋许昌、平顶山、漯河、周口、驻马店、信阳、南阳＋焦作、新乡、鹤壁、安阳、濮阳)，其中以郑州、洛阳、开封、许昌、平顶山、信阳、南阳、焦作、新乡、濮阳为重点开发区域。

④ 将山东划分为三大区域(济南、聊城、淄博、东营、德州、滨州＋青岛、潍坊、烟台、威海＋泰安、莱芜、菏泽、济宁、枣庄、临沂、日照)，其中以济南、东营、青岛、潍坊、烟台、泰安、菏泽、济宁、临沂、日照为重点开发区域。

3. 渠道规划

① 主攻母婴渠道：据目前掌握的资料，以上区域母婴店至少有五百家以上，可以采取开拓区域母婴渠道代理商、区域母婴渠道经销商(销售＋推广双模式)。

② 药店渠道：开发重点地区的连锁药店、独立的中、大型药店(销售＋推广双模式)模式。

③ 医院渠道：针对地区大型综合医院、妇产医院采取宣传的策略，推广品牌及产品，从源头上让消费者认识到我们的产品，从而带动终端的销售(推广)。

④ 特通渠道：例如，网购、团购、幼儿园等(销售＞推广)。

4. 渠道战术规划

① 资源聚焦原则。我们想快速地启动市场，那么在资源的使用和分配上就要体现聚焦的原则。从而避免“遍地开花式”的平均用力现象，通过集中人力、物力、财力等，优化资源使用。

② 策略适用原则。进入空白市场，利用我们掌握的经销商资源，采用中心城市带动周边县市，终端门店销售＋门店、医院推广，齐头并进。

③ 稳步推进原则。根据原有的工作经验，做好详细的市场调查，部署好周密的战略布局，首先选择合适的市场验证市场预测的准确性、战略布局的合理性以及总结一套在整个空白区域市场行之有效的市场开发模式。

5. 打造样板市场，通过样板市场实现三个目的

① 总结一套模式。通过样板市场，总结可行的、有效的，能在整个空白区域迅速推广复制的市场运作模式，起到以点带面的作用。

② 培养一支队伍。样板市场好比销售人员的练兵场和销售实战课堂，为开拓其他市场打造一群适合我们品牌和产品的销售团队。

③ 树立一个典范。发挥榜样的力量，为整个空白区域树立一个学习的典范，为经销商、业务人员树立市场前景无限美好的案例和信心。

6. 业务人员的市场跟踪、推广、开拓、促销活动开展等

① 要求自己和区域经理长期地出差到各市场进行市场调查（当地的人文环境、消费习惯、品牌竞争状况及有影响力的中、大型母婴店，中、大型连锁药店、医院等）。

② 掌握目标客户、潜在客户资料，开发最好的客户（资金能力＋仓储能力＋辐射能力＋拓展能力＋品牌忠诚度）。

③ 在市场的促销活动执行、品牌推广等工作。

④ 维护公司与客户之间的客情关系，在不丧失公司利益的前提下，为客户及时处理各种问题。

7. 设立分公司、办事处

针对重点市场可以考虑设立分公司、办事处，但一定要有选择性，一开始就到处开设分公司、办事处类的分支机构，如果对分公司、办事处的管理不到位，就会使得投资、库存风险大大增加。而一旦分公司打不开市场局面，该市场就成了一局死棋，再来转换其他经营模式就很困难了。

8. 广告宣传

广告宣传是塑造品牌的最直接的方式之一。通过报刊杂志媒体、互联网媒体与电视、广播媒体、POP 海报、宣传单等宣传载体，把企业的形象向公众展示，能直接地引起各地经销商与消费者的注意，达到拓展市场的目的。在具体的运作中，针对各个区域市场不同，选择的媒体也应有区别，特别是媒体的性价比。

9. 品牌、产品形象建设

统一的、生动的、高质量的产品形象，能给消费者带来强烈的视觉冲击力，以及产生深刻的记忆，提高品牌附加值。这方面要求各销售门店严格把关。

10. 展会参加

通过各种渠道了解所辖区域相关的展会、产品交流等信息，通过以上平台，更好地把我们的品牌和产品推荐给经销商和顾客。

（六）后期维护与市场督导

①“打江山难、守江山更难”，公司在市场维护方面一定要下大力气，客户加盟了只是第一步，更大销售与良好的销售网络是公司成长的客观环境。做好开拓期的维护与稳定转型期的维护，开拓期可以损失部分关注市场客户的利益为公司增加收益，但切不可以将重点市场作乱，对重点市场客户要有选择性，而且要求代理商一定要严格执行公司的政策，对终端一定要严格要求，特别是地级以上城市。公司要在品牌形象上严格把关，包括陈列位置、陈列面积、POP 的布置、产品生动化的陈列、店面促销员培训及自己品牌产品在店内所占比例等。

② 严密监督各个市场销售人员有没有严格按照公司的既定方针、操作模式进行落实。如果没有按照公司的既定方针进行运作，即使业绩不错，也要严惩不贷。同时对市场出现的个性问题，要具体问题具体对待，及时处理，根据所发现的问题调整战略规划，改进

操作模式。

（资料来源：根据网络资料改编。）

四、实训操作方法

本实训主要采用项目研究法，以组为单位开展研究。

实训步骤如下：

① 学习实训原理。学习销售区域管理和销售区域设计的步骤，掌握销售区域设计的程序和方法。

② 开展市场调研，收集企业销售市场和销售区域划分和管理状况的资料。

③ 进行企业销售区域设计和规划，完成企业销售区域设计方案。

操作说明：开展小组研究，每组成员不超过 6 人，并对项目任务进行合理分工。

五、实训项目任务

① 选择一个企业，了解企业的产品特点、销售范围、客户类型和规模，选择一到两个作为划分销售区域的标准；如产业用品往往根据客户名单划分销售区域，生活消费品可以根据企业实力、品牌竞争力等选择某些能进入的细分市场作为划分依据。如果实力很强大的企业则同时使用两个及以上作为销售区域划分的依据。

② 在划分、设计销售区域时要严格遵循公平合理、可行性、挑战性和目标具体性原则。

③ 根据销售区域设计的五大步骤为该企业设计销售区域。

④ 销售人员在责任辖区内设计有效的销售路线：绘制销售责任辖区地图，标明客户地址，决定拜访的顺序和拜访周期，将路线图按顺序画出来。

⑤ 在设计销售路线后，安排沿销售路线所要做的销售工作，如掌握每一客户、经销商销量的变化，为新产品上市选择铺货地点，对客户进行定期、定点、定时的服务，等等。

⑥ 总结撰写本模块的实训报告，并附销售区域和销售路线的设计方案。

六、预习要求与思考题

预习实训原理，熟悉销售区域设计的操作步骤和方法，明确项目任务要求。

七、实训成绩评价

学生必须在规定的时间内完成实训任务，并提交《××企业销售区域设计方案》方可参加考核。考核成绩由指导教师根据学生在实训期间的表现以及学生实训任务完成情况进行综合评定。最终成绩按“优秀”“良好”“中等”“及格”“不及格”五个等级评定。90 分及以上为“优秀”，80～89 分为“良好”，70～79 分为“中等”，60～69 分为“及格”，59 分及以下为“不及格”。评分标准如表 5.1.1 所示。

表 5.1.1 评分标准

评分标准	满分
1. 作风务实,积极参与团队研讨,按规定内容及进度开展各项工作,按时完成策划项目任务	20
2. 能独立查阅相关文献,进行企业销售区域划分和管理情况调研,有综合、收集和正确利用各种信息的能力	30
3. 对企业销售区域划分和管理情况分析论据充分,资料翔实,结构严谨合理,区域设计方案科学合理	30
4. 方案逻辑性好,阐述语言准确,表达清楚;策划书编制符合要求	20

任务二 销售组织与团队建设策划

一、实训目的

通过实训,使学生了解销售组织与团队建设的步骤,了解如何改进优化销售组织,熟悉销售团队管理的程序、方法和具体内容,掌握销售组织与团队建设策划的基本能力。

二、实训原理

销售组织是指企业销售部门的组织,它使构成企业销售能力的人、商品、资金、信息等各种要素得到充分利用和发挥。简言之,就是将生产或经营的商品销售给客户的销售部门。

组织就是将员工在工作中的地位、职责和权利以及它们相互间的关系,加以明确的规定。

每个销售员都是公司在某种条件下分派来的,如何把这些人组成一个团队,并使这个团队具有强大的战斗力是销售管理者首要的责任。

(一) 销售组织类型

1. 区域结构型组织

区域结构型组织是指在企业的销售组织中,各个销售人员被分派到不同地区,在该地区全权代表企业开展销售业务。

2. 职能结构型组织

就是按照不同职能组建的销售组织,如销售业务科、销售计划科、宣传推销科、售后服务科、客户管理科等。

不同类型的销售任务经常要求销售人员具有不同的能力和技巧,销售人员专门执行不同的销售职能。

3. 产品结构型组织

这是按照不同商品或不同商品群组建的销售组织。但在一些情况下，其基层组织会按地区来划分。

4. 顾客结构型组织

根据不同顾客对象（客户、销售活动对象或销售途径）组建的销售组织。

顾客不同，销售人员需集中精力分别对待，提供满意服务。

（二）影响销售组织设置的因素

1. 商品特征

考虑是生产资料还是生活资料，技术差异、商品之间的关联性如何，等等。当产品技术复杂，产品之间联系少或数量众多时，按产品专门化组成销售队伍较合适。

2. 销售策略

企业通过广告促销或人员推销来销售产品对企业销售组织的要求不同；若通过广告销售产品，企业的销售人员较少，其销售组织简单；若通过人员推销就要求有较多的销售人员，对企业销售组织结构影响最大。

在销售策略中，影响企业销售组织结构最大的因素是推销形式。销售代表（人员）可用以下几种办法和消费者打交道：

① 销售代表对一个顾客：通过电话或亲自拜访和一个现存顾客或潜在顾客进行交谈。

② 销售代表对一群顾客：一个销售代表尽可能多地结识顾客群体中的成员。

③ 销售小组对顾客群体：公司销售小组向顾客群体进行销售工作。

④ 推销研讨会：公司销售小组为客户单位举办一个有关产品技术发展状况的教育讲座。企业采用什么样的推销形式则要求设立相应的销售组织。

3. 商品销售的范围

商品销售的区域范围影响着销售组织的结构。产品销售区域范围小，则销售组织相对简单；产品销售范围大，则销售组织较为复杂一些。

4. 渠道特征

如果渠道宽且行业性强，那就按顾客对象或商品建立销售组织。如果整个企业组织采用部门制，那就要考虑其部门是按商品还是按商品群类别建立。

5. 外部环境

导致销售组织变动的外部因素主要有两个：一是市场需求变化，二是竞争状况。

（三）建立销售组织的步骤

1. 明确销售组织设立的目标

目标包括销售量、利润、市场占有率、客户满意度。

2. 分析达到销售组织目标所必须完成的各种工作

销售活动必须分类，将相关的工作分派到同一职位掌握，并采用高度专业化制度的组织，再由这个职位来管理这个活动。

3. 确定合适的人员上岗

先要确定相应销售职位的人员任用资格与编制，将任务下达给销售人员。

4. 制订协调与控制方法

在管理销售活动时应有适当的授权，以推动工作；并有足够时间来协调各种销售活动以及销售部门与其他部门之间的关系。

销售业务部门的销售人员应对销售组织图加以研究，以明白自己在组织内的位置、应对何人报告、与他人的关系、应如何与他人合作等。

5. 改进销售业务部门的组织工作

销售业务组织运作后，要思考是否符合既定的销售目标，当实际与目标有差异时，要加以修正。

实践表明，企业为了适应竞争、服务客户、扩大销售版图、增加新部门等，经历一段时间之后，其原先的销售组织往往存在某些问题，因此需要及时加以调整。

（四）销售团队的建设

1. 销售团队的构成要素

（1）目标

将销售工作上相互联系、相互依存的人们组成一个群体，使之能够以更有效的合作方式达成个人、部门和企业的目标，为顾客提供更好的服务。

判断实施销售团队是否有利，销售经理可以把团队拜访的费用与单独进行销售拜访的费用进行比较：

单人销售拜访的平均费用＝销售人员总费用/销售拜访次数

单次销售拜访的销售支持人员费用 ＝（进行销售支持的技术、营销、财务、行政管理及经营人员耗费的小时数）× 每小时平均工资 × 每次销售拜访的小时数

团队销售拜访费用＝单人销售拜访的费用＋销售支持人员的费用

团队销售费用率＝团队销售总额/团队销售拜访费用

（2）定位

销售团队怎样结合到现有的销售组织结构中，成为一个更具有合作性的工作场所，让来自销售组织不同部分的人们能够真正成为团队伙伴，这是一个重要的问题。

在进行销售团队定位时，有必要重点考虑的问题包括：由谁选择和决定销售团队的组成人员？销售团队对谁负责？如何采取措施激励团队及其成员？

（3）职权

确定销售团队中每位成员的职责和权限。销售团队的工作范围是什么？它能够处理可能影响整个组织的事务吗？你愿意让销售团队作为主要顾问，提出意见和建议吗？你希望你的销售团队真正采取实际行动，促成某种结果吗？你的团队是天然团队（成员来自同一部门）、混合团队还是项目团队（为完成特定计划或项目而组建的临时性团队）？各团队在多大程度上可以自主决策？

(4) 计划

销售团队的运作模式包括规模、领导模式、开会频率、每位成员投入的时间等。

(5) 人员

能够产生协同作用的人员的合理组合,而非最优秀的销售人员的集合。

2. 销售团队的目标管理

(1) 销售团队目标管理的步骤

销售团队的目标管理指配合公司销售策略,制订销售目标,决定方针,安排进度,切实执行,并使其有效达到目标,同时对销售成果加以严格检查。

执行销售团队目标管理的步骤可分为以下 4 个方面:

① 设定销售团队的目标。

② 执行销售团队的目标。

③ 评估与修正销售团队的目标。

④ 目标管理的奖惩(物质的、精神的)。

目标评估对象可分为产品、部门、人员、经销商。可采用"4W1H",即由谁评估,何时评估:日常评估、定期评价、年底总评价;为什么评价:改善业务,改善团队人事管理的资料;评价什么:达成结果的评价、达成过程的评价;如何评价:绝对评价、相对评价等。

奖励内容:目标奖励、团体奖励与个人奖励、年终成绩奖励等。

通过奖励要确立这样的信念:认同他们的成功,有加薪和升迁的机会时推荐他们,向高层主管赞美他们等。

(2) 建立销售团队共同目标观念的要点

销售团队目标管理的关键是建立团队精神,其要点如下:

使每个销售人员相信:公司获利,自己受益;区域运作顺利,他们也是赢家。

让团队所有成员分享成功:邀请每个人一起庆贺,共同参与颁奖典礼。

保证团队内部的健康竞争:不能褒此贬彼。

鼓励团队中的成员一起努力,彼此帮忙,平衡优缺点。

确保销售团队中任何人的杰出表现都能被公司本部知晓。

三、参考案例

某高科技企业销售团队的组织结构优化案例及分析

随着行业进入壁垒的逐渐降低,市场份额使得企业面临着日益激烈的行业竞争,企业在销售团队组织结构方面的弊病渐渐显露,销售团队的迟滞发展已经不能满足企业发展的需求。此时,对销售团队进行有效的组织结构优化,提升销售团队业绩已经势在必行。那么如何对销售团队进行组织结构优化就成为了企业组织结构优化者关心的重点。有效的销售团队组织结构优化能够提高销售团队业绩,给公司带来更多利益,专业的销售团队组织结构优化对企业有着很好的促进作用。由此可见,对销售团队进行有效的组织结构优化是推动企业长足快步发展的重要环节。本文是人力资源专家——华恒智信为某高科技企业进行销售团队组织结构优化的项目纪实。

客户行业:高科技企业。

问题类型:销售团队组织构架优化。

客户背景及现状问题:该科技有限公司是一家专业从事大屏幕显示产品设计开发、生产制造、工程安装、售后服务为一体的高科技企业。公司拥有雄厚的技术实力、丰富的工程经验、高素质的经营组织结构优化队伍及专业的技术人才。经过多年的发展,凭借过硬的产品质量及完善的售后服务,该科技有限公司在众多大屏幕公司中逐渐脱颖而出,该科技有限公司的组织构架如图 5.2.1 所示。

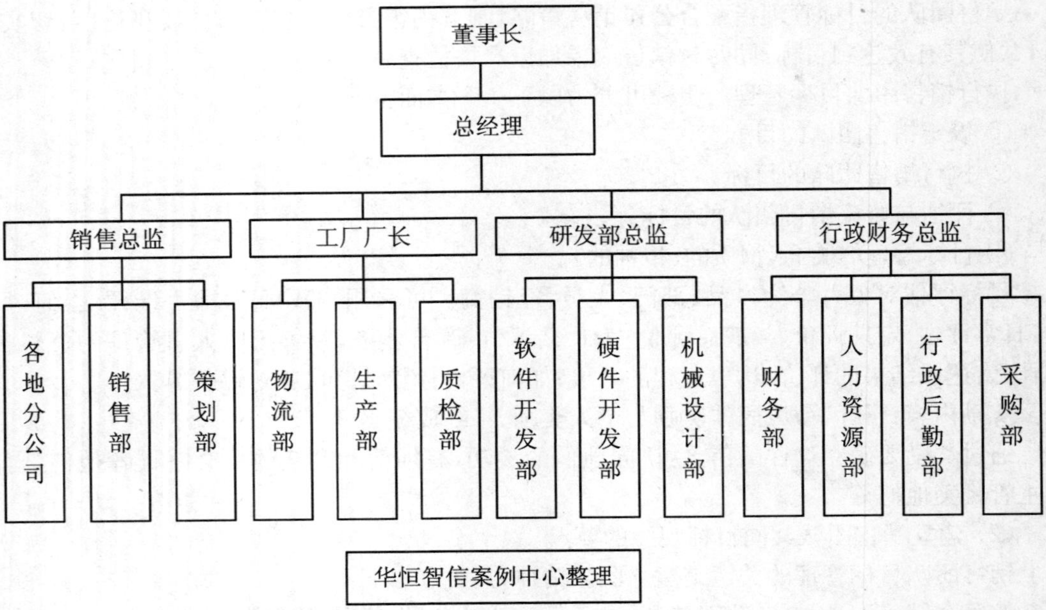

图 5.2.1　销售团队组织结构

然而,随着行业的进入壁垒逐渐降低,有限的市场份额使得该公司面临着日益激烈的行业竞争,除了进一步提高技术水平,通过创新增强实力之外,建设一支具有实力的销售团队的任务已经摆在了该科技有限公司的面前。

目前,该公司的销售团队业绩情况并不理想,销售团队内部组织结构优化混乱,直接影响到公司业绩目标的实现。华恒智信专家团队经过初步的访谈与调研,发现该科技有限公司的销售团队的组织构架和运营模式如下:

① 销售团队组织构架是北京总部销售总监领导下的 9 个分公司,另外还成立了统一的销售部和策划部。各个分公司的销售人员分别管辖全国不同的区域,这些销售人员负责寻找客户资源、商务谈判、签订合同一条龙的业务流程,这种单兵作战的模式经常造成因各个地区市场需求不同而造成的销售人员忙闲不均以及销售能力薄弱的业务员丢掉“大单”等问题。

② 整个中国市场组织结构优化混乱,所有的业务人员像是无头的苍蝇一样没有目标的工作。销售能力强的业务人员没有被有效地配置在合适的位置,致使其业绩难以提升,这种人才浪费的问题最终导致大量优秀业务人员的流失、跳槽或者是被同行“挖走”。

该科技有限公司销售团队组织结构优化混乱,销售业绩不佳的问题,主要是销售团队的组织构架存在缺陷,而且销售团队内没有明确的职责划分,造成业务人员毫无目标的单兵作战、优秀人才流失等一系列问题。华恒智信专家团队经过对其表象的问题进行深入的讨论和分析后，认为该公司应该从以下两个方面改善销售团队整体业绩下滑的问题：

① 建立与其他部门有效的信息沟通体系，有效地整合资源。经过了解，华恒智信专家发现由于没有建立有效的信息传达和共享的平台，销售部门往往孤军奋战，销售业务人员往往无法及时地将市场一线客户的需求反馈给公司，公司也就无法及时调动技术人员给予支持，销售部与其他部门的两分离局面是导致许多大单“丢失”的根本原因。

② 明确职责，让适合的人做适合的事，该公司让销售人员一个人单枪匹马的跑项目的全部流程——客户沟通、合同签订和技术咨询，销售人员往往会因为某个环节能力的薄弱而在众多同行业竞争者激烈的较量中“败下阵”来。该公司并非不具有专业的技术人员、商务合同专员和销售人员，缺乏的是怎样的“排兵布阵”。怎样把销售、技术和商务合同的专业人员进行合理的配置，明确各自的职责和分工才是完善该公司组织构架的关键。

华恒智信解决方案如下：

前期经过与该企业负责人的访谈和交流，并对该公司销售团队运营模式进行一次全面梳理后，华恒智信专家了解该公司销售团队现状，提出构建“专业化销售团队”的解决方案，如图 5.2.2 所示，期望能够为企业提供建设性的建议和帮助。

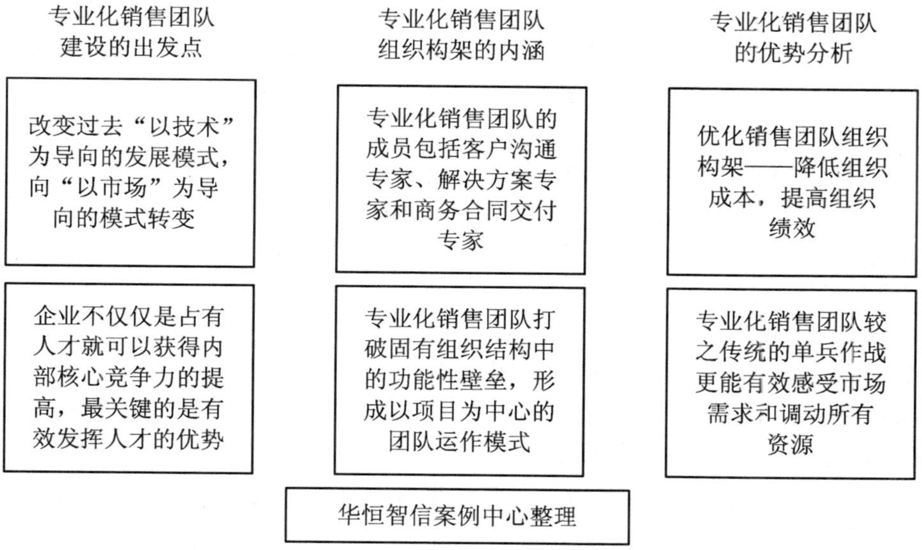

图 5.2.2 专业化销售团队组织构架

1. 专业化销售团队建设的出发点

首先，改变过去“以技术”为导向的发展模式，向“以市场”为导向的模式转变，必须提高该科技有限公司对市场的感受力。因此，要有效地整合公司的所有部门的人力、物力资源，积极地搭建“以客户需求”为导向的公司运营模式，从而在日益激烈的市场环境中赢得先机。

其次，企业不仅仅是占有人才就可以获得内部核心竞争力的提高，最关键的是有效发挥人才的优势，使人力资源有效地、“零浪费”地转化为企业的人力资本，从而为企业业绩的整体提升创造价值。这样的用人方略才能达到“人尽其才”和“留住人才”。

2. 专业化销售团队组织构架的内涵

搭建专业化的销售团队，首先应该从组织构架的优化方面来完善。

专业化销售团队的成员包括客户沟通专家、解决方案专家和商务合同交付专家。三位专家共同构成了面向客户的铁三角单元，这样的铁三角的精髓是以目的为导向的，客户沟通专家也就是通俗的销售业务员，解决方案专家就是技术人员，商务合同交付专家就是销售团队中负责合同的专员。专业化销售团队打破固有组织结构中的功能性壁垒，形成以项目为中心的团队运作模式。

销售团队的共同目标是为了满足前线客户的各种需求，销售人员寻找客户目标和机会，并有技术人员和交付专员协作配合销售人员将机会转化成结果。

该公司要实现专业化销售团队组织构架的变革，关键的转变是由一线销售业务人员单兵作战转变为小团队作战，后方起保障作用。以销售目的为驱使，一切为前线销售着想，就会共同地配合总部有效地调动全面资源。

3. 专业化销售团队的优势分析

(1) 优化销售团队组织构架——降低组织成本，提高组织绩效

该公司过去的销售团队人员配置方式——各个分部配备固定的销售人员，这种人员分配模式会造成各个分公司忙闲不均导致的人员分配比例与业务量相脱节的现象，有些分公司人员过剩，有些却销售力量严重不足。现在构建的专业化销售团队可以根据各地市场的需求，灵活地组织临时销售团队，可以大大降低人员成本的浪费。

专业化销售团队是一种合理配置人才，发挥“能人效应”的组织构架，当所有人才都能在适合的岗位中发挥其优势的时候，他的个人绩效也会随之提高，最终带来整个组织绩效的提高。

(2) 专业化销售团队较之传统的单兵作战更能有效感受市场需求和调动所有资源

以销售目标为导向的团队合作模式，改变了传统单兵作战中因各个部门信息沟通不畅所导致的资源调动不及时的问题。专业化销售团队的组织构架中，客户沟通专家是获得市场情报的第一人，其他成员处于待命状态，为客户沟通专家随时可能出现的市场需求提供后方的技术和人员准备，并在前线一发现目标和机会时就能及时发挥作用，提供有效的支持。

华恒智信思考与突破：在专业化营销团队组织构架搭建成功并运用时，每个专家都应该从自身所处岗位的目标和职责出发，不断地提高专业能力和素质。例如，客户沟通专家要重视营销的四个要素——客户关系、解决方案、融资和回款条件，以及交付等综合能力，要提高做生意和商务谈判的能力。解决方案专家要不断提高自身的技术水平、拓展技术的领域，对于自己并不熟练的专业领域要打通求助的渠道。商务合同交付专家要具备同客户沟通项目与解决方案的能力，同时也要对企业可承诺能力与交付的规定了如指掌。另外，销售团队的支持人员要加强对业务的熟悉程度，才能够成为组织结构优化和支持销售团队完成项目的骨干。

（资料来源：根据网络资料改编。）

四、实训操作方法

本实训主要采用项目研究法，以组为单位开展研究。

实训步骤如下：

① 学习实训原理。学习销售组织的基本原理、基本类型，了解影响销售组织设置的因素，掌握建立销售组织和销售团队的步骤和方法。

② 开展市场调研，收集企业销售组织和销售团队建立和管理的资料。

③ 进行企业销售组织和销售团队建设和改善，完成企业销售组织和销售团队建设管理方案。

操作说明：开展小组研究，每组成员不超过 6 人，并对项目任务进行合理分工。

五、实训项目任务

要求学生根据所选择的企业及所制订的方案设计要求，分析工作任务，形成岗位，组成部门，从而设计恰当的销售组织与团队结构。

① 先说明销售组织与团队设计的考虑因素及其意义，如该企业的规模、产品特征、市场竞争情况和消费者购买特点等。

② 再确定都有什么岗位和部门需求，并说明不同岗位与部门的基本工作职责。

③ 根据以上分析，明确要设计的销售组织与团队结构类型。

④ 绘制所要设计的销售组织与团队结构。

⑤ 说明该销售组织与团队结构的使用优势。

⑥ 销售组织与团队结构选择的依据应该合理、真实、客观。

⑦ 销售组织与团队结构的类型应具有可行性，销售组织与团队结构图要合理、准确。

⑧ 销售组织与团队结构中的权利表达要清晰。

六、预习要求与思考题

预习实训原理，熟悉销售组织与团队建设和管理的步骤和方法，明确项目任务要求。

七、实训成绩评价

学生必须在规定的时间内完成全实训任务，并提交《××企业销售组织与团队建设方案》方可参加考核。考核成绩由指导教师根据学生在实训期间的表现以及学生实训任务完成情况进行综合评定。最终成绩按“优秀”“良好”“中等”“及格”“不及格”五个等级评定。90 分及以上为“优秀”，80～89 分为“良好”，70～79 分为“中等”，60～69 分为“及格”，59 分及以下为“不及格”。具体评分标准如表 5.2.1 所示。

表 5.2.1 评分标准

评分标准	满分
1. 作风务实，积极参与团队研讨，按规定内容及进度开展各项工作，按时完成策划项目任务	20
2. 能独立查阅相关文献，进行企业销售组织、团队建设和管理情况调研，有综合、收集和正确利用各种信息的能力	30
3. 对企业销售组织、团队建设、管理情况分析论据充分，资料翔实，结构严谨合理，建设方案科学合理	30
4. 方案逻辑性好，阐述语言准确，表达清楚；策划书编制符合要求	20

任务三　销售人员招聘与培训策划

一、实训目的

通过实训，使学生了解销售人员应具备的条件，熟悉招聘与录用销售人员的途径、销售人员培训的内容及方法，掌握销售人员招聘与培训策划的基本能力。

二、实训原理

合格的销售人员需要具备实事求是、讲究信用、遵纪守法的职业道德；豁达大度、自信、坚忍顽强的心理素质；还需要具备一定的销售理论知识、销售环境知识、销售实务知识等业务素质；具备观察能力、应变能力、控制情绪的能力、语言表达能力、社会交往能力、动手能力与技术维修能力、组织能力、创新能力等能力素质。

（一）确定销售人员的需求数量

销售人员的数目与销售量和成本具有密切联系，确定合适的销售人员数目是销售经理必须解决的问题。

1. 统计分析法

$$n = s/p$$

式中，n 为下年度所需销售人员数目；s 为下年度计划销售额；p 为销售人员年人均销售额。

2. 工作量法

(1) 编制企业所有客户的分类目录

A 类：大客户和极有潜力的客户，300 家；

B 类：中等规模及中等潜力客户，600 家；

C 类：小客户，900 家。

(2) 确定每类客户所需要的访问次数和每次访问的时间

假定销售人员每周工作 40 小时，每年工作 48 周(休假、病假及临时缺勤)。

A 类每月访问两次，每次 60 分钟；B 类每月访问一次，每次 30 分钟；C 类每两月访问一次，每次 20 分钟，则有：

A 类

$$24 \times 60 = 1440(\text{分钟})(24\ \text{小时})$$

B 类

$$12 \times 30 = 360(\text{分钟})(6\ \text{小时})$$

C 类

$$6 \times 20 = 120(\text{分钟})(2\ \text{小时})$$

(3) 计算出年工作量

A类

$$300 \times 24 = 7200(\text{小时})$$

B类

$$600 \times 6 = 3600(\text{小时})$$

C类

$$900 \times 2 = 1800(\text{小时})$$

总计：12600 小时。

(4) 确定销售人员工作时间

假定销售人员每周工作 40 小时，每年工作 48 周(休假、病假及临时缺勤)

$$40 \times 48 = 1920(\text{小时})$$

(5) 确定不同工作占销售人员总工作时间的比例

销售活动

$$40\% \times 1920 = 768(\text{小时})$$

非销售活动

$$30\% \times 1920 = 576(\text{小时})$$

旅程

$$30\% \times 1920 = 576(\text{小时})$$

总计：100%，1920 小时。

(6) 计算出销售人员数目

$$12600/768 = 16(\text{人})$$

3. 边际利润法

增加一名销售员所增加的毛利，即边际毛利，等于增加一名销售员的成本，又即边际成本。

(二) 确定招聘销售人员的标准

除了确定合理的招聘数量，还需要制订一份职位说明书，即年龄、学历、工作经历、素质要求，应承担的任务、责任及本企业所确定的销售人员的标准等。

在招聘过程中，一般应从三个方面来考虑销售人员的招聘标准：

1. 从消费者的角度考虑

消费者需要什么样的销售人员？如亲和力、热情、商品知识丰富、诚实等。

2. 从销售员的角度考虑

本身应具备什么样的基本素质？极强的商品感受力、自我驱动力、冒险精神与自信心。

3. 从企业产品角度考虑

企业到底需要推销什么类型的产品？男性合适还是女性合适？多大年龄合适？

(三) 销售人员的招聘途径

1. 公开招聘

① 人才交流会：公事公办、直接取得资料、节省时间和精力，但小企业对优秀人才的吸

引力弱。

② 媒体广告招聘：利用报纸媒体，费用低、可保存、传播面大，但是应聘者数量、质量不稳定，受广告效果的影响较大，篇幅狭小，内容千篇一律。

③ 网上招聘：深圳南方招聘网、上海人才招聘网、北京人才招聘网、无忧招聘网、研究生就业网等。

2. 内部招聘

由公司内部职员自行申请适当位置，或由他们推荐其他候选人应聘。

3. 委托招聘

职业介绍所、人才交流中心、行业协会、业务接触、猎头公司等。

4. 定向招聘

指企业到大专院校或职业学校挑选销售人员的方式。

（四）销售人员的录用过程

1. 招聘的程序

初步面试、填写申请、测验、第二次面试、学历及经历调查、体检、决定录用、委派工作或培训。

2. 面试

① 随意性面试：随意性发问，灵活掌握；有时效果不好，造成混乱。

② 模拟化面谈：事先安排一整套严格的面试问题，并有记分标准，如知识、智力、心理等；缺乏弹性、适应性不强，不能现场发挥。

③ 引导式面谈：上述两种的结合，较多采用。

面试时尽量创造轻松的环境，使人感到轻松、自然；知道自己问的问题和要获得的信息，尊重应聘者的人格，记录面试评估表。

3. 测验

一般分为笔试与口试，向应聘者提出各种问题或把各种相互冲突的问题摆在应聘者面前，进一步考查人才的行为质量。

4. 录用

制定责、权、利相统一、奖罚并重的任职合同。

（五）员工培训

员工是 20 世纪 90 年代以来人力资源管理的新发展，培训是对人力资源增值预期的投资。

1. 销售培训的原则

因材施教原则、分级培训原则、讲究实效原则、实践第一原则、教学互动原则、持续培训原则。

2. 销售培训的内容

企业知识的培训、产品知识的培训、销售技巧的培训、客户管理知识的培训、销售态度的培训、销售行政工作的培训。

3. 销售培训的程序

制订培训计划—决定销售培训的内容、对象和方法—销售培训的组织与实施—对培训效果评估审核，总结经验。

4. 销售培训的方法

(1) 讲授法

此方法单向沟通，讨论机会少，适用于有明确资料的培训。

课前充分准备，多媒体教学，时间不宜太长。半小时学员后兴趣会降低。

(2) 销售会议法

现代企业最频繁召开的日常性会议就是销售会议。销售经理或集团经理对上周、上月、上季度销售情况做总结，讨论当前销售形势，把过去及未来的销售信息传达给所有销售人员。

此方法为双向沟通，表达意见，交换思想、经验。

主持人应注意：解释会议的背景、目标及利益；会议讨论的目的、任务；会议讨论的计划、准备程序；特殊实例的应用；各种说明图表；各种器材、模型、影像资料；最后的归纳、评判等。

(3) 案例研讨法

选择有关实例，说明各种情况或问题。后来演变为业务游戏法和示范法。

(4) 角色扮演法

安排受训者分别担任客户或销售员的角色模拟实际发生的销售过程。

要求受训者以真实的客户或销售员自居，面对客户的种种问题、要求、非难、拒绝进行介绍、讲解、展示、说服、处理异议、交易促成等。

(5) 岗位培训法

主要是对新销售员的培训方式，对各种销售工作全面了解，能较快适应工作。

三、参考案例

案例一　W公司基于胜任力的招聘方案

(一) W公司简介

W公司是全球领先的综合性通信制造业上市公司和全球通信解决方案提供商之一。致力于设计、开发、生产、分销及安装各种先进的电信系统和设备，在国际电信市场，W公司已向全球140多个国家和地区的500多家运营商提供优质的、高性价比的产品与服务，与包括法国电信、英国电信、沃达丰、澳大利亚电信、和黄电信在内的众多全球主流电信运营商建立了长期合作关系。在国内的电信市场上，W公司各系列电信产品都处于市场领先地位，并与中国移动、中国电信、中国联通等中国主导电信服务运营商建立了长期稳定的合作关系。

W公司近几年的员工构成情况：2008年公司共有员工61350人，按专业构成分类如表5.3.1所示。

表 5.3.1　2008 年人员构成情况表(按专业构成分类)

类别	员工数量(人)	占总人数比例(%)
研发人员	20750	33.8
市场营销人员	10061	16.4
客户服务人员	10837	17.7
生产人员	13436	21.9
行政管理人员	6266	10.2
合计	61350	100.0

按教育程度分类如表 5.3.2 所示。

表 5.3.2　2008 年人员构成情况表(按教育程度分类)

类别	员工数量(人)	约占总人数比例(%)
博士	437	0.7
硕士	14120	23.0
学士	28157	45.9
其他	18636	30.4
合计	61350	100.0

(二) 基于胜任力的岗位工作分析

和大多数企业一样,W 公司的工作分析明显是传统意义上的工作分析。传统的工作分析大多都比较注重工作的组成要素,是以岗位需求为出发点形成最终的岗位说明书的过程。在实际的工作中,企业只注重岗位说明书有或没有,并不在乎用或不用的问题,当然就更谈不上能不能用得好的问题。长期以来也正因为有这样的思想意识为主宰,实际上岗位说明只是流于形式,在企业实际的人力资源管理过程中并没有发挥它应有的基石作用,为此我们提出了基于胜任力理论来做工作分析的对策。它是一种以人为导向的工作分析方法,具有更强的工作绩效预测性。以下我们以销售体系客户经理这个岗位为例,大体来说明如何基于胜任力来做岗位工作分析。

1. 明确客户经理的岗位类型

明确客户经理这一岗位在组织结构中属于哪一类型,找出对应类型的通用胜任力模型,如表 5.3.3 所示。

表 5.3.3　市场营销类员工的通用胜任力模型

能力与素质	
人际理解	沟通能力
客户服务	应变能力
分析问题	承压能力
结果导向	信息搜索
表达能力	

续表

价值观与品质	
尊重他人	正直诚信
责任心	自信心
主动性	

2. 确定客户经理的绩效评估指标，选择样本

按表5.3.4的绩效评估标准，从销售体系×区域×国家代表处中随机找出优秀绩效的客户经理和一般绩效的客户经理各30名。

表5.3.4 2009年度销售体系×区域客户经理的绩效评估指标

优秀绩效客户经理绩效指标			普通绩效客户经理绩效指标		
销售额	收款额	利润率	销售额	收款额	利润率
≥2000万元	≥1000万元	≥20%	≤1000万元	≤500万元	≤10%

3. 进行行为事件访谈

采用行为事件访谈方法对以上选出的60名样本员工进行访谈，以进一步识别优秀业绩者与一般业绩者的关键行为。在具体访谈前，还要设计一个访谈提纲，通过访谈主要收集该岗位员工过去的经验，然后对绩效优秀者和绩效一般者的思想和行为进行整理归类、比较、讨论和修改，最终形成优秀绩效者与一般绩效者的关键行为。以下附工作分析的访谈提纲，如表5.3.5所示。

表5.3.5 工作分析访谈提纲

W公司访谈提纲
1. 您的姓名、您在哪个部门工作
2. 您是如何被挑选担任此职位的工作的
3. 您主要承担哪些职务，请举例说明
4. 请您尽可能详细地描述一下您一天的工作内容有哪些
5. 请您举出自认为干得比较出色的2～3事和做得不满意的2～3事
6. 是什么导致了您上述的事件，在事件的过程中除了您还有哪些当事人
7. 在上述事件发生时，其他当事人都做了什么、说了什么；您当时想了些什么、做了些什么
8. 您在人事和财务方面有哪些职责
9. 对于您的工作，您觉得需要具备什么样的文化水平，具备哪些知识和条件
10. 对于新员工，您觉得需要多长时间的培训才能上岗工作
11. 您对目前的工作环境满意吗；是否需要更好的环境；在哪些方面还需要改善
12. 您觉得您从事工作的价值是什么
13. 您认为怎么才能更好地完成该工作
14. 您还需要补充一些什么

以胜任力指标"结果导向"为例，列出各个级别的行为量表，如表 5.3.6 所示。

表 5.3.6　结果导向的行为指标量表

分数	级别	结果导向的行为表现依据
−2	0 级	工作中没有目标，更多地关注过程，只谈苦劳不谈功劳
0	1 级	经常为自己设定高标准的工作目标
2	2 级	善于确立切实的工作目标，并能坚持不懈，将计划贯彻到底
4	3 级	注重工作的结果，而不仅是工作的过程，为获取成功，善于采取各种措施和手段
6	4 级	决不轻易承认失败，在情况不利时，敢于采取特殊的应急方法，以避免失败

4. 评估样本，确认胜任力模型

通过通用胜任力模型和行为访谈确定 14 项胜任力指标，逐一给绩优组和普通组成员打分汇总，对于每一项胜任力，计算出绩优组和普通组成员之间的平均分差，同时对每项胜任力出现的频次进行了统计，并结合均分差算出加权积值，如表 5.3.7 所示。

表 5.3.7　评分结果统计分析

胜任力	均分差	绩优组频次	普通组频次	加权积值
应变能力	1.95	3	2	1.95
沟通能力	1.81	4	2	3.62
客户服务	1.72	3	1	3.44
责任心	1.32	2	1	1.32
主动性	1.32	4	3	1.32
表达能力	1.32	2	1	1.32
分析问题	1.25	2	1	1.25
信息搜集	1.23	1	0	1.23
结果导向	1.22	3	1	2.44
人际理解	1.07	3	1	2.14
承受压力	1.07	4	2	2.14
自信心	0.82	2	1	0.82
尊重他人	0.73	2	1	0.73
真诚与正直	0.00	2	1	0.00

再按加权积值从大到小的顺序重新进行排列，其中排在第一位的就表示是区辨力最强的胜任力，依此类推。下面即为经过重新排序后确定的包括 10 项胜任力的岗位模型，如表 5.3.8 所示。

表 5.3.8　胜任力模型

胜任力	分数	排序
沟通能力	3.62	1
客户服务	3.44	2
结果导向	2.44	3
人际理解	2.14	4
承受压力	2.14	5
应变能力	1.95	6
责任心	1.32	7
主动性	1.32	8
表达能力	1.32	9
分析问题	1.25	10

（三）基于胜任力的岗位招聘与甄选

建立了客户经理的胜任力模型后，为了更进一步地说明建模完成后，模型在实际工作中的具体应用，我们仍以客户经理为例，看看最终录用的人选是如何在众多的候选人中被测评和甄选出来的。

毋庸置疑，有了客户经理的胜任力模型，就相当于我们有了选人的标尺，有了这把标尺，接下来最主要的工作就是用这把标尺来测评和甄选候选人了。

我们的做法是，根据客户经理基于胜任力的岗位分析，提炼出更加精细的招聘条件，使初步筛选出来的候选人更接近达到胜任力要求的标准。根据以下流程逐步进行面试和甄选：

① 准备、执行行为化面试。

② 面试结果讨论并做出决定。

③ 必要时采用其他方式强化测评。

以下以“沟通能力”这项胜任力为例来说明行为化面试的具体内容和评分依据，如表 5.3.9 所示。

表 5.3.9　行为化面试问题举例

<table>
<tr><td>问题</td><td colspan="6">你有没有和同事闹过别扭，如果有，请说明原因，你是如何处理的</td></tr>
<tr><td>关注点</td><td colspan="6">是否能够以正确的方式处理冲突；是否善于开发各种沟通渠道和途径；是否能够敏感地把握对方的感受和情绪经验</td></tr>
<tr><td rowspan="2">评分</td><td>缺乏</td><td>略微</td><td>中下</td><td>中等</td><td>高等</td><td>优秀</td></tr>
<tr><td>0</td><td>2</td><td>4</td><td>6</td><td>8</td><td>10</td></tr>
</table>

针对 10 项胜任力全部设计好了行为面试试题和大纲之后，由招聘考官根据各自的擅长项进行选择，假设考官 A、考官 B、考官 C、考官 D、考官 E 分别在客户经理的 10 项胜任力考察的选择清单如下：

考官 A:人际理解、沟通能力、分析问题、主动性。

考官 B:结果导向、客户服务、表达能力、承压能力。

考官 C:应变能力、承压能力、人际理解、责任心。

考官 D:责任心、主动性、沟通能力、客户服务。

考官 E:表达能力、分析问题、结果导向、应变能力。

以上所有的准备工作就绪后,由面试小组对候选者展开了行为面试,表 5.3.10 是对其中的一位候选人李××在各项胜任力上的评分汇总表。

表 5.3.10　李××的各项胜任力评分汇总表

考官 10 项胜任力	A	B	C	D	E	平均得分
人际理解	6		6			6
沟通能力	7			7		7
结果导向		7			6	6.5
客户服务		5		6		5.5
应变能力			6		4	5
承压能力		6	5			5.5
责任心			8	7		7.5
主动性	6			6		6
表达能力		5			5	5
分析问题	5				5	5
10 项胜任力的平均得分						5.9

行为面试完毕之后,汇总候选人的得分情况,如在背景调查一项上不存在疑义,则按排名最靠前的候选者将作为录用人选,如果必要可以对那些在行为面试中得分超过录用基准线的人进行再次其他方式的测定。

(资料来源:根据网络资料改编。)

案例二　华恒智信销售人员培训案例

随着人才竞争的日益激烈,偏高的离岗率对销售人员的人才开发提出了更大的挑战,企业在积极引进高素质销售人员的同时也越来越关注内部人才的培养,而培训正是企业培养人才的一种不可或缺的方式,也是最直接、最有效的方式之一。对销售人员的培训是企业人力资源管理中的重要内容之一,其实质是企业对人力资本的投资,企业真正重视销售人员的培训,对企业、对销售人员都将会是一个双赢的选择。那么,如何加快关键销售人员的开发步伐,如何才能通过培训打造出高绩效、高能力的销售人员就成为企业管理者头疼的问题。以下内容为人力资源专家——华恒智信通过上海贝尔的 ASMP 项目浅析如何通过培训培养出高绩效的销售人员。

上海贝尔分公司总经理(PSO)离岗率曾一度高达 22.3%,其中 12%归咎于绩效缺失,而当时的行业平均离职率要低于10%。作为阿尔卡特朗讯集团在全球的旗舰公司，组织发展遭受的挫折可想而知。仅以雇用离职补偿为例，当时上海贝尔的补偿额就比业界同期均值多了5%。“高素质的人才争夺战已成为每个组织成功的关键，而新的人才发展项目则是获得持续成功的重中之重。”上海贝尔国内营销平台人力资源王世军总监说。

他指出，正由于偏高的离岗率，以及新兴通信市场的快速发展与激烈的竞争，如何打造卓越的销售团队领导力、如何提升销售能力，也就成为上海贝尔必须面对的两大难题。

为此，上海贝尔斥资开发了为期18个月的ASMP（advanced sales management program，高级销售管理培训）项目，以加快PSO级关键人才的开发步伐，提升销售团队的整体绩效，保持市场竞争中的份额。

1. 设计一个成功的培训项目

在王总监看来，一个成功的培训项目必须要能通过加快人才开发节奏来加强以下几个方面的人才管理工作：

① 留住人才。

② 鉴定有潜力的销售管理领导者。

③ 开发适宜的培训计划以强化组织的销售管理团队与人才吸引力。

④ 作为全球通信市场的领航者，集团要求公司的区域销售能力能够充分体现自身的技术、解决方案和服务水平。

为此，上海贝尔首先对产业规范、能力标准等开展了大量调研，并与区域主管及其以上管理者进行战略访谈，再设定出分层级能力模型。

为了扫清当前和将来积极拓展新兴市场业务的发展障碍，更清晰地鉴定ASMP项目需求，上海贝尔还邀请了内外部的咨询专家，就以下问题给予指导：

· 行业规范（外部咨询专家组）。

· 新兴通信市场竞争力分析报告（投资咨询集团）。

· 通信市场销售能力地图（内外部咨询专家）。

· 关于企业使命与新兴市场全球战略布局的高端前瞻（外部咨询专家组）。

其间，外部顾问会以上海贝尔的实际需求为依据，开发适宜的行为标准方案，并作为特别听众跟进ASMP项目。内部顾问则在教练辅导、内部上下沟通及跟进的过程中扮演关键角色。

王总监表示，除了要有全面的数据分析与标准的能力模型，如何让学习快速获得员工的支持也是项目开发者要考虑的重点内容之一。

据悉，上海贝尔每年会拿出员工工资的1.5%～2%作为培训经费，ASMP项目费用约占国内销售人员总培训预算的45%。其中，在ASMP每期项目中，高管每月至少投入2小时，折合人工费用高达1.8万美元；直接上级每月至少投入8小时，折合人工费用1.75万美元。

这样，“高投入的能力测评与培训预算就为项目的顺利执行提供了保障。”王总监说。与此同时，上海贝尔还有四个值得借鉴的做法：

一是公司副总裁被要求作为评审顾问，并与个人发展计划的参与者直接沟通。在整个项目中，他们还将充当教练的角色。

二是为了实现必要目标，副总裁也会被要求进行每季度一次的商业反馈与交流，分享他们的卓越经验。

三是通过培养跨职能团队来打造商业头脑，包括职后培训、分享期望、合作交流等。

四是一线经理人会被要求完成每次小组研讨中的关键内容的培训与学习，并辅导相关项目参与者，跟进实际应用情况。他们还要推动其个人能力发展计划，像评估项目报告一样去管控实际践行中的销售规划进程。

2. 紧扣绩效提升点

在 ASMP 项目的执行过程中，“我们主要关注以下一些绩效提升点。”王总监说。

· 销售经理的领导力水平。

· 客户开发能力。

· 销售技巧的改善。

· 团队合作开发能力。

· 商业头脑的开发。

· 离职率的降低。

· 实践价值最大化。

这样，一方面，通过实施 ASMP 项目，销售经理既能作为教练辅导销售人员，又能在每天的实践中学以致用，并结合公司战略提升市场激烈竞争中的商务能力。另一方面，公司还会从继任者计划中挑选部分潜在销售人才提前去参与相应的实际工作以提升营业额。

截至目前，围绕 ASMP 项目开展的综合人才开发体系已经进入运作的第四个年头，在这期间，共有 115 位候选人参加了能力测评，有 100 位学员最终通过了测评，正式参与了 ASMP 项目，最后 90 位顺利结业。并且，44%的学员获得晋升，开始承担起组织中销售管理岗位的关键角色。

具体来看，ASMP 项目成功的主要因素包括：

① 根据业务扩张需求定制能力测评工具。这些工具全部用来评估候选人的系列能力发展指标，包括商业洞察力、销售策略思考力、销售开发能力、影响力、教练辅导、顾客及内部组织构建合作关系的能力等。

② 紧密结合人力资源的关键目标。比如对于职业发展路径图，公司会针对学员提出明晰的期望值和具体的反馈。

③ 组建多功能的高效团队。目的就是为了强化在与全球公司建立组织合作与战略协同关系过程中领导力的重要性。

④ 签订雇佣合同，并培养后备人才，使其融入高层管理团队。这需要有高度的价值认同与战略意识。

这样，就可以较好地鉴定并保留关键岗位的人才，加快未来业务领导者的潜力开发，保持市场领导者地位的本土销售能力。

【华恒智信点评】

随着人才竞争的日益激烈，企业在积极引进高素质人才的同时也越来越关注内部人才的培养，而培训正是企业培养人才的一种不可或缺的方式，也是最直接、最有效的方式之一。如何才能通过培训打造出一支高绩效、高能力的人才队伍呢？从上海贝尔的高级销售管理培训项目的设计和实施中，我们可以学习到以下几点：

首先，进行科学广泛的调研，构建能力模型。针对一个特定的专项培训项目，在选择参训者之前，企业应进行相关的产业规范和能力标准等调研，确定参训者应具备的能力与行为标准，然后再开发具体培训计划以满足上述需求。在明确的能力模型指导下，设计出来的培训项目将更具针对性和操作性，才能培养出符合相关岗位要求的高素质、高绩效人才。

其次，将理论学习和实践操作相结合，把学习成果转化为生产力。在上海贝尔的培训项目里，受训者们不仅仅是被动的学习者，还是一线的实践者，能够在实践中检验学习成果，实现学以致用。这种培训方式能够很快实现培训成果转化为生产力，带来实际工作业绩的改善，对于培养高效能团队来说尤为重要。

最后，完善后备人才管理体系，鉴别并保留企业关键人才。后备人才管理体系的搭建是完善企业人才梯队的重要举措，也是对有发展潜力的核心员工实行的具有战略眼光的中长期培养和使用的人才管理策略。企业要准确鉴定、选拔出核心人才，并制订科学的培养计划和激励机制，使他们逐渐融入高层团队，成为企业未来的中坚力量。

销售培训是针对销售人员的一项重要工作，要建设一支素质全面、战无不胜的高效销售团队，就必须高度重视销售人员的培训工作。从上海贝尔销售人员培训案例中可以看出，一个成功的销售人员培训工作，前期需要进行科学广泛的调研，建立能力模型，在此基础上，从不同维度不同的点对销售人员进行针对性培训，同时注重理论与实践的结合，最后建立完善的后备人才管理体系。只有这样，才能真正实现培训的目的，为企业培养高绩效、高能力的销售人员。

（资料来源：根据网络资料改编。）

四、实训操作方法

本实训主要采用项目研究法，以组为单位开展研究。

实训步骤如下：

① 学习实训原理。学习合格销售人员应具备的条件，确定销售人员需求数量的标准，销售人员招聘与录用的途径，销售人员培训的内容，掌握销售人员招聘和录用的基本过程，销售人员培训的方法。

② 开展市场调研，收集企业销售人员聘用和培训情况的资料。

③ 进行企业销售人员数量的确定，销售人员招聘和培训的策划，完成企业销售人员招聘与培训的方案。

操作说明：开展小组研究，每组成员不超过 6 人，并对项目任务进行合理分工。

五、实训项目任务

1. 确定岗位需求

要求：学生根据所制订的销售组织与团队结构计划需要，并深入企业实际，确定销售人员招聘的需求数量和能力等要求。

2. 进行企业销售人员招聘和培训方案设计

要求：学生根据确定的岗位需求、招聘数量以及需招聘的销售人员标准，如年龄、学历、工作经历、素质要求，应承担的任务、责任，本企业所确定的销售人员的标准等，设计销售人员招聘和培训方案。

3. 制作广告宣传稿

要求：学生根据所确定的销售人员招聘需求和企业实际，制作一份该企业的校园招聘广告宣传稿。

4. 召开公司宣讲会

要求:以小组为单位,学生模拟公司高层销售管理者和人力资源部人员,召开公司宣讲会,向目标群体进行公示宣传,说明公司的性质、产品、服务、制度、文化及薪酬福利等细节。

5. 对岗位候选人进行甄选

要求:以小组为单位,让学生招聘工作人员,收取应聘"销售人员"职位的简历。

注意事项:① 模拟招聘方的学生进行面试各个阶段试题的拟定,并注意做好记录。

② 在事先准备的面试场所对模拟候选人进行面试并做好记录。

③ 以小组为单位,提交模拟面试后的总结报告。

6. 撰写实训报告

总结撰写本模块的实训报告,并附销售人员招聘和培训的设计方案。

六、预习要求与思考题

预习实训原理,熟悉销售人员招聘和培训的步骤和方法,明确项目任务要求。

七、实训成绩评价

学生必须在规定的时间内完成全实训任务,并提交《××企业销售人员招聘和培训实训报告》方可参加考核。考核成绩由指导教师根据学生在实训期间的表现以及学生实训任务完成情况进行综合评定。最终成绩按"优秀""良好""中等""及格""不及格"五个等级评定。90 分及以上为"优秀",80～89 分为"良好",70～79 分为"中等",60～69 分为"及格",59 分及以下为"不及格"。具体评分标准如表 5.3.11 所示。

表 5.3.11　评分标准

评 分 标 准	满　分
1. 作风务实,积极参与团队研讨,按规定内容及进度开展各项工作,按时完成策划项目任务	20
2. 能独立进行企业销售人员需求、聘用和培训情况调研,有综合、收集和正确利用各种信息的能力	30
3. 对企业销售人员需求、聘用和培训情况分析论据充分,资料翔实,招聘和培训方案结构严谨合理	20
4. 报告内容真实,逻辑性好,对模拟活动过程总结深刻,阐述语言准确,表达清楚,编制符合要求	30

任务四　销售人员的报酬和激励策划

一、实训目的

通过实训使学生了解销售人员报酬的构成，熟悉销售人员的激励理论和方式，学会选择销售报酬模式，掌握销售人员激励的措施和手段，掌握销售人员报酬和激励策划的基本能力。

二、实训原理

好的报酬和激励制度能稳定销售队伍，提高管理效率，调动销售人员的积极性。

（一）企业销售报酬的类型

1. 纯粹薪金制度

纯粹薪金制度，又称固定薪金制度，是指无论销售人员的销售额是多少，其在一定的工作时间之内都获得固定数额的报酬。

适用条件：① 提供技术或咨询意见或者需负担很多销售推广工作时。② 从事例行销售工作，如驾驶车辆送酒类、饮料、面包和其他类似产品的情况。③ 销售大众化产品而且容易推广，不需花太多时间和功夫就可能成交时。

优点：① 易于操作，且计算简单。② 销售人员的收入有保障，易使其有安全感。③ 当有的地区有全新调整的必要时，可以减少敌意。④ 适用于需要集体努力的销售工作。

缺点：① 缺乏激励作用，不能继续扩大销售业绩。② 就报酬多少而言，有薄待绩优者而厚待绩差者之嫌，显得有失公平。若不公平的情形长期存在，则销售人员流动率将增高，而工作效率最高的人将首先离去。

2. 纯粹佣金制度

纯粹佣金制度是与一定期间的销售工作成果或数量直接关联的一种奖酬形式，即按一定比率给予佣金。

适用条件：① 公司销售重点是获得订货单，销售以外的任务不太重要时，如服装、纺织业、制鞋业、医药业、五金材料的批发业等。② 无实际产品的行业，如广告、保险和证券投资业等。③ 当企业雇用兼职销售人员或代理商时。

优点：① 富有激励作用。② 销售人员能获得较高的报酬，能力越高的人赚的钱也越多。③ 销售人员容易了解自己薪水的计算方法。④ 控制销售成本较容易，可减少公司的营销费用。

缺点：① 销售人员的收入欠稳定，在销售波动的情况下其收入不易保证，如季节性波动、循环波动等。② 销售人员容易兼差，同时在几个企业任职，以分散风险。③ 销售人员推销自身重于销售公司的产品，因为若销售成功，下次可以向客户销售其他企业产品。这类销售人员往往身带几种名片，代表几家公司，销售不同种类的产品。④ 公司营运状况不佳时，销售人员会纷纷离去。⑤ 增加了管理方面的人为困难。

3. 薪水加佣金制度

薪水加佣金制度是以单位销售或总销售金额的一定百分比作为佣金，每月连同薪金一起支付，或年终时累积支付。

优点：与奖金制订相类似，销售人员既有稳定的收入，又可获得随销售额增加而增加的佣金。

缺点：佣金太少，激励效果不大。

4. 薪水加奖金制度

薪金加奖金制度是指销售人员除了可以按时收到一定的薪金外，如果销售业绩好还可获得奖金。奖金是按销售人员对企业做出的贡献发放的。

优点：可鼓励销售人员兼做若干涉及非销售和销售管理的工作。

缺点：销售人员不重视销售额的多少。

5. 薪金加佣金再加奖金制度

是一种兼顾了薪水、佣金和奖金三者优点的比较理想的报酬制度。薪水用以稳定销售人员，佣金和奖金可以加大对销售人员的激励程度。

优点：① 给销售人员提供了赚取更多收入的机会。② 可以留住有能力的人员。③ 销售人员在取得佣金、奖金的同时领有固定薪金，生活较有保障。④ 奖励的范围加大，使目标容易依照计划达成。

缺点：① 计算方法过于复杂。② 除非对渐增的销售量采用递减的佣金，否则会造成销售人员获利不成比例。③ 销售情况不好的时候，底薪太低，往往留不住较有才能的人。④ 实行此制度需要较多有关的记录报告，因此提高了管理费用。

6. 特别奖励制度

特别奖励制度是规定报酬以外的奖励，即额外给予的奖励。它可以与前面任何一种基本报酬制度结合使用。

特别奖励（额外奖励）的形式：

① 全面特别奖金：如企业在特殊时间（年终、节假日）发给所有销售人员的奖金。

② 业绩特别奖励：可分为个人业绩特别奖和集体业绩特别奖。个人业绩特别奖可按销售额、销售量、毛利率、开发新客户数等计算。集体业绩特别奖为了培养团队精神，可按销售区域发放。

③ 销售竞赛奖：销售竞赛是一种特别销售计划，促使销售人员实现短期销售目标，可以是证书、现金、物品、旅游等。

优点：鼓励作用更为广泛有效，常常可以促进滞销产品的销售。

缺点：奖励标准或基础不易确定，有时会引起销售人员的不满意及管理方面的困扰。

（二）销售报酬制度建立的原则

公平性原则、激励性原则、灵活性原则、稳定性原则、控制性原则。

（三）销售报酬的目标模式

1. 高薪金与低奖励组合模式

比较适合于实力较强的企业或具有明显垄断优势的企业。高报酬和良好的福利、各种保证使销售人员有明显的优越感、归属感和荣誉感。

2. 高薪金与高奖励组合模式

适合于快速发展的企业，需迅速扩张市场，不断加强对销售队伍的激励。企业要具有较大凝聚力和团结作战的能力，要求销售人员素质较高，准确理解公司的战略意图。

3. 低薪金与高奖励组合模式

具有准佣金性质，适合于保险、汽车、房地产、广告等服务行业；处于衰退期的企业，为收回应有收益；竞争激烈，管理薄弱的企业。

4. 低薪金与低奖励组合模式

企业创业期，或经营状况不好时采用。短期使用，随条件改变适时调整。

（四）薪金与奖励关系的处理

薪金的作用在于保证销售人员的生活，对销售额的增加作用不大。奖励影响销售人员的业绩和销售额。

经济学理论告诉我们，每增加一元薪金与增加一元佣金或奖金，其边际效用是不同的，因为两者收入的稳定性不同。

一般而言，奖励占整个报酬的比例可在10%～35%之间。

（五）激励销售人员的方式

1. 目标激励

目标激励是指为销售人员确定一些应达到的销售目标，以目标完成情况来激励销售人员的一种方式。

2. 榜样激励

通过树立先进典型和领导者的宣传和示范来激励销售人员，如冠军销售员、销售状元、销售女状元等。

3. 培训激励

培养销售人员，满足他们求知的需要，从而激励他们为企业创造更多财富。

4. 工作激励

激励因素和保健因素。合理分配销售任务，适合职工的兴趣、专长和工作能力。

5. 授权激励

大多数人都愿意承担责任，领导者善于向下属授权，激发销售人员的责任心。

6. 民主激励

让销售人员参与重大营销决策，监督各级领导工作，广泛开展民主自治，使销售人员感到自己是企业的主人翁。

7. 环境激励

环境激励是指企业创造一种良好的工作氛围，使销售人员能心情愉快地开展工作。如人际关系融洽，领导重视人才，对员工信任、关心，美化环境等。

8. 物质激励

物质激励是指对做出优异成绩的销售人员给予晋级、奖金、奖品和额外报酬等实际利益，以此来调动销售人员的积极性。

9. 精神激励

精神激励是指对做出优异成绩的销售人员给予表扬、颁发奖状、授予称号等，以此来激励销售人员上进。

10. 竞赛激励

竞赛能激发销售人员求胜的意志，提高业务员的士气。

如提高销售业绩奖、问题产品销售奖、开发新客户奖、新人奖、训练奖、账目完好奖、淡季特别奖、市场情报奖、降低退货奖、最佳服务奖等。

三、参考案例

某公司销售人员薪酬激励考核标准

（一）总则

为了提升员工工作效率，促进员工工作激情，培养优秀人才，让团队每个成员朝同一个目标努力，特制订《销售人员薪酬制度与考核标准》。

（二）适用范围

本部门所有员工。

（三）原则

公平、竞争原则。

（四）薪酬组成

基本工资＋基本补助＋绩效奖金＋销售提成＋年终奖。

1. 基本工资

基本工资标准如表 5.4.1 所示。

表 5.4.1　基本工资

销售部	级别工资标准(元)	备注说明
总监级别	6000	公司根据销售人员工作经验、能力、资历确定入职级别,并允许 10%上下浮动
片区经理	3500	
大区经理	3000	
省区经理	2500	
区域经理	2000	
销售经理	1800	
见习经理	1500	

2. 基本补助

(1) 电话补助

电话补助如表 5.4.2 所示。

表 5.4.2　电话补助标准

销售部	基本标准(元/月)
总监级别	500
片区经理	400
大区经理	350
省区经理	300
区域经理	250
销售经理	200
见习经理	无

(2) 出差补助

① 出差补助标准如表 5.4.3 所示。

表 5.4.3　出差补助标准

三级城市(元/天)	二级城市(元/天)	一级城市(元/天)	备注
80	100	120	每城市拓展周期为 3 天

· 销售人员市场拜访时间每城市原则上不超过 3 个工作日,若客户特别要求必须停留 3 个工作日以上,需向总经理助理书面申请,经总经理批准。

· 超过 3 个工作日出差补助按 60 元/天为核算标准,不经申请滞留者,取消滞留当天出差补助。

② 城市级别说明如下:

一级城市:北京、上海、深圳。

二级城市:省会城市(除广州外)及以下发达城市,即珠海、佛山、青岛、厦门、台州、温州、苏州、扬州、连云港、大连。

三级城市:除以上一、二级城市外的出差城市。

3. 绩效奖金

(1) 绩效奖金基数标准

绩效奖金基数标准如表 5.4.4 所示。

表 5.4.4 绩效奖金基数标准

销售部	绩效奖金基数(元)	备 注 说 明
总监级别	3000	每级别绩效奖金按绩效考核分达标率核算
片区经理	1500	
大区经理	1200	
省区经理	1000	
区域经理	800	
销售经理	500	
见习经理(试用)	无	

(2) 绩效考核标准

绩效考核的标准如表 5.4.5 所示。

表 5.4.5 绩效考核标准

评分内容	评 分 标 准			得分
工作态度	吃苦耐劳,无条件执行各项工作任务	A	16～20	
	态度认真,但经常拖沓,遇到挫折容易放弃	B	11～15	
	从事感兴趣的任务,对其他任务消极抵触	C	6～10	
	经常对公司不满,消极、抱怨	D	0～5	
销售能力	具备丰富区域市场运作和管理经验,能够圆满完成各项销售目标	A	16～20	
	具备一定市场操作能力,完成区域销售目标	B	11～15	
	基本能够完成区域销售任务,但很少考虑公司费用	C	6～10	
	无法完成下达销售任务	D	0～5	
服务心态	尊重客户,热情而耐心地为客户服务	A	16～20	
	为客户提供基本的服务,但不够热诚	B	11～15	
	缺乏服务意识和主动性,经常情绪化	C	6～10	
	经常被客户投诉,服务态度冷淡	D	0～5	
服从管理	遵守部门制度和公司规定,尊重上级领导,自觉性、纪律性强	A	16～20	
	遵守部门制度和公司规定,有一定自觉性和纪律性	B	11～15	

续表

评分内容	评 分 标 准			得分
服从管理	屡次违反公司规定,纪律性和自觉性较差	C	6～10	
	拒不遵守公司规定,消极抵触上级下达任务	D	0～5	
综合技能	精通市场、产品综合知识,并具备专业授课培训能力	A	16～20	
	具备一定的市场、产品综合知识,具备基本的授课培训能力	B	11～15	
	只精通局部知识,缺乏培训授课经验	C	6～10	
	不具备综合知识和授课能力,且学习态度极差	D	0～5	

① 绩效评分标准。每项评选条例对应四个标准:A 优秀,B 优良,C 合格,D 不合格,评分人员根据标准对相应人员合理打分。

② 绩效评分方式。

$$绩效考核分 = 总经理评分 \times 40\% + 总经理助理评分 \times 20\% + 市场部总监 \times 20\% + 财务总监 \times 20\%$$

③ 绩效核算发放。

(a) 绩效奖金每季度发放一次,实发绩效奖金=绩效考核得分/%×绩效奖金基数。

(b) 季度绩效考核分 60 分以下,不予发放绩效奖金。

(c) 季度考核分 60 分以下,当期销售提成实际发放 80%。

(d) 试用期员工参与绩效考核评分,但不参与奖金分配。

4. 销售提成

(1) 提成核算标准

① 未完成季度保底任务,无销售奖金。

② 完成季度保底任务以上:

$$销售提成=(本季度保底任务额\times 0.3\%+超出保底任务部分\times 2.5\%)\times 70\%$$

③ 完成季度基础任务以上:

$$销售奖金 =(本季度保底任务额 \times 0.3\% + 超出保底任务部分 \times 2.5\% + 超出基础任务 \times 3.5\%) \times 70\%$$

④ 完成季度目标任务以上(超额完成):

$$销售提成 =(本季度保底任务额 \times 0.3\% + 超出保底任务部分 \times 2.5\% + 超出基础任务 \times 3.5\% + 超出目标任务 \times 8\%) \times 70\%$$

(2) 销售提成发放

① 销售提成按当季度实际到账金额为核算标准。

② 销售奖金按季度发放,实际发放 70%,剩余 30%作为年终奖励。

5. 年终奖

① 年终奖金基数:

$$年终奖金基数=销售人员全年季度奖金之和\times 30\%$$

② 年终奖金基数考核标准如表 5.4.6 所示。

表 5.4.6 年终奖金基数考核标准

考核项目	奖金比例	评审指标	指标率					年终奖金比率			
				A	B	C	D	A	B	C	D
退换货	20%	年度累计退换货金额	年实际回款	% 以内	%～%	%～%	%～%	110%	80%	60%	30%
额外投入	20%	年度累计规定政策外市场投入金额	年实际回款	% 以内	%～%	%～%	%～%	110%	80%	60%	30%
出差费用	20%	年度累计出差费用(车费、出差补助)	年实际回款	% 以内	%～%	%～%	%～%	110%	80%	60%	30%
客户维护	20%	年度累计 6 个月不回款客户数量	年度累计	2 个以内	3～4 个	5～6 个	6 个以上	110%	80%	60%	30%
客户开发	20%	年度累计新开发客户数	年度累计	10 个以上	8～10 个	4～7 个	3 个以下	110%	80%	60%	30%

③ 年终奖金发放说明：

年终奖金按照年终奖金基数考核为标准核算，每年 1 月 30 日以前发放。

(五) 转正标准

① 新销售人员试用期至少 1 个月，最长不超过 3 个月。

② 新销售人员试用期当月绩效考核分达到 90 分以上由总经理助理提出直接转正申请，由总经理批准生效。

③ 新员工绩效考核分连续两个月在 60 分以下，试用届满后，总经理助理根据具体情况决定是否留用。

(六) 晋升、降职、淘汰标准

1. 晋升标准

① 季度绩效考核分第一名。

② 季度回款达标率第一名。

③ 为公司发展提出有效建议，并具备一定效果。

④ 为公司创造额外的经济效益(团购、外贸、OEM 等)。

注：同时具备以上 3 个条件的人员，由总经理助理向总经理提交晋升申请，由总经理批准生效。

2. 降职标准

① 季度绩效考核分最后一名。

② 季度回款达标率最后一名。

③ 季度违反公司及销售部制度和公司规定。

④ 季度遭客户投诉3次以上。

同时具备以上3个条件的员工，由总经理助理向总经理提交降职申请，由总经理批准生效。

3. 淘汰标准

① 连续两个季度绩效考核分最后一名。

② 连续两个季度回款达标率最后一名。

③ 多次违反公司及部门规定，屡次教育不思改正。

④ 因工作疏忽造成公司重大经济损失。

同时具备以上3个条件的人员，由总经理助理向总经理提交淘汰申请，由总经理批准生效。

（七）考核申诉

对薪酬核算结果存有异议者，可在薪酬发放一周内提交书面报告总经理助理，由总经理助理审核后给予合理答复。

（资料来源：根据网络资料改编。）

四、实训操作方法

本实训主要采用项目研究法，以组为单位开展研究。

实训步骤如下：

① 学习实训原理。学习销售人员薪酬和激励的作用和类型，销售报酬制度和模式，掌握销售人员报酬和激励的组合方法。

② 开展市场调研，收集企业销售人员报酬和激励情况的资料。

③ 进行企业销售报酬和激励方案策划，完成策划方案书。

操作说明：开展小组研究，每组成员不超过6人，并对项目任务进行合理分工。

五、实训项目任务

① 了解销售人员报酬的类型，熟练掌握各报酬类型的适用条件和优缺点。

② 选择合适的销售报酬模式，处理好薪金与奖励的关系。

③ 采取有效的销售人员激励手段和措施。

④ 完成一份销售人员薪酬的设计方案和激励措施方案。

六、预习要求与思考题

预习实训原理，熟悉销售人员报酬和激励的各种制度和模式，掌握销售人员报酬和激励设计的步骤和方法，明确项目任务要求。

七、实训成绩评价

学生必须在规定的时间内完成全实训任务，并提交《××企业销售人员报酬和激励方案》方可参加考核。考核成绩由指导教师根据学生在实训期间的表现以及学生实训任务完成情况进行综合评定。最终成绩按“优秀”“良好”“中等”“及格”“不及格”五个等级评定。90分及以上为“优秀”，80～89分为“良好”，70～79分为“中等”，60～69分为“及格”，59分及以下为“不及格”。具体评分标准如表5.4.7所示。

表5.4.7 评分标准

评分标准	满分
1. 作风务实，积极参与团队研讨，按规定内容及进度开展各项工作，按时完成策划项目任务	20
2. 能独立查阅相关文献，进行企业销售人员报酬和激励制度、模式、措施执行等情况调研，有综合、收集和正确利用各种信息的能力	30
3. 对企业销售人员报酬、激励制度、执行情况分析论据充分，资料翔实，结构严谨合理，设计方案科学合理	30
4. 方案逻辑性好，方案阐述语言准确，表达清楚；策划书编制符合要求	20

项目六　网络营销模块实训指导

项目概述

网络营销实训模块以网店运营的主要业务活动为对象设计3个实训任务。通过实训项目的实施,可以培养学生将所学知识综合运用于实际的网络营销活动中的能力,使学生理解掌握在线调查问卷设计、发放、回收,进行市场统计分析研究的方法和途径。理解网店运营的内涵,熟悉建设网店的流程步骤,掌握进行网络营销推广的相关方法,了解网店的推广与营销,使学生能够结合实际需求、店铺产品等因素,因时、因地、因人制宜,形成前后统一、目标一致的市场调研、网店运营、网上推广营销的方案。

实训重点

本实训模块要求学生了解在线调研问卷设计的方法与技巧,掌握问卷发布回收的渠道与方式,提升统计分析数据的能力;了解网上开店的定位、分类,掌握网上开店的基本流程;掌握各种网上店铺推广方法,了解店铺推广技巧,并能独立完成店铺促销活动方案的整体设计与促销活动的实施;了解搜索引擎营销的内涵、分类,使用搜索引擎进行营销。

实训难点

1. 在线调研问卷设计。
2. 问卷数据的回收整理与统计分析研究。
3. 网上开店的前期准备、网店定位、申请与开通网上店铺。
4. 熟练掌握博客、社区、微博、微信等网店主要推广渠道及其推广技巧,根据店铺的商品等具体信息设计确定整体推广方案。

任务一　网上开店实训

一、实训目的

通过本项实训可以使学生了解开店前的准备工作,了解网店定位分析,掌握网店的申请与开通。学生能够在理解网店需求的基础上对网店建设进行筹划准备,并对网店定位进行分析,确定网店平台后进行网店的申请及开通。

二、实训原理

相对于传统的经营模式，网上开店的便捷性和实用性日益凸显，从发展的角度看，以不断扩大的网民数量为基础，随着电子商务的不断发展以及网络信用、在线支付和物流配送等瓶颈的逐渐突破，网店的发展前景将愈加广阔。

如果想开网上商店，就要先做好以下准备工作。

(一) 购物网站的选择

初次在网上创业的人可以选择大型网上在线交易平台，因为可以争取到较多的访客和销售机会，使用其提供的网店运营管理功能与服务。目前国内较有影响力的网上平台市场有淘宝网、京东商城、当当网、亚马逊网上商城、拍拍网等。由于不同的购物网站在平台功能、服务、操作方式和管理水平上有相似的地方，也有不同的方面，因此选择一家良好的在线商务平台应该考察如下内容：网站的知名度及影响力、资金实力及发展状况、后台支持技术、申请手续、顾客服务、交易体系、订单管理、网店维护和管理、服务费用等方面。

目前，我国提供网上开店服务的大型购物网站有上百家，真正有一定影响力的购物网站数量并不多，在这里只介绍两个最主要的网站。

① 淘宝网。淘宝网是我国领先的个人交易 C2C（www. taobao. com）和 B2C（www. tmall. com）网上平台，2003 年 5 月 10 日由阿里巴巴公司投资 4. 5 亿元创办，致力于成就全球最大的个人交易网站。2014 年淘宝总成交额为 11720 亿元，天猫总成交额为 5050 亿元，网上店铺超过 1000 万家。淘宝网提供免费注册、免费认证、免费开店服务。淘宝网首页是近期我们看到的版本，如图 6. 1. 1 所示，各种分类信息的归纳和设置较为合理，商品信息占据最重要和最醒目的位置。首页主要包括登录入口、免费注册和开店入口、促销活动区、品牌推广区、商品搜索区、购物、生活、工具、社区、其他服务的入口等，首页设计比较注重买家

图 6. 1. 1　淘宝网首页

的使用体验和感受，有利于买家快速购买商品，同时也为卖家开展各种推广和促销提供了更多的资源。

② 拍拍网（www. paipai. com）。拍拍致力于打造一个卖家和买家互通的移动社交电商平台，通过提供包括服装服饰、母婴、食品和饮料、家居家装和消费电子产品等在内的丰富的产品，来全面满足消费者的需求。与此同时，拍拍也为第三方卖家提供数据挖掘和分析等增值服务，这些增值服务将帮助卖家对消费者和市场做出精准分析，并为其产品规划和开展精准营销提供支持。拍拍网于 2005 年 9 月 12 日上线发布，是目前国内第二大个人网店电子商务平台。拍拍秉持“坚决杜绝假货”和“更公平的流量分配体系”两条核心原则，扶持包括大学生、中小商家、农民等广泛的电子商务创业者群体，建立公平、透明的商家生态，吸纳优质商家和商品入驻，并充分保障中小卖家的权益，在帮助中小卖家健康成长的同时，服务好最终消费者。拍拍网提供网络商店的搭建与服务，支持财付通和微信支付，为用户提供安全、便捷的在线交易服务。拍拍网现在已成为国内成长速度较快的电子商务网站，为实名注册的卖家提供免费注册、免费认证、免费开店服务，如图 6.1.2 所示。

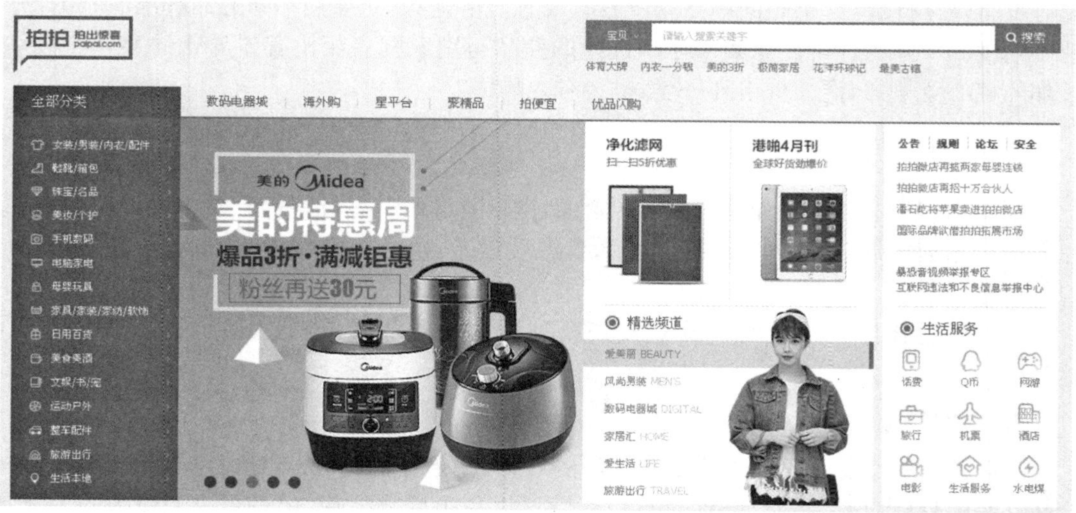

图 6.1.2　拍拍网首页

（二）主营商品的选择

确定要开一家网上店铺后，“卖什么”就成为最主要的问题了。在确定卖什么的时候，要综合自身财力、商品属性以及物流运输的便捷性，对售卖商品加以定位。目前，网上个人店铺中交易量比较大的商品包括服装、饰品、化妆品、珠宝、家居用品、消费电子产品等。在这方面，网上开店与传统的店铺并无太大区别，寻找好的市场和有竞争力的产品是成功的重要因素。

网上店铺首先要选择适合网络销售的商品，以淘宝为例，通过对其平台上的网店所出售产品的细分发现，适合网上开店销售的商品一般具备下面的特点：

① 体积较小，方便运输，可以降低运输的成本。

② 附加价值较高，价值低过运费的单件商品不适合网上销售。

③ 具备独特性或时尚性的定位，网店销售不错的商品往往都是独具特色或者十分时尚的。

④ 价格较合理，电商的成本原则上应该比实体店便宜，如果网下可以用相同的价格买到，就不会有人在网上购买了。

⑤ 通过网站上图文并茂的商品说明就可以给消费者很好的体验，激发购买行为。如果消费者对这件商品有疑虑，必须要亲自见到才可以达到购买所需要的信任，那么就不适合在网店销售。

⑥ 网下没有，只有网上才能买到，比如具有某一地方特色的地域性产品或者国外代购产品。

当你选择了一类或是数类产品以后，就要开始进行了解客户和进行市场调查来确定你的选择是否正确。因为大多数时候你的选择是基于自己的经验或是基于不对称的信息进行判断的，而我们知道主观判断常常是错误的，最终可能会导致开店创业的失败。你可以把想法告诉亲戚、周围朋友，听取他们的意见，因为他们以后可能就是你的潜在客户，也可以请教一些行业人士与专家，听听他们的意见。另外，你可以上淘宝网看看别人的网店里有没有这样的产品出售，如果有，那就说明了这样的产品有市场，这个时候就要看你的产品与他的相比有没有竞争优势，如果是同一品牌就看有没有价格优势，如果是不同的品牌要看你的品牌的影响度和产品的性价比。如果你所选择的商品与别家网店相比有差异化的存在，就形成了你的核心竞争力，商品价格高一点，也会有人购买。

（三）如何寻找到货源

很多网店的成败都在如何选择货源上面，网店货源质量好、品种新、价格又便宜，就会给以后的产品销售带来较好的保障。相反，货源质量差，供货又没有规律，很有可能使网店的经营不顺畅。

寻找到适合自己网店的货源直接关系到网上创业能否成功。选择货源一般有如下途径。

1. 厂家货源

厂家货源能够保证货源的充足和货源的质量，服务态度也不错，通常与他们进行长期的合作，大多都能争取到滞销换款，对日后经营可以免去后顾之忧，但是厂家对批发量一般要求比较高，小批发客户很难达到他们的要求，如果没有足够的周转资金，而且也不想承担压货的风险就不要考虑这条拿货途径，如果自己不怕承担压货风险，可以选择从厂家进货。

2. 批发市场进货

这是最常见的进货渠道，首先选择几家综合指数、信誉度较好的周边批发市场开始调研，对各家批发商的经营要素：价格、质量、最少拿货数量、退换货、包装、补货的方便程度等进行比较，并对收集的资料进行整理分析，以便决定与谁合作。在进货过程中，需要有一定的议价能力，同时多与批发商沟通交流，这样不仅能与之保持良好的关系，在商品的价格与数量上也可能会得到一些优惠。

3. 网上供应商

我们寻找网上的商品供应商，可以登录阿里巴巴、中国制造网、慧聪网等 B2B 电子商务平台，根据产品搜索供应批发商；这些网站出售的产品一般直接由厂家供货，货源较稳定。不足之处是没有接触交流，不了解对方的实力、货品质量、物流发货速度、信用、退换货规则等。以阿里巴巴网上平台为例，通过设置诚信通指数、第三方支付等方式，可以有效地解决上述问题，这样在网上进货时可以得到相关信用保证，但仍需要在进货前做好充分的沟通与协商。

4. 买入性价比较高的优惠打折商品

如何才能找到价格低廉的货源呢？首先要密切关注市场变化，充分利用商品打折找到价格低廉的货源。以网上销售火爆的名牌服装来说，卖家们常常在换季时或特卖场里淘到款式品质上乘但价格较低的品牌服饰，再转手在网上商店里销售，利用地域或时空差价获得足够的利润。网上有一些化妆品卖家，与高档化妆品专柜的主管熟悉之后，可以在新品上市前抢先拿到低至7折的商品，然后在网上按专柜9折的价格卖出，可以获取一定的利润。

5. 外贸产品

外贸产品因其质量、款式、面料、价格等优势，一直是网上销售的热门品种。很多在国外售价昂贵的名牌商品，网上的售价并不高，使众多买家对此趋之若鹜。目前，许多代工工厂在外贸订单之外或者为一些知名品牌贴牌生产之外经常有一些剩余产品需要处理，款式常常是明年或现在最流行的，而价格只有商场的4～7折，这是一个不错的进货渠道。网店卖家如果有熟识的外贸厂商，可以直接从工厂拿货，或从专职外贸商品销售卖家处进货，从而获取丰厚的利润。

6. 国外打折商品

国外的许多大型商场在换季或节日前夕，一些国际品牌的价格非常便宜。如果卖家有亲戚或朋友在那边，可请他们帮忙，进到一些中国内地市场上看不到的商品或者是一些诱人的折扣名牌商品；然后上架放在网店里销售，会受到一些年轻时尚消费者的青睐追捧。

7. 库存积压或清仓处理产品

因为商家急于处理，这类商品的价格通常是极低的，只要有足够的议价能力，就可以用极低的价格买下，然后转到网上销售，利用网上销售的优势获得足够的利润。所以，你要经常去市场上转转，密切关注市场变化。

找到货源后，可先进少量的货试卖一下，如果销量好再考虑增大进货量。在网上，有些卖家和供货商关系很好，往往是商品卖出后才去进货，这样既不会占用资金又不会造成商品的积压。总之，不管是通过何种渠道寻找货源，低廉的价格是关键因素，找到了物美价廉的货源，你的网上商店就有了成功的前提条件。

（四）网上开店的流程

网上开店的流程如下。

1. 开店前的准备

货源准备：货源可以通过自主生产、进货、代理销售等方式组织。找到稳定、物美价廉的货品对网店有很大帮助，如果货品定位独特、稀缺，将对网店的发展起到重要作用。

硬件设施：要具备计算机及互联网环境，工作办公场所或区域，另外，仓库也是需要的。

资金准备：网店需要一定的周转运营资金。房屋租金、水电费、人员工资、货款、营销推广等都需要一定的资金支持。

人员准备：刚开始，可能只有网店创业者自己，随着业务的开展，需要增加客服、美工、推广等岗位的人员配置。

个人准备:店主首先要了解开店平台及推广技巧以便使网店运营顺畅。

2. 选择开店平台

做好前期准备工作以后,就可以着手开店工作了,接下来需要选择一个提供个人开店服务的平台,各平台对新开网店有一定的要求,例如,在淘宝网平台开店,需要注册用户,完成认证和签约,通过相应的考试后才可以发布商品,法律禁止销售的产品是不能在网店中上架销售的。

本次实训项目的网络电子商务平台选择淘宝网。

3. 向网上平台申请开设店铺

此时要详细填写自己店铺所提供商品的分类,以便让你的目标用户可以准确地找到你。同时,你需要为自己的店铺起个醒目的名字,网友在列表中点击哪个店铺,更多取决于名字是否吸引人。有的网店会显示个人资料,所以应该真实填写,以增加买家对店铺的信任度。具体开店步骤如下:

第一步:免费注册淘宝网会员。

首先,登录淘宝网首页(http://www.taobao.com),单击页面左上"免费注册"链接。

其次,进入注册页面,绑定手机,设置登录名。

再次,输入一个常用的电子邮箱地址,用于激活会员名。此电子邮箱地址是淘宝网鉴别会员身份的重要条件,也是会员名默认绑定的支付宝账户(QQ邮箱暂不能用)。

最后,通过手机发送验证码,淘宝会员完成注册。此会员用户名可登录支付宝、淘宝、天猫、一淘、聚划算、阿里巴巴国际站、阿里巴巴中文站、阿里云、来往等淘宝网关系企业网站。

第二步:支付宝认证。

支付宝认证分为个人认证和商家认证两种情况,商家认证需要提供营业执照、公司开户账号等信息,个人认证需提供身份证号码、个人银行账号,本实训项目以个人认证为例。认证通过后即具有卖家资格,具体认证流程如下:

首先,登录"我的淘宝"中的"卖家中心",提交支付宝认证申请,填写身份证件号码、真实姓名、个人信息和账户信息,并提交。

其次,等待支付宝向提交的账户里打入一个低额的款项,一般在2个工作日内完成。

再次,收到款后,登录支付宝账户,进入"申请认证页面,输入收到的金额作为验证码"。

最后,通过支付宝认证后,会员名后就会出现一个认证标志,表示该会员具备了卖家资格。

第三步:淘宝开店认证。

在完成支付宝认证后还需要有一个淘宝开店认证即照片认证流程,照片认证的细节要求比较多,需要严格按照淘宝网上的要求去拍摄。

身份证背面照:字面清晰,保留边框。

手持身份证照片:白色背景,手部完整,不要修饰。

半身照:背景着装保持与手持身份证照片一致。

拍摄好照片,上传,最后提交审核,审核通过就表示开店成功,可以上架销售商品了。

4. 进货

进货可以从熟悉的渠道和平台开始,控制成本和低价进货是关键。而且,要注意验货,以保证货品名实相符。另外，进货的数量也很关键，刚开始的时候可以少量多次，等积累了一段时间之后再根据销售情况计算自己的经济进货点。

5. 产品展示

网上开店，需要把每件商品的名称、产地、所在地、性质、外观、数量、交易方式、交易时限等信息填写在网站上，做到图文并茂。名称应尽量全面，突出优点，因为当别人搜索该类商品时，只有名称会显示在列表上。为了增加吸引力，图片的质量力求专业，说明也应尽量详细，如果需要邮寄，最好声明邮费标准和要求等。发布产品流程如下：

① 登录淘宝网，在“卖家中心”里的“宝贝管理”选项下选择“发布宝贝”。

② 不管是“一口价”，还是“拍卖”，都可打开宝贝分类页面，在该页面中可通过“类目搜索”“您经常选择的类目”“重新选择”三种方式来选择商品分类。

③ 选好了宝贝分类，开始进行宝贝信息设置。上传宝贝的主图及描述，可先把图片上传到图片空间也可以直接上传，建议先在图片空间新建好文件夹，方便查找图片。

④ 填写你宝贝的物流信息、售后保障、有效期等，点击“发布”，这样一个宝贝就发布成功了。

⑤ 发布 10 件宝贝后，即可开设店铺。

6. 设置价格

通常卖家设置产品的起始价、底价、一口价等项目。起始价是拍卖网上常用的策略，通常比商品底价低，以吸引买家的注意力。一口价就是一旦有买家愿意出这个价格，商品可以立刻成交。卖家应根据自己的具体情况设置产品价格。

7. 营销推广

为了提升自己店铺的人气，在开店初期，应适当地进行营销推广，但只限于网络上是不够的，要网上网下利用多种信息传播渠道一起推广。例如，购买网站上流量大的页面上的“热门商品推荐”位置，并将商品分类列表上的商品名称加粗、增加图片以吸引眼球。也可以做些不花钱的宣传，如与其他店铺和网站交换链接。

8. 售中服务

顾客在决定是否购买的时候，很可能需要很多你没有提供的信息，他们随时会在网上提出，你应及时并耐心地回复，抓住购买时机促成购买。

9. 完成交易

双方根据约定的方式进行交易，以选择在线交易方式为最优，可以节省买卖双方成本和时间。

10. 评价或投诉

信用是网上交易中很重要的因素，为了创立良好的信用记录，作为卖家应通过良好的服务获取对方的好评，卖家同时要给予买家相应的评价。

11. 售后服务

完善周到的售后服务是生意经久不衰的重要保障，适时地与客户保持联系，做好客户管理工作，对于维护老客户、开发新客户都很有帮助。

三、参考案例

用互联网思维做烧烤

2014年,"互联网思维"成为热词,这也让淘宝网网店店主李烨的"原始烧烤"生意好得没法打烊。2012年"原始烧烤"网上销售额为280万元,2013年,这个数字是800万元,李烨由此获封"烧烤王子"。他是尝试打通线上线下烧烤生意的国内第一人,服务范围已扩展到多个城市,风投给的估值也已达到3000万元。他是如何做到的?

线上预定烧烤食材,线下送货,更能提供烤炉、烧烤师等一揽子服务,这在"抄袭"成风的互联网创业中竟找不到第二个成功者。"懂互联网的人不懂烧烤,会烧烤的人不懂互联网。"李烨笑称,他是罕有的能用互联网思维"烧烤"的人。

独特的创业模式与李烨大起大落的人生经历有关。他出生于江苏盐城的一个富裕家庭,上大学时每月生活费为5000元。2003年,父亲经营的餐饮会所倒闭,家中巨额负债,他的生活费猛然缩水到100元,大二便辍学,跑回家乡给烧烤摊老板打工,由此学得一手烧烤手艺。随后,李烨开了个烧烤铺,并重新参加高考,改学多媒体设计专业。

"我一直在想,怎么把烧烤与专业相结合。"他说,2008年互联网大潮涌入,让他看到了机遇。当年11月7日,李烨在淘宝网开店,并将"烧烤铺"移到了上海。此时,O2O(online to offline,线上到线下)还只是个概念,烧烤O2O更是无人关注。他不会忘记,网上第一单直到2009年2月才接到:一位名叫"紫色天色8"的网友,下了一笔278.5元的订单,"那笔订单在昆山花桥,我整个晚上跟踪单子,直到对方签收才放下心来"。

现在每周预约订单60个,"从大年初二到初七,我们店里的烧烤师都被预订光了"。深夜拨通李烨的电话,嗓音略带疲惫的他说,春节期间店里烧烤师从15人缩减到4人,只能满足1000元以上的订单,大量小订单根本无暇顾及。即便如此,依旧客源不断,"年初二松江地区某别墅有场BBQ派对,是个老客户,必须去;年初七华夏西路有个老外预订了40人的新春烧烤派对,还得腾出人手……"

春节前后理应是烧烤淡季,但年前李烨就发现不对劲了,先是去年年底接了个超级大单——某公司员工大型烧烤,两批次共有1260人。为此,李烨将15位烧烤师都派了过去。2014年1月,每周预约烧烤师的订单仍维持在60个左右,多是公司年会和中高端消费者。

"大年三十普通家庭聚在一起,吃烧烤的不多,但人们会购买招牌羊肉串、法式羊排等吃火锅。"李烨灵机一动,着重准备这方面食材。

让中式烧烤入厅堂,除了张罗春节订单,最近李烨还有一件心事,就是在高端商场里找个商铺开烧烤店,把O2O模式进行到底,"已定在徐家汇商圈,年后开始装修,三四月份开张"。

在很多人印象中,烧烤"烟雾缭绕"的形象与大商场格格不入,但李烨却不这么认为,"中式烧烤也能像韩式炭烤一样登入大雅之堂。"目前,他的团队已获得一项炉具改造专利,在用木炭烧烤的前提下,可在任何密封条件下,将油烟净化率控制在92%以上。

事实上,从开淘宝店开始,将中式烧烤"标准化运作"是李烨一直追求的目标。在食材供应链上,公司有一套标准化流程:发货前8小时对食物进行加工,放入速冻柜,收货前2个小时才开始分拣，确保食品安全。

如今“原始烧烤”的服务范围已扩展到多个城市，风投给的估值也已达到3000万元。“我要改变中式烧烤的现状”。最后，李烨有些激动了，“烧烤领域的潜力远未释放”。

四、实训操作方法

① 学习实训原理。对网络零售平台、网店注册及认证流程、网上开店流程、买家交易操作、卖家操作、交易流程、注册规则、在线支付、商品发布等网上开店的业务流程进行学习、分析与总结，并结合自己的实际情况做出网上开店设计策划方案。

② 在教师给定的项目范围内结合自己的兴趣选定小组研究项目。

③ 操作说明如下：

(a) 分组进行项目研究，每组6人。

(b) 结合自己的兴趣选定小组研究项目。

(c) 进行网络零售平台的选择。

(d) 进行主营商品的选择。

(e) 完成进货渠道的市场调研及选定工作。

(f) 完成网店的策划设计，并写出网上开店策划设计方案。

五、实训项目任务

实训项目：网上开店

1. 小组分工

确定小组成员数量，小组内形成具体分工，并说明分工情况，以小组为单位开展网上开店。

2. 开店前期筹备文案的编写

学生针对开设网店前期筹备基础要素及注意事项在教师指导下进行讨论并形成文案。

3. 网店策划方案

学生开展网店开设前期的定位分析和讨论，确定网店主营产品的市场用户群体，制订产品价格，并形成策划文案。

4. 网上开店

掌握网店申请与开通流程，具体操作在淘宝网进行实践；完善网店基本设置，考虑网店名称撰写与网店定位及品牌建立保持一致。

5. 网店装修

学生进行店招设计。学生在教师带领下讨论店招设计核心要素与商品卖点、品牌拓展之间的关系。

学生进行促销图设计，讨论促销图片是否突出卖点与特色、是否突出品牌风格。

学生进行店铺公告设计，店铺公告应该在突出店铺特色上进行合理的准确表达。

6. 网店商品发布管理

学生对产品进行拍摄并利用图片美化软件进行图片处理。要求学生了解产品图片的拍摄技巧，抓住拍摄要点。

学生要对所售商品名称、价格、描述、重量、类别、厂家等商品属性进行正确设置。

进一步完善商品描述信息，突出商品卖点和焦点。

7. 完成网上开店策划设计书

学生应围绕网上开店策划主题收集相关资料，表达自己的独到见解，突出创新之处，内容应做到主题明确，逻辑清晰，结构严谨，叙述流畅，理论联系实际。具体可按照如下层次组织撰写：

(1) 网店介绍

网店功能设计、店铺风格定位、商品定位、价格定位、客户定位，以及市场前景、经营目标分析等。

(2) 市场及可行性分析

包括行业及产品分析、消费者行为分析、竞争分析(竞争优势和劣势)、技术可行性与实施可行性分析等。

(3) 网店营销及推广规划

营销渠道、推广计划、促销计划、广告策略等；

实施规划(阶段计划)、后期网站运营维护规划等；

发挥想象设计有创意的营销推广方案。

(4) 客户服务策略

网店运营过程中涉及的服务工作及应对机制、物流配送方案设置等。

(5) 成本开支预算

店铺开支情况预算、风险评估等。

(6) 总结

总结整个开店的流程及经验。

六、预习要求与思考题

预习实训原理，熟悉网上开店的操作步骤和方法，明确项目任务要求。

七、实训成绩评价

学生须在规定的时间内完成实训任务，并提交《×××网上开店设计策划书》方可参加考核。考核成绩由指导教师根据学生在实训期间的表现以及学生实训任务完成情况进行综合评定。最终成绩按“优秀”“良好”“中等”“及格”“不及格”五个等级评定。90 分及以上为“优秀”，80～89 分为“良好”，70～79 分为“中等”，60～69 分为“及格”，59 分及以下为“不及格”。具体评分标准如表 6.1.1 所示。

表 6.1.1　评分标准

评 分 标 准	满　分
1. 作风务实，积极参与团队研讨，按规定内容及进度开展各项工作，按时完成策划项目任务	10
2. 能独立查阅相关文献和进行前期网店主营产品调研，有综合、收集和正确利用各种信息的能力	10
3. 开店前期筹备文案	10
4. 网店策划方案	10
5. 网上开店	20
6. 网店装修	10
7. 网店商品发布管理	10
8. 网上开店设计策划书逻辑性好，方案阐述语言准确，表达清楚，编制符合要求	20

任务二　网上推广实训

一、实训目的

通过本项实训可以使学生了解网上商店推广的内涵，了解网店的常见推广方式，掌握常见推广技巧，能够根据网店的店铺信息设计确定整体推广方案。

二、实训原理

推广是一个传播商业信息的行为和过程，营销就是将这一传播行为的结果转化为销售时所采用的方法和策略。顾客在进入店铺之前想得到什么，这是在做推广时必须预先进行的受众需求分析，与此同时，还要通过分析来判断，由谁以何种形式来完成推广，推出这个商业活动是否能够满足这些需求。经过细致的分析设计出完整的推广和营销方案，并通过适当的媒介和方法将信息传播出来，以吸引大量的潜在消费者来参与，最终目的是实现店铺销量的大幅增长和品牌认知的广泛传播。

（一）信息传播

信息的传播者是传播行为的主体，是传播活动的主动参与者。一次推广营销活动，我们用谁来传播，直接关系到营销效果。我们是自主发布广告或者推广信息，还是由媒体来报道，抑或是由客户口碑传播。由媒体报道，可以增强信息的客观性和可信性，传播范围更广；由客户口碑传播，或者由客户参与传播，容易增加信息的信任性和可靠度，形成感染力。合理选择传播者是完成信息传播非常关键的一环。一般来说，产品特性、活动等本质信息使用官方发布更加稳妥，产品的效果由客户传播，事件营销如果通过媒体传播，则影响的效果更加深远。

（二）分析受众需求

我们可以通过马斯洛需求层次理论对网上消费者的需求进行分析。

1. 马斯洛需求层次理论内容

按照人类需求强度的大小，按由低到高的顺序排列，可以分为五个层次，即生理需求、安全需求、社交需求、尊重需求和自我实现需求。一般来说，当低一层次的需求基本满足后，就会出现较高层次的需求，人们就是在不断追求高一层次需求的满足中，不断产生新的动机与行为。

2. 网上消费者需求层次分析及对策

（1）生理需求

这是人类生活和生存的最基本需求。一般来说，吃、穿、住、用、行等方面的需求就属于生理需求，它涉及消费者最基本生活资料的获取问题，生理上的需求是压倒一切的，最为优先的。对网上消费者来说，消费者购物时通常将有关生理需求的物品放在首位。

（2）安全需求

当人们的生理需求得到满足之后，就会产生为避免生理及心理方面受到伤害而求得保护和照顾的需求，并为此购买相应的产品和服务。网上消费者乐于通过网络查询，寻找适合自己情况的有关产品或服务。由于不少消费者对网上交易的安全性持怀疑态度，所以，网络商家可以承诺假一赔三、七天退换、如实描述、30天维修、闪电发货、正品保障等消费者服务保障措施，消除消费者的疑虑。

（3）社交需求

在社会活动中，人们不能没有社会交往活动。人们通常都有希望被社会上某些团体或者个人接受的需求，从而使自己在精神上或心理上有所归属。这种需求促使人们致力于通过网络与他人建立感情上的联络或建立某种社会关系，如朋友交往、伙伴关系、亲情、爱情、友情、参加某些社会团体聚会、传情、送礼等与人际关系和感情有关的需求。

（4）尊重需求

这包括自尊和受到社会尊重的需求。自尊的需求主要表现在消费者有自主、自由、自尊、自豪等方面的需求。受到社会尊重的需求主要表现在消费者有受到社会认同接受，并要求他人给予尊敬、赞美、赏识以及承认一定社会地位的需求。商家可以推出老顾客优惠、会员制度、VIP折扣等优惠措施，一方面可以培养顾客的忠诚度，另一方面也满足了人们需要特殊身份和待遇的需求。

（5）自我实现需求

这是最高层次的需求，是指人们对个人价值得到社会实现的追求，如努力获得某种成就，尽量发挥自我潜能，追求崇高理想的实现等。这种需求在其他需求都得到满足之后才有可能产生，是最高层次的需求。网络推广活动中，商家一方面可以利用网络资源向网上消费者提供更多的实现个人价值、获得成就感的、满足成功欲望的产品或服务。另一方面，还可以为人们提供有用的知识或信息，为消费者提供发展或表现自身价值的场所或机会等。

（三）传播条件

商家的推广和营销方案都是针对潜在目标消费群体的，因此，在了解了他们的需求后，商家设计出的推广活动策划方案会更具有针对性，也更容易取得效果。

这说明推广这一传播过程是一个目的性行为过程，具有企图影响潜在消费者的目的，商业信息的传播过程也就是一个说服的过程，而决定这一传播行为最终结果的主要因素则取决于受众群、接触点、传播内容、时间点及手段策略这五个基本条件。

（四）网店推广渠道

网上商店的开设是进行电子商务的第一步，若想让网店业务不断拓展，必须要有相应的推广渠道，以提升进店的人数和购物的比例。

1. 博客推广

博客推广就是利用博客这种网络应用形式开展网络营销的工具，是公司、企业或者个人利用博客这种网络交互性平台，发布并更新企业、公司、个人的相关概况及信息，并且密切关注并及时回复平台上客户对于企业或个人的相关疑问以及咨询，并通过较强的博客平台帮助企业或公司零成本获得搜索引擎的较前排位，以达到宣传目的的营销手段。

网店店主通常可以在各类博客平台注册网店博客，发布一些跟自己网店所经营商品相关的博文，如网店主营女装产品，可以发布一些女装时尚搭配、季节与颜色、配饰选择，春夏或秋冬流行新款等文章。如主营商品为食品时，可以发表一些食品与营养、养生食疗、当季食品、相宜食品搭配等文章。建议博客名称与网店名称保持一致，如图 6.2.1 所示的为全球十佳网商崔万志的博客；如果访客对博文内容感兴趣，就可能会直接进入博主的网店进行浏览，这会使访客印象深刻，进而产生销售行为。

图 6.2.1 博客营销

博客推广的操作流程如下：

(1) 博客开通流程

本实训项目以新浪博客为例。

第一步：打开新浪网。

第二步：在新浪网首页上部的目录中，找到“博客”，点击进入。

第三步：在打开的网页中，点击“注册新浪博客”。

第四步：进入新浪博客注册页面，这里有两个注册方法，分别为手机注册和邮箱注册，作者这里以邮箱注册为例。填写邮箱和设置密码，勾选兴趣标签，会在你的博客首页显示相关的内容，点击“立即注册”。

第五步：登录邮箱验证邮箱地址，点击链接完成注册。

第六步：链接会跳转到完善信息页面，填写博客名称和博客地址、个人信息。博客地址填写要慎重，如果没有想好可以不填，进入博客后再填写。填写之后不能修改。点击“完成”开通。

第七步：接下来，在页面中找到“快速设置我的博客”并点击，进行博客装扮、加关注。如果有其他平台的博客也可以设置“搬家”(复制别人的博客设置)，也可以进入博客后再设置。

第八步：设置完成，进入我的博客可以在“个人中心”→“设置”→“账户”→“博客设置”中修改完善更多信息，如个人信息、头像昵称、登录密码、博客地址等。

(2) 博客推广与内容编辑技巧

网店的博客推广，就是通过博客文章的写作达到销售网店产品的目的，通过文章要潜移默化、不露声色地把产品和服务信息传递给客户。

① 文章要具备专业性。博客文章的知识水平要具专业性，紧紧围绕产品布局博客文章。

② 写作博文的要素如下：

产品功能故事化：生动的故事化叙事写作，同时揉进产品功能。

产品形象情节化：设置与产品相关联的感人情节打动客户。

行业问题热点化：抓住本行业热点，引起客户关注。

产品博文系列化：博客推广要坚持长时间的系列化写作，既有连续的铺垫，也有高潮的形成，做大影响力。

博文字数精短化：文章宜短小耐读，通常不要超过千字。

2. 论坛推广

论坛(BBS)所聚集的目标客户群体是一个经过精准划分的潜在网络消费人群，论坛(BBS)推广就是利用论坛这种网络交流的平台，通过文字、图片、视频等方式发布企业的产品和服务的信息，如图 6.2.2 所示，从而让目标客户更加深刻地了解企业及产品服务，最终达到宣传企业的品牌、加深市场认知度的效果，同时可以帮助企业培育客户忠诚度，及时有效地进行双向信息沟通。

论坛推广是互联网诞生之初就存在的形式，历经多年洗礼，不仅没有消失，反而越来越焕发出它巨大的活力。其实人们早就开始利用论坛进行各种各样的企业营销活动了，当作为新媒体的论坛出现时，就有企业在论坛里发布企业产品的信息了。

论坛推广可以成为支持整个网店推广的主要渠道，可以利用论坛的超高人气，主动参与论坛讨论，建立自己的知名度和权威度，就网友广泛关心的话题发言，不是为了说服别人或强行灌输什么，而是引导论坛逐渐形成自己的主流风格，并顺带着推广一下自己的产品或服务，运用得好，论坛推广可以是非常有效的网络营销手段。

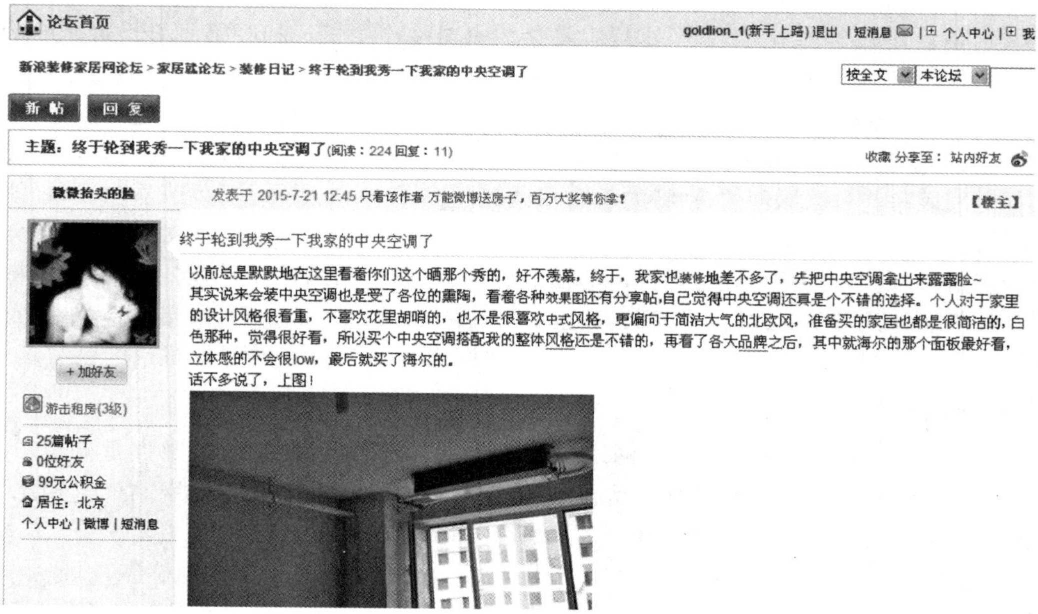

图 6.2.2　论坛营销

论坛网站是目前主要的推广方式之一，随着互联网的发展，建站技术的创新和网站程序的简易化，论坛网站的数量也在逐渐壮大，聚集大量人气的论坛成为我们可以利用的媒介。但是论坛推广的效果往往不尽如人意，这不仅因为论坛推广的竞争激烈，更是由于推广的人多了，论坛的管理人员也更加反感论坛里的广告。那么，我们做论坛推广的时候要怎样才能获得成功呢？我们在进行论坛推广的时候要进行论坛网站的筛选，而且进入论坛注册好会员后不能立刻发广告、发外链，在论坛盲目推广的内容是很容易被版主删除的，一味蛮力推广只会收效甚微，最终还浪费了时间和精力。其实，论坛推广只要掌握了方法，推广起来还是比较容易的。

论坛推广操作流程如下：

（1）了解需求，准备物料

在进行论坛推广之前，我们先要弄清楚几个问题：我们要推广什么产品？有什么特点？此次推广的目的是什么？是要增加流量、增加注册量还是增加品牌知名度？竞争对手或同类网站有没有做过类似推广，情况如何？这几条搞不清楚，后面就很难准备出合适的推广内容，就意味着最终的结果可能会不理想。

（2）寻找目标论坛

目标论坛不一定越多越好，要量力而行，视自身的人力、物力而定。否则太多的论坛，反而应付不过来，最关键的是用户群要精准，比如我们要推广手机，那就只找手机论坛。

（3）熟悉目标论坛

目标论坛确定后，先了解一下论坛的规则和用户特点，了解哪些版块人气最旺，各版块的主题特色是什么，论坛用户的特点是什么，喜欢什么样的内容，哪些版块适合发广告，论坛对广告的管理态度等。充分了解论坛，把握好论坛的内涵是相当值得的。

(4) 注册用户名 ID

用户名尽量用中文，要有特色、具亲和力，让人第一眼记住你；尽可能丰富个人资料，包括头像、联系方式、个性化签名等，这样容易让大家对你产生信任和好感。刚开始在论坛发文、跟帖要积极一点，提升一下论坛等级，不要马上就发广告，多和会员互动，特别是要和老会员、版主沟通交流，让论坛里的版主和会员感受到，是实实在在的真人在和他们互动；可以适当地与人争论，让人记住你。快速融入一个新论坛最好的方法，不是顺着别人顶帖说好话，而是发表一些自己原创的、独特的看法和见解，也可以就别人的帖子发表看法，一样能达到效果。争议越大、观点越独特，别人才会越关注你。

经过前面的准备，就可以把要推广的图文并茂、排版清晰的软文帖准备好，发到目标论坛中，我们要让此帖被关注、有人参与，甚至成为热帖，就要通过制造话题、借力造势等方式，提升用户的参与热度，把推广软文做成精华帖，给网店带来流量，达到论坛推广的目的。

3. 邮件群发

首先要明确的是邮件群发这种网络推广方式是被允许的，而发垃圾邮件是被禁止的。通过许可 E-mail 方式把带有企业产品和服务信息的邮件发给客户，与做网站广告相比，会给客户以较深的印象，也更容易找到忠实的访客，如图 6.2.3 所示。

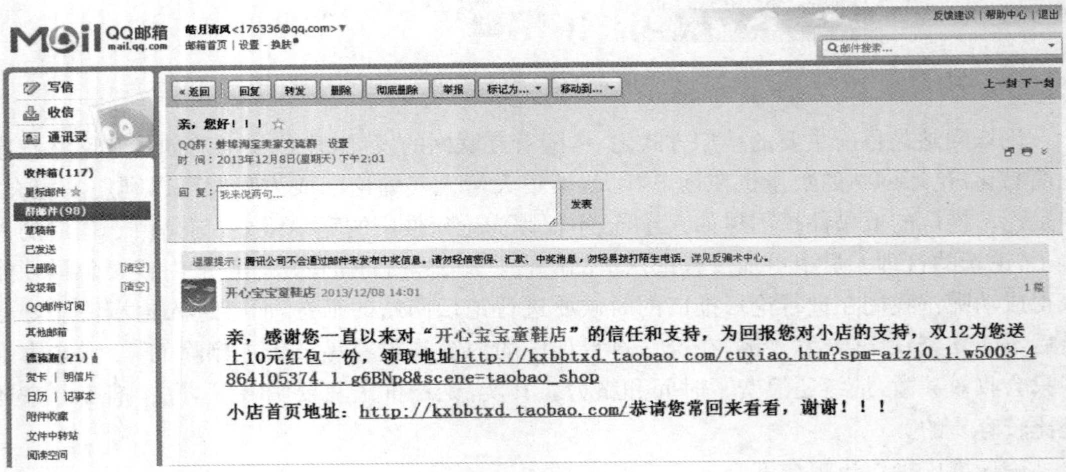

图 6.2.3　邮件营销

使用邮件群发需要一定的基础条件，主要是内部和外部的邮件列表。内部列表就是利用网店注册用户的电子邮件资料开展 E-mail 营销的方式，而外部列表主要是利用网上专业服务商提供的用户电子邮件资料进行营销的方式。

邮件推广是点对点的推广，是一种较好的网络推广方式，但坚持下去才能达到双向沟通交流的目的，平时要注意收集客户的电子邮件地址，因为收集的越多，就意味着更多的网店访问量。在发送工具上可以购买邮件群发软件或使用网上免费的电子邮件群发系统。

邮件群发操作流程如下：

(1) 邮箱地址的收集

收集的方法有很多种，可以收集自己网店中的注册用户邮箱，也可以用软件针对某个网站收集，或使用搜索引擎收集，还可以通过名片、黄页收集(这个更适合做营销)，根据自己的需要来定即可。

(2) 选择发送邮箱

常见的免费邮箱有网易126、网易163、QQ、新浪、搜狐、Gmail、Foxmail等邮箱。群发邮件如果量不多,可以在免费的web邮箱里进行,以163邮箱为例,登录邮箱后每次可以群发二十封信左右,不能多发,否则邮箱账号可能被封。建议使用支持SMTP的邮箱,通过Outlook等第三方邮件软件进行发送。

使用网易、新浪、搜狐、QQ等邮箱客户端进行发送,可以群发的邮件数量要多一些,每天可达几十封。

(3) 如何不进垃圾箱

邮件内容应避免广告词,每个邮件系统都有自己的一套广告关键词,如果你发送的内容包含了这些关键词,你的邮件很可能被列为广告邮件,特别是邮件内容带有商业性质的,或带有网址的。

(4) 邮件内容编写技巧

邮件推广并不一定需要广告词或带网址,例如只要在邮件签名中加入网址即可,这样避免邮件进入垃圾箱。

邮件标题要简短而又引人注意,如能写出对方的网名,则更能引起关注,内容例如可以这样写:××(××是对方的网名),你好,我最近做了个网店,但朋友说我在用户体验上有问题,好多人都不喜欢我的网店,能帮我分析分析吗?网址:××××。非常感谢。

这样发送邮件的好处是,写出对方的网名表明是专门发给他的,这样做不仅让他进你的网店浏览,还会收到有心人给你提的一些建议。所以说邮件内容也要别出心裁,多琢磨语句。邮件推广是点对点的推广,需要长期的沟通和积累。

4. 微博推广

现在是一个微博时代!新浪与腾讯微博的注册用户总数已接近4亿,日登录数超过了4000万。微博用户群是中国互联网使用的高端人群,这部分用户群是城市中对新鲜事物最敏感的人群,也是中国互联网上购买力最高的人群。

微博推广就是以微博作为推广平台,每一个听众(粉丝)都是潜在的营销对象,每个企业利用更新自己的微博向粉丝传播企业、产品的信息,树立良好的企业形象和产品形象。通过更新的内容就可以跟大家交流,或者就大家所感兴趣的话题进行互动,潜移默化中就可以达到营销的目的,如图6.2.4所示。

微博推广操作流程如下:

在进行微博推广时要首先进行平台的选择,国内较有影响的网站,如新浪、腾讯、网易、凤凰等都开通了微博平台,网店可以选取一个流量大、覆盖率高、关注度较多的平台进行推广营销;然后,在选定好的平台上注册开通微博,网店的官方微博名称可与店铺和品牌名称保持一致,这样做可以一目了然并方便搜索;在微博设置时,对于个人资料、个人标签等个性化设置要做到资料尽量完善,这样可使微博推荐具有同样标签的用户,以此增加社交圈;个人或企业开通微博时,通常需要进行实名认证,这样能够提升微博的权威性和知名度,提涨粉丝数量;现在一些微博也开通了电商平台版,以新浪微博电商版为例,开通后,微博页面可以直观显示商品价格、销量以及关注度,用户点击后,将会进入网店页面来最终完成交易。

图 6.2.4　微博营销

5. 微信推广

微信营销是近两年来发展的一种全新的网络营销方式，企业和个人通过微信平台面向粉丝、朋友圈开展营销推广、增加销售，相对于其他传统的互联网营销方式，微信推广的发展前景非常值得期待。

微信推广就是用户通过添加微信号、扫描二维码来订阅自己所需的消息，而商家通过提供用户需要的信息来推广自己的产品，形成点对点的营销方式。

微信推广可以实现点对点精准营销，它借助移动终端、天然的社交和位置定位等优势，向目标消费群体精准推送企业产品和服务的推广信息；用户可以通过扫描识别二维码来添加朋友、关注企业账号，企业则可以设定自己品牌的二维码，用折扣和优惠来吸引用户关注，开拓 O2O 的营销模式；通过微信开放平台，可以调用分享网店商品信息，进而实现口碑营销；微信推广还可以通过在微信公众平台上建设企业的商城与客户互动和实现品牌推广，微商城可以将企业信息、产品服务、促销信息、市场活动等信息通过微信直接展示给用户，甚至可以完成自动成交，如图 6.2.5 所示。

微信推广是网络经济时代伴随着微信火热兴起而快速发展的推广模式。微信无距离限制，用户注册开通微信后，可以与其他微信用户进行交流沟通，商家通过提供用户需要的信息推广产品，实现点对点的营销。

网店的微信推广是建立在微信公众账号、个人账号的基础上面向其他微信用户进行推广的方式。微信公众账号有三种：服务号、订阅号、企业号。

服务号用营业执照申请，申请成功就有自定义菜单，一个月可以群发 4 次。

订阅号用营业执照和个人身份证都能申请，认证成功才能开放自定义菜单，每天可以群发 1 次。

企业号用营业执照申请，主要是作为内部沟通，没认证的话只能添加 50 个用户，认证之后没有上限。

图 6.2.5　微商城

微信推广的具体步骤如下：

第一步，先把线下老客户以各种方式加进微信通讯录中。

第二步，因为个人可以申请订阅号，所以这个步骤我们以已经申请成功订阅号为例。基于订阅号的文案运营，其培养老客户的注意事项包括：注意时间节点；注意文案与产品的分开；注重文案的交叉和感恩内容；间接提出近期为回馈新老客户做活动，为后期活动推广做铺垫；活动文案最后，需要鼓励关注者分享到他的朋友圈进行二次曝光。

第三步，活动过程中的细节把控，如当与老客户交流到一定程度后，立即开展推广活动，因为在前期文章的铺垫当中，已经间接告诉了老客户会做活动，这样不会引起客户的反感。还有既然是老客户，那么只要产品没问题，用户体验满意，在活动推出后，老客户是愿意分享到朋友圈里的，形成口碑营销。

第四步，新客户（粉丝）的吸引：

① 产品包装上需要有活动的介绍及二维码，实体门店前台、餐桌等地方贴有二维码，结合服务员推荐实现“涨粉”。

② 微博活动的配合。

③ 在基于兴趣爱好的相关网民的聚集地，包括各大论坛：天涯、百度贴吧、新浪微吧、微群、猫扑等，做好造势推广，树立活动范围很广的形象。

④ 对于服务类型产品，通常基于地理位置开展营销，那么就需要主抓服务点附近的网友网上聚集地。

⑤ 淘宝店铺中的二维码推广。

⑥ 做好与微信大号的合作，基于共同利益的公众平台互推。

⑦ 身边的关系圈扩散。

⑧ 网站的活动公布和活动细节的内页展示。

⑨ 如果做了百度推广，可以适当投入去做百度网盟推广，还有就是 QQ 群、QQ 空间的扩散。如果资金充足，可以利用大众营销的户外广告进行展开。

特别注意：活动需要有周期性。

6. 直通车推广

"淘宝直通车"是淘宝网推出的一种搜索竞价模式,竞价结果可以在淘宝网(以全新的图片加文字的形式显示)上充分展示。每件商品可以设置关键字,卖家可以针对每个竞价词自由定价,并且可以看到在淘宝网的排名位置,并按实际被点击次数付费。

直通车推广是为淘宝卖家量身定制的,按点击付费的效果营销工具实现宝贝的精准推广。淘宝直通车推广,在给宝贝带来曝光量的同时,精准的搜索匹配也给宝贝带来了精准的潜在买家。

三、参考案例

御泥坊:塑造网上品牌的影响力

电商圈内流传这样一句话:"你的粉丝超过了100,你就是一本内刊;超过1000,你就是个布告栏;超过1万,你就是一本杂志;超过10万,你就是一份都市报;超过100万,你就是一份全国性报纸;超过1000万,你就是电视台。"社会化媒体中人人都是自媒体,每个粉丝节点都是一个活广告,时刻都在打造并传播明星品牌。社会化媒体开放、平等自由的环境,打破了品牌塑造和购买决策之间的壁垒,缩短了商家与消费者之间的距离,消费者的社会化口碑成就了网络品牌的塑造。

谈起护肤品牌,你的第一反应是什么?雅诗兰黛、迪奥、兰蔻等国际一线大牌?然而,有个国货原创网络品牌却奇迹般地挤进了百度搜索化妆品排行榜的50强,连续多年位居淘宝面膜类第一位,深受女性消费者的追捧。它的品牌名字叫御泥坊,它走进过湖南卫视的《天天向上》,上过央视购物街的精品网货。御泥坊是以湖南滩头特有的矿物泥浆研制并开发出的系列天然矿物护肤品品牌,致力于打造中国天然矿物养肤的第一品牌,成长于淘宝网络平台。那么它是如何从默默无闻的无名气产品,缔造为充满传奇的网络标杆性口碑品牌的呢?

众所周知,化妆品竞争异常激烈,众多二线品牌每年都在化妆品竞争的红海中苦苦挣扎。由于营销模式的落后和品牌感知的缺失,致使营销费用耗尽了企业腾飞所需的利润,而御泥坊却杀出了红海,快速获得消费者的信赖和品牌认可,御泥坊却定位于网络销售渠道,平民化的价格深受消费者青睐,没有大规模的广告轰炸,而是利用社会化网络力量,激发消费者进行口碑宣传,分享体验感受,传递品质和信任。

创业阶段:御泥坊推出了8款新产品,并通过包邮、免费试用等活动,让上万名消费者参与免费体验,同时鼓励消费者在博客、论坛上分享真实的使用体验和感受。尤其是美容护肤类的女性论坛,比如淘宝网论坛的美容护肤版块,正是精准密集的目标人群,让御泥坊口碑逐渐沉淀。消费者发自内心地在问:御泥坊面膜怎么样?御泥坊面膜好用吗?消费者骄傲地在炫耀:真人实拍御泥坊面膜的使用效果。这一切真实的、可信的品牌传播,滚雪球般地影响了越来越多的消费者。御泥坊善于利用论坛和博客中的意见领袖和活跃分子,让这些草根群体的代表发帖秀真实感受,影响普通潜在的消费者。同时,御泥坊联合论坛赞助组织冠名活动,提升品牌的可信度。据悉,开业不到3个月,销售额突破了70万元,其口碑在多家论坛超过了国际大品牌。

成长阶段:御泥坊慢慢地积累,信用等级逐渐从心到钻石到皇冠,后期进入了销量疯长阶段,线上线下双管齐下,品牌开始新的腾飞。线下通过与湖南卫视的《越淘越开心》、《天天向上》、《我是大美人》等专业化电视媒体节目合作，使品牌进入全方位立体化的传播。线上则大胆地尝试社会化媒体，成为第一批入驻淘江湖、新浪微博、腾讯微博的化妆品品牌，充分利用了社会化媒体的互动性和传播性，让消费者充分参与品牌的共建，鼓励消费者分享真实的使用感受以产生口碑传播。到底效果如何呢？看一组数据：据不完全搜索统计，新浪微博上关于"御泥坊"的品牌讨论信息超过10万条，淘宝上消费者分享的御泥坊面膜使用感受超过4万条。淘宝作为全球最大的C2C电子商务平台，有着浑然天成的优势，是御泥坊开展品牌营销的最佳接触点。为了维系与店铺顾客的关系，保持顾客的活跃度，提高品牌的知名度，御泥坊2010年在淘江湖上开通了官方主页。截至现在，御泥坊的掌柜说已积累了60万粉丝，这些粉丝都是店铺的潜在核心顾客，对御泥坊品牌的忠诚度和认可度非常高。掌柜说已成为御泥坊与消费者互动对话的平台，成为拓展新客户的新渠道，缩短了消费者与御泥坊品牌的距离。每次店铺有新品上架或优惠促销活动，消费者都能第一时间获知，并参与抢购。消费者每次购物后能够分享御泥坊面膜等产品的真实使用感受，好友能第一时间知道你推荐使用御泥坊面膜，并且效果很好。这种无形的良好口碑间接影响了好友对御泥坊的品牌认知，增加了好友对御泥坊的品牌好感。御泥坊官方掌柜说还定期组织粉丝互动活动，与消费者沟通对话，引导二次传播，产生品牌传播的"蝴蝶效应"。比如2011年3月，推出"御泥坊团爱情"主题活动，以"'80后'创意婚礼"事件为噱头，炒作打造"史上最牛'昏'礼""一罐泥巴定终身"的另类结婚故事，并联合淘江湖、淘帮派、论坛、新浪微博、腾讯微博等社会化媒体，多个平台联合互动，消费者可在淘江湖、新浪微博等多个平台参与发表新人祝福。据悉，此条新浪微博累计转发超过2万次，评论数超过1万条。淘江湖叽歪转发评论超过7000次，间接影响了上万人，累计引入店铺的流量占当天店铺流量的2.5%。除了新浪微博、淘宝掌柜说，御泥坊还全面出击，比如开通开心网的官方机构、腾讯微博等。论坛、微博、SNS网站成为御泥坊口碑传播的三大新营销战场。

四、实训操作方法

① 学习实训原理。网店没有地段之分，也没有楼层之别，所有店铺的商品在交易平台上的展示机会都是均等的，差别只是在于是否持之以恒地推广店铺，并采用各种行之有效的营销方式不断扩大店铺的影响力，吸引消费者。网店的推广是指运用一定媒介，有计划地进行网店传播活动，让客户知道、了解网店，进而选择网店。

② 了解商业信息传播要素，理解信息传播者的内涵，分析潜在目标消费群体的需求。

③ 了解传播条件，结合给定的任务完成店铺推广方案的设计与实施。

五、实训项目任务

实训项目：网店推广

1. 网店推广任务

① 学生完全理解各类推广渠道和推广方法。

② 合理设计网店推广方式。

③ 准确选择推广渠道。

④ 撰写网上推广策划书。

2. 网店促销活动

① 合理促销网店活动。
② 形成促销活动文案。
③ 促销广告设计。

网店推广背景资料

小王是一名电子商务专业的在校大学生，因为课外时间比较自由，小王自己开了一家经营户外用品的网店，一方面可能通过经营网店对自己所学到的专业知识进行实践，另一个方面也可以赚一些零花钱改善自己的生活水平。可是网店开起一个月了，却始终没有一个订单，小王非常烦恼，为此小王请教了一位经营网店多年的师兄，师兄告诉小王，如果想要店铺有订单，只是把网店开起来是远远不够的，还需要对网店进行推广。

六、预习要求与思考题

预习实训原理，熟悉网上推广的渠道与方法，为开展实训项目研究做好准备。

七、实训成绩评价

学生必须在规定的时间内完成实训任务，并提交《×××产品网上推广策划书》方可参加考核。考核成绩由指导教师根据学生在实训期间的表现以及学生实训任务完成情况进行综合评定。最终成绩按“优秀”“良好”“中等”“及格”“不及格”五个等级评定。90 分及以上为“优秀”，80～89 分为“良好”，70～79 分为“中等”，60～69 分为“及格”，59 分及以下为“不及格”。具体评分标准如表 6.2.1 所示。

表 6.2.1 评分标准

评 分 标 准	满 分
1. 作风务实，积极参与团队研讨，按规定内容及进度开展各项工作，按时完成策划项目任务	20
2. 能独立查阅相关文献，进行网上推广渠道和方法的调研，有综合、收集和正确利用各种信息的能力	20
3. 网上推广项目任务与网上促销活动任务的完成情况	40
4. 网上推广策划书逻辑性好、编制符合要求；方案阐述语言准确，表达清楚	20

任务三　网络市场调研实训

一、实训目的

通过本项实训可以使学生掌握在线调研问卷设计的方法与技巧，理解在设计问卷过程中应当注意的问题，掌握在线调研问卷发布与回收的途径和方式。学生能够通过网络调研收集信息、整理数据，从而为市场调研报告的撰写打下良好的基础。

二、实训原理

（一）网络市场调研的步骤

市场营销的起点是市场调查，网络营销的起点是基于网络市场的调研。利用互联网开展问卷设计、发放、回收，有效地收集数据、整理分析研究并撰写调查报告是企业开展网络营销活动的前提条件。

基于互联网的网络市场调研与传统市场调研一样，需要按照一定的方法步骤，确保调研流程的可靠性和准确性。网络市场调研的一般步骤如图 6.3.1 所示。

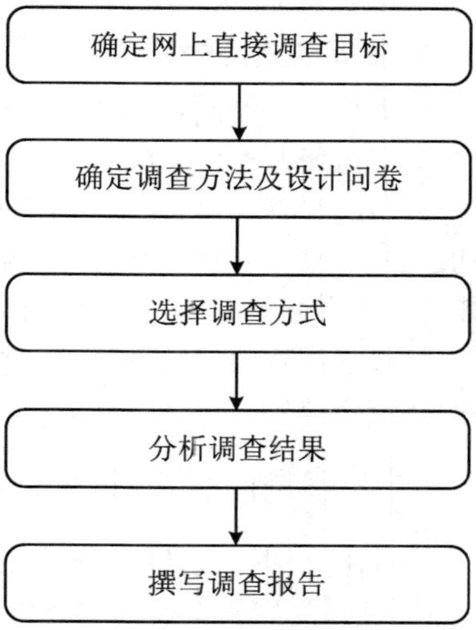

图 6.3.1　网络市场调研一般步骤

1. 明确问题与确定调研目标

网络市场调研是一个系统且相互联系的过程，调查问题的界定和调查目标的确定是最重要的第一步。只有明确需要调研的问题，确定调研目标，才有可能正确地设计和实施网络市场调研。开始进行网络市场调研前，首先明确需要调查了解的内容，即希望通过调查得到什么样的结果。例如，客户的消费心理、消费行为、购物习惯、对产品的印象、产品竞争情况、企业的形象、对产品的评价等。还可进一步调查了解谁最有可能想在网上购买使用企业的产品或服务、企业在行业中的地位如何、企业的客户对其他竞争者的印象如何、企业如何提高网络品牌忠诚度等。

2. 确定调查对象

首先要对被调查对象进行定位。由于接受网上调查的消费者的文化层次、年龄结构、经济条件等都存在着较大的差异，如果对调查对象的定位不准确，收集的信息就不会具有针对性，可能会使调查的效果大打折扣。网络调查的对象一般分为：企业产品的目标消费群体及潜在消费者、企业的竞争者、企业的合作者等。

3. 制订调研计划

制订调研计划主要包括确定资料来源、确定调查方法、确定抽样方案、设计调查问卷、测试与检查问卷五项内容。

4. 收集信息

网络通信技术和移动互联网的突飞猛进使得资料收集方法迅速发展，因为没有时空和地域的限制，所以网络市场调研可以在全国，甚至全球进行。同时，收集信息的方法也很简单，直接在网上递交或下载即可。这与传统市场调研的收集资料方式有很大的区别。如某公司要了解各国对某一国际品牌的看法，只需要在一些与本公司产品相关并且流量较大的站点发布广告，把链接指向公司的调查表就可以了，无须像传统市场调研那样去找不同的代理分别实施。诸如此类的调查如果利用传统的方式，困难是无法想象的。

问卷形式的网上调查，通常是信息填写完毕后使用表单中的提交功能，把调查信息传输至相关的数据库，网关程序可以监控被调查者填写的资料是否完整、正确，若有遗漏，可以拒绝提交，并要求补填、重填。

5. 信息处理

营销调查人员对信息收集完成后应尽快进行数据的整理分析和研究，以保证调查的时效性，通过筛选、分类、整理等定量、定性的方法从数据中提取出与调查目标相关的信息，其中需要使用一些数据分析技术，如交叉列表分析、概括、综合指标分析和动态分析等。目前，较为通用的统计软件有 SPSS、EViews、SAS、Excel 等，使用这些软件进行统计与分析研究，以掌握市场动态、探索解决问题的措施和方法。

6. 撰写调查报告

调查报告是对调查问卷所得到的结果进行系统的整理与分析研究，然后以书面形式向企业汇报市场调查情况的一种文书。撰写调查报告前必须了解调查报告的特点，掌握调查报告撰写的步骤、方法，然后在分析调查结果的基础上对调查的数据和结论进行系统的市场分析，直观地反映市场的动态。调查报告不是数据和资料的堆砌，而是市场调查成果的最终体现，它要求调查者在对所获资料分析的基础上，对所调查的问题做出结论。调查报告的内容一般包括调查的目的、调查的对象、方法与过程，通过调查发现的问题及原因分析，解决问题的对策建议等。

（二）调查问卷设计的步骤

① 首先根据调研目的，收集相关研究的资料并充分阅读。
② 然后确定拟调研的问题内容，即问题的设计和选择。
③ 撰写问卷。
④ 确定问题的提问顺序并编辑排版。
⑤ 问卷的测试与检查。
⑥ 问卷定稿。

（三）调查问卷的基本格式

1. 问卷标题

问卷的标题要能概括地说明调研主题，使被访者对所要回答的问题有一个大致的了解。

确定问卷标题既要简明扼要，又能点明调研对象或调研主题。

2. 问卷说明

在问卷的卷首一般有一个简要的说明，主要说明调研意义、内容和选择方式等，以消除被访者的紧张和顾虑。问卷的说明要力求言简意赅，文笔亲切又不太随便。

3. 问卷主体

调研主题内容是按照调研设计逐步逐项列出调研的问题，是调研问卷的主要部分，这部分内容影响整个调研价值的高低及后续数据统计分析工作的准确性。

4. 结束语或致谢

一般来说，问卷的结尾最好能加上致谢语，以感谢被调查对象的配合。

通常的做法是在调查问卷最后，简短地向被调查者强调本次调查活动的重要性以及再次表达谢意。例如：为了保证调查结果的准确性，请您如实回答所有问题。您的回答对于我们得出正确的结论很重要，希望能得到您的配合和支持，谢谢！

（四）调查问卷设计的注意事项

市场调查是市场运作中不可缺少的一个重要环节，而问卷调查是市场调查中最常用、最有效的一种方法，只有在进行了深入彻底的问卷调查后，营销策划和市场运作才有规可循。

开始问卷设计时必须首先明确调查目的和内容，问卷题目设计要有针对性，同时考虑数据统计和分析是否易于操作；问题的安排要先易后难、先简后繁，被调查者熟悉的问题在前；提出的问题要具体，避免提一般性的问题；一个问题只能有一个问题点；要避免设计带有主观倾向性或暗示性的问题；先一般性问题，后敏感性问题；先泛指问题，后特定问题；先封闭式问题，后开放式问题；要考虑问题的相关性；提问中使用的概念要明确，要避免使用有多种解释而没有明确界定的概念；避免提出断定性的问题；一些问题不要放在问卷之首，如关于被访者的私人资料、生活态度的问题等。

（五）调研报告的结构

1. 标题

标题可以有两种写法。一种是规范化标题，即“发文主题”加“文种”，基本格式为“××关于××××的调查报告”“关于××××的调查报告”“××××调查”等。另一种是自由式标题，包括陈述式、提问式和正副题结合使用三种。

2. 正文

正文一般分前言、主体、结尾三部分。

（1）前言

有三种写法，第一种是写明调查的起因或目的、时间和地点、对象或范围、经过与方法，以及人员组成等调查本身的情况，从中引出中心问题或基本结论来；第二种是写明调查对象的历史背景、大致发展经过、现实状况、主要成绩、突出问题等基本情况，进而提出中心问题或主要观点来；第三种是开门见山，直接概括出调查的结果，如肯定做法、指出问题、提示影响、说明中心内容等。前言起到画龙点睛的作用，要精练概括，直切主题。

(2) 主体

这是调查报告最主要的部分，这部分详述调查研究的基本情况、做法、经验，以及分析调查研究所得材料中得出的各种具体认识、观点和基本结论。

(3) 结尾

结尾的写法也比较多，可以提出解决问题的方法、对策或下一步改进工作的建议；或总结全文的主要观点，进一步深化主题；或提出问题，引发人们的进一步思考；或展望前景，发出鼓舞和号召。

(六) 基于问卷星网上调研网站开展问卷调研

第一步：免费注册成为问卷星会员。

首先，登录问卷星首页(http://www.sojump.com)，单击页面正中“免费注册”链接。

其次，进入注册页面，输入用户名、密码、电子邮箱即可成功注册。

再次，登录进入问卷星开始自助创建问卷。

第二步：创建新问卷，问卷星共有创建空白问卷、选择问卷模板、导入问卷文本、录入问卷服务四种创建方式可供选择，如图 6.3.2 所示。

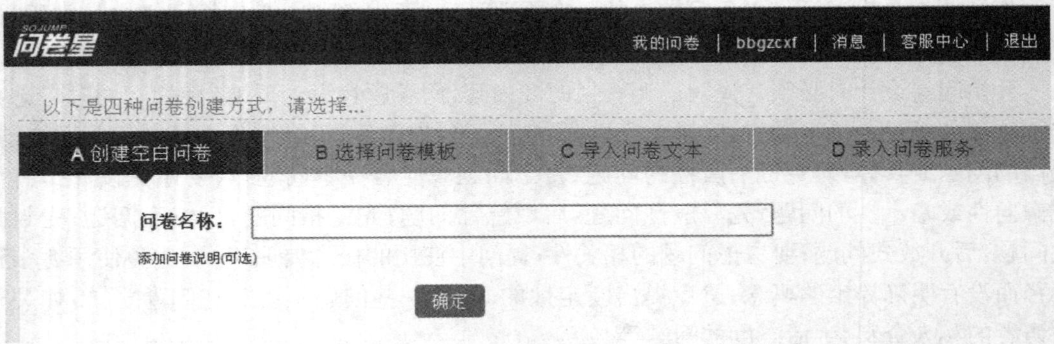

图 6.3.2　问卷星创建新问卷的四种方式

1. 创建空白问卷

在图 6.3.2 中选择“A 创建空白问卷”按钮，在问卷名称栏内输入问卷名称(标题)，点击“确定”，出现如图 6.3.3 所示画面。

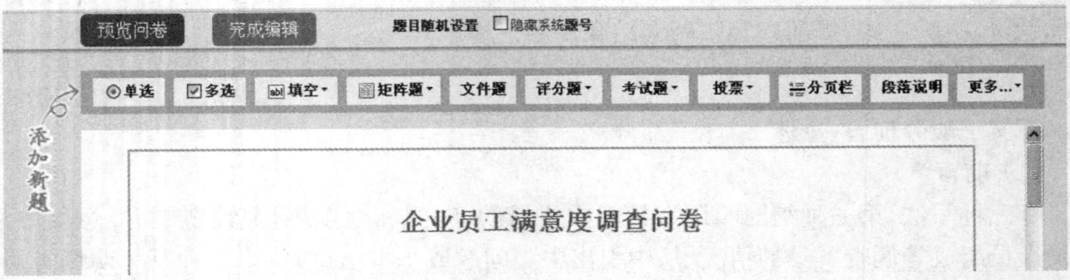

图 6.3.3　批量添加题目页面

按照页面菜单栏所示题型选项，根据自己设计的问卷内容依次选择添加新题，问卷题目全部添加输入完毕，点击页面左上“完成编辑”按钮并发布问卷。

2. 选择问卷模板

在图 6.3.2 中选择“B 选择问卷模板”按钮，进入如图 6.3.4 所示页面，选择问卷模板就是可以调用问卷星内现成的模板问卷，可以从问卷星丰富的模板数据库内选择与自己调查问卷内容相近的模板，点击页面下部“以此问卷为模板创建问卷”按钮，即可把模板问卷导入到编辑状态，对其做相应修改，然后点击该页面左上“完成编辑”按钮并发布问卷。

图 6.3.4　选择问卷模板

3. 导入问卷文本

在图 6.3.2 中，选择“C 导入问卷文本”按钮，进入如图 6.3.5 所示页面，将已准备好的问卷文档复制到如图 6.3.5 所示的文本框中，点击“确认预览”然后选择“编辑问卷”或“发布问卷”。

4. 录入问卷服务

如果没有时间创建问卷，在图 6.3.2 中，选择“D 录入问卷服务”按钮后只需上传问卷文档，问卷星可以在半个工作日内有偿帮助录入问卷，开启调查。

第三步：设计并发布问卷。

在问卷完成编辑修改后，就进入到如图 6.3.6 所示问卷发布页面，此页面内有五个选项按钮。

在发布之前你还可以对问题外观、页面进行编辑，满意后就可以发布点击“修改问卷选项”，可以对问卷继续进行编辑修改；点击“问卷设置”选项，可以设置问卷的标题和描述、问卷奖品信息、开始和结束时间、提交答卷后的感谢信息、公开级别、防重复填写、密码保护等相关参数；点击问卷外观，可以设置问卷背景主题、文字主题、页眉页脚、自定义文字样式等；点击“测评结果设置”按钮，可以添加测评结果和建议。对问卷编辑修改设置好以后，最后点击“发布此问卷”按钮。

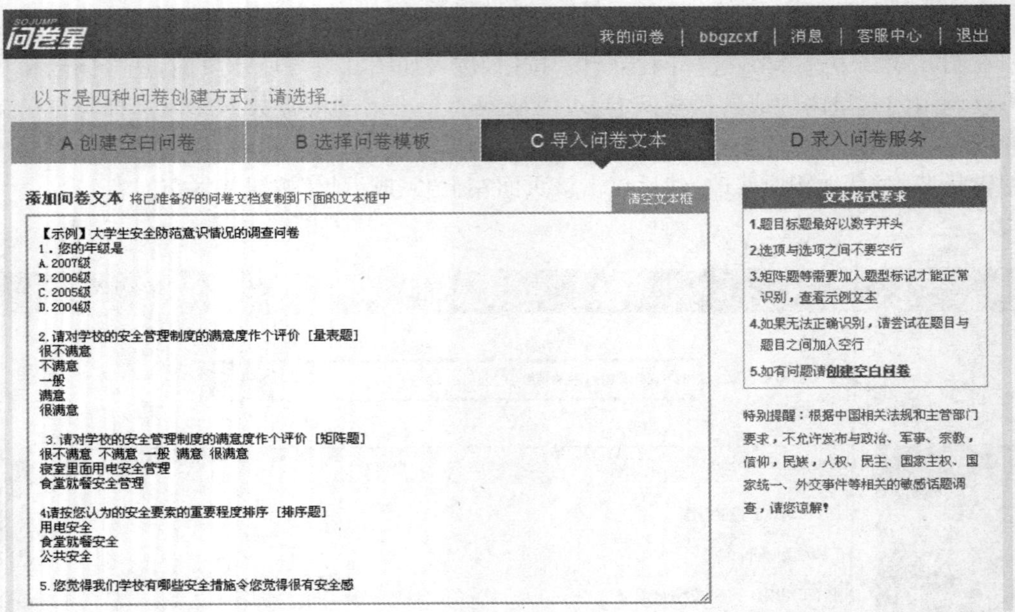

图 6.3.5　导入问卷文本

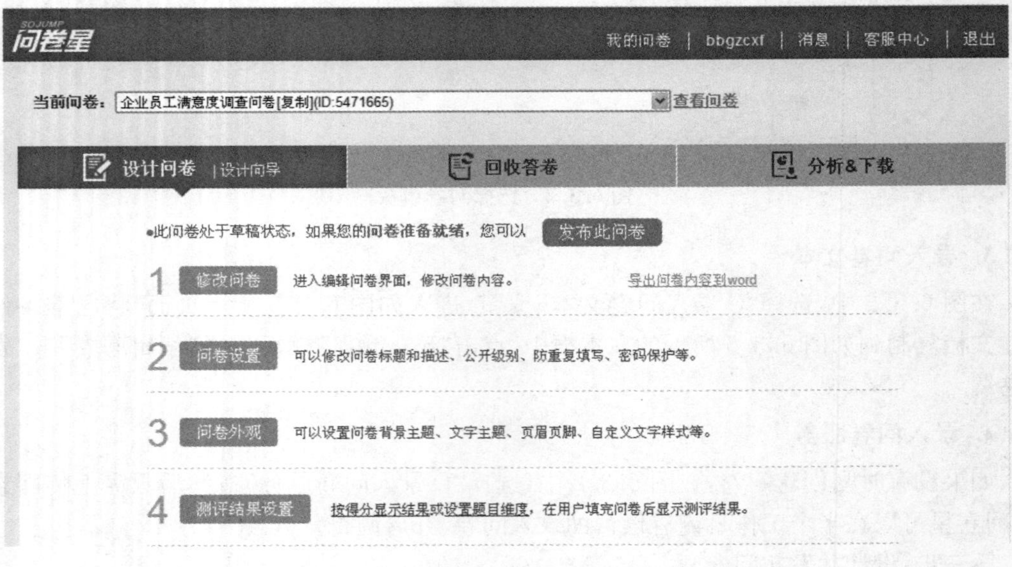

图 6.3.6　发布问卷页面

第四步：回收问卷。

在回收问卷页面，如图 6.3.7 所示，这里显示了几种方式：复制问卷链接就是把问卷地址上传发送至 QQ 空间、新浪微博、QQ 好友、人人网、豆瓣等社交媒体上，请别人帮助填写；也可以发布问卷的二维码，通过微信扫一扫功能，发布至朋友圈，请朋友来帮助填写；还能够以手机短信方式定向邀请别人来填写问卷；互填问卷可以在互填问卷社区内帮助别人填写，别人也能够帮自己填写；样本服务和申请推荐属于有偿性服务，对于需要比较精准的目标人群来填写而又有一定预算的项目可以考虑使用。

填写好后，点击问卷底部“提交”按钮，即可把试卷传回管理后台。

图 6.3.7 回收问卷环节

第五步：分析和下载答卷。

问卷填写完成后，点击问卷底部“提交”按钮，即可把问卷传回管理后台。接着，我们就可以开始对问卷进行分析统计和研究，如图 6.3.8 所示，可以选择使用平均分、表格、条形图、饼状图、柱状图、折线图等统计工具进行统计，也可以使用专业 SPSS 分析服务对问卷内容进行深入的数据研究，相关统计图表可以直接在市场调研报告中使用。另外，还可以下载答卷，并对答卷来源进行相关性分析。

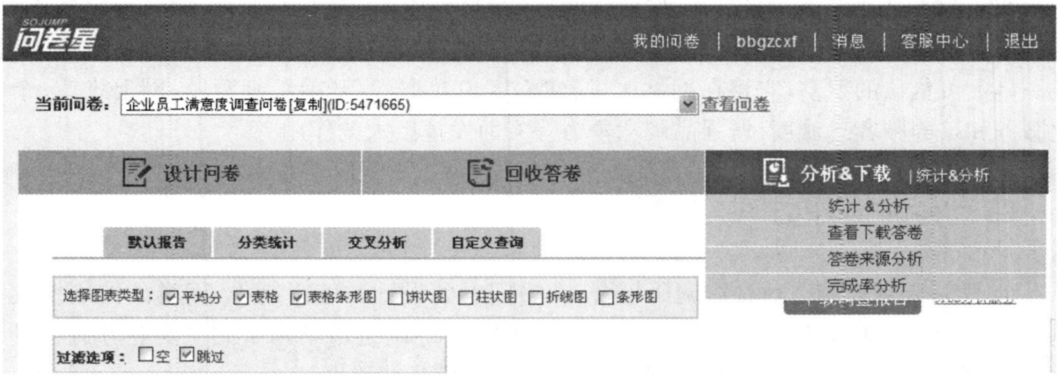

图 6.3.8 问卷统计分析页面

三、参考案例

可口可乐公司的网上市场调研

互联网的出现对任何一个知名企业的产品和品牌都构成了新的挑战。对可口可乐公司而言,公司网站、电子邮件、公司官方微博、微信企业号等技术不仅只是传统经营模式的补充,还是成败攸关的重要因素。可口可乐首席执行官艾华士一直认为,接触大量的市场信息和消费者信息,是进行企业经营实施决策必不可少的。“我们要做的事情是与消费者沟通,从我们得到的资料看来,我们与顾客的关系正在变得越来越密切。”这也许就是可口可乐建立营销型网站和网站运行的准则。

可口可乐公司在网络营销上是极其认真的,它在网上渗透和扩展的意图也是十分强烈的,从与网民的交互中获得信息的欲望也是实实在在的。

可口可乐网站曾经在网络调查问卷专页中设计了如下一些问题:

您最常访问哪些类网站(科学、商业、政府、卫生、教育、新闻、运动、娱乐、游戏、地理……)?

您是如何找到可口可乐网站的(搜索引擎,从报纸或杂志上看到的,从朋友处听到的,从一个您本人不太喜欢的人处听到的,本人是可乐迷专程找上门来的,只是偶然撞上的,从别的网站链接过来的)?

您最后一次访问本站是什么时候(昨天、上周、上个月、很久以前)?

您访问过本站几次(1～2 次、3～6 次、6 次以上)?

您最喜欢本站的哪些页面或栏目(选择目录……)?

您认为本站哪些页面或栏目不需要(选择目录……)?

您认为本站还应增加哪些内容(游戏、不同品牌的信息、可下载的新资料/旧素材、其他内容、建站者信息公司网站……)?

您认为本站在网上排名第几(您所访问过的前 5%以内、前 10%以内、排名再后些)?

所有这些数据对于任何认真开展网络营销,同时又拥有一支数据分析队伍的企业来说,是一笔无可估量的财富,它将在网站改进、建立客户数据库、开展精细营销、网上推广、个性化服务和培养顾客忠诚度、增强品牌竞争力等方面发挥巨大的作用。

四、实训操作方法

① 学习实训原理。对在线调研平台、调查问卷的设计与编辑制作、问卷的网络发放渠道、回收问卷、整理分析研究调研数据、撰写调研报告等网络市场调研的主要业务流程进行学习、分析与总结,并结合自己的实际情况做出网络市场调研报告。

② 在教师给定的项目范围内结合自己的兴趣选定小组研究项目。

五、实训项目任务

实训项目：网络市场调研

① 分组进行项目研究，每组 6～8 人，结合自己兴趣选定小组研究的样本企业项目。

② 各组长与组员讨论样本企业的网络市场调研任务。

③ 制订网络市场调研方案，确定相应的调查提纲和调查方法。

④ 基于问卷星在线调研平台（http://www.sojump.com）设计在线调研问卷，开展企业的网络市场调研。

⑤ 发布问卷。

⑥ 收集并分析数据。

⑦ 提交调查结果。

⑧ 各小组组长带领组员紧密合作，撰写网络市场调研报告。

六、预习要求与思考题

预习实训原理，熟悉网络市场调研的操作方法、流程，为开展实训项目研究做好准备。

七、实训成绩评价

学生必须在规定的时间内完成实训任务，并以小组为单位提交《×××网络市场调研报告》方可参加考核。考核成绩由指导教师根据学生在实训期间的表现以及学生实训任务完成情况进行综合评定。最终成绩按"优秀""良好""中等""及格""不及格"五个等级评定。90 分及以上为"优秀"，80～89 分为"良好"，70～79 分为"中等"，60～69 分为"及格"，59 分及以下为"不及格"。具体评分标准如表 6.3.1 所示。

表 6.3.1　评分标准

评 分 标 准	满　分
1. 遵纪守法，认真参加项目研究，有团队合作意识	30
2. 按照实训任务分配要求完成网络市场调研报告任务	40
3. 网络市场调研报告内容完整、规范	30

第二部分

综合技能实训指导

项目七　市场调研实训指导

项目概述

市场调研综合实训以市场需求、市场竞争者情况、消费者或用户购买行为、企业内外部环境和企业营销因素影响情况为对象设计实训任务，使学生对企业的市场调查与预测过程有一个系统、完整的认识，并熟练掌握企业市场调查与预测的基本程序和基本方法，从而达到将所学的市场调查与预测专业理论知识和实际操作方法融会贯通的目的。

实训重点

培养学生用科学的方法和创造性思维，对市场需求、市场竞争者情况、消费者或用户购买行为、企业内外部环境和企业营销因素影响情况进行调查、收集、整理和初步分析的能力，训练学生表述调查成果，形成市场调查报告的能力。

实训难点

1. 对市场需求、市场竞争者情况、消费者或用户购买行为的调查、研究、分析的能力培养。
2. 对企业内外部环境和企业营销因素影响情况的调查、研究、分析能力的培养。
3. 对表述调查结果形成市场调查报告能力的培养。

任务　市场调研

一、实训目的

通过市场调查和预测的实训，了解市场调查和预测的含义，掌握市场调查与预测的基本原理、方法和步骤，以及调查报告的写作方法。

二、实训原理

(一) 市场调查的原理与方法

1. 市场调查的基本概念

市场调查就是以科学的方法、客观的态度，明确研究市场营销有关问题所需要的信息，有效地收集和分析这些信息，为决策部门制订更加有效的营销战略和策略提供基础性的数据和资料。市场调查包括市场环境调查、市场状况调查、销售可能性调查，还可对消费者及消费需求、企业产品、产品价格、影响销售的社会和自然因素、销售渠道等开展调查，包括以下几层含义：

① 市场调查是一种有目的、有计划的认识市场的活动。

② 市场调查的具体对象是市场，重点调查对象是消费者市场。

③ 市场调查需要借助一套科学的方法，在科学的程序基础上选择正确的调查方法(文案调查法、观察法、询问法、实验法)。

④ 市场调查是为企业市场预测和经营决策服务的。

2. 市场调查的基本内容

市场调查的内容涉及市场营销活动的整个过程，主要有：

(1) 市场环境调查

市场环境调查主要包括经济环境、政治环境、社会文化环境、科学环境和自然地理环境等。具体的调查内容可以是市场的购买力水平、经济结构、国家的方针政策和法律法规、风俗习惯、科学发展动态、气候等各种影响市场营销的因素。

(2) 市场需求调查

市场需求调查主要包括消费者需求量调查、消费者收入调查、消费结构调查、消费者行为调查，包括消费者为什么购买、购买什么、购买数量、购买频率、购买时间、购买方式、购买习惯、购买偏好和购买后的评价等。

(3) 市场供给调查

市场供给调查主要包括产品生产能力调查、产品实体调查等。具体为某一产品市场可以提供的产品数量、质量、功能、型号、品牌等，生产供应企业的情况等。

(4) 市场营销因素调查

市场营销因素调查主要包括产品、价格、渠道和促销的调查。产品的调查主要有了解市场上新产品开发的情况、设计的情况、消费者使用的情况、消费者的评价、产品生命周期阶段、产品的组合情况等。价格的调查主要有了解消费者对价格的接受情况，对价格策略的反应等。渠道的调查主要包括了解渠道的结构、中间商的情况、消费者对中间商的满意情况等。促销活动的调查主要包括各种促销活动的效果，如广告实施的效果、人员推销的效果、营业推广的效果和对外宣传的市场反应等。

(5) 市场竞争情况调查

市场竞争情况调查主要包括对竞争企业的调查和分析，了解同类企业的产品、价格等方面的情况，它们采取了什么竞争手段和策略，做到知己知彼，通过调查帮助企业确定竞争策略。

（二）市场调查的基本方法和基本步骤

1. 市场调查的基本方法

（1）按调查范围来分

按市场调查范围来分，市场调查可分为市场普查、抽样调查和典型调查三种方法。市场普查，即对市场进行一次性全面调查，这种调查量大、面广、费用高、周期长、难度大，但调查结果全面、真实、可靠。抽样调查，据此推断整个总体的状况。比如经销一种小学生食品和用品，完全可选择一两个学校的一两个班级的小学生进行调查，从而推断小学生群体对该种产品的市场需求情况。典型调查，即从调查对象的总体中挑选一些典型个体进行调查剖析，据此推算出总体的一般情况。如对竞争对手的调查，你可以从众多的竞争对手中选出一两个典型代表，深入研究了解，分析它的内在运行机制和经营管理优缺点、价格水平和经营方式，而不必对所有的竞争对手都进行调查，这样的话难度大，时间长。

（2）按调查方式来分

按调查方式来分，市场调查可分为访问法、观察法和试销或试营法。访问法，即事先拟定调查项目，通过面谈、信访、电话等方式向被调查者提出询问，以获取所需要的调查资料。这种调查简单易行，有时也不见得很正规，在与人聊天闲谈时，就可以把你的调查内容穿插进去，在不知不觉中进行着市场调查。观察法，即调查人员亲临顾客购物现场，如商店和交易市场，亲临服务项目现场，如酒店内和客车上，直接观察和记录顾客的类别、购买动机和特征、消费方式和习惯，商家的价格与服务水平、经营策略和手段等，这样取得的一手资料更真实可靠。要注意的是你的调查行为不要被经营者发现。试销或试营法，即对拿不准的业务，可以通过营业或产品试销，来了解顾客的反应和市场需求情况。

2. 市场调查的基本步骤

市场调查是由一系列收集和分析市场数据的步骤组成的。某一步骤做出的决定可能影响其他后续步骤，某一步骤所做的任何修改往往意味着其他步骤也可能需要修改。市场调查程序一般按如下步骤进行：① 确定问题与假设；② 确定所需资料；③ 确定收集资料的方式；④ 抽样设计；⑤ 数据收集；⑥ 数据分析；⑦ 调查报告。

（1）确定问题与假设

由于市场调查的主要目的是收集与分析资料以帮助企业更好地做出决策，以减少决策的失误，因此调查的第一步就要求决策人员和调查人员认真地确定和商定研究的目标。俗话说："对一个问题做出恰当定义等于解决了一半。"在任何一个问题上都存在着许许多多可以调查的事情，如果对该问题不做出清晰的定义，那收集信息的成本可能会超过调查提出的结果价值。例如某公司发现其销售量已连续下降达 6 个月之久，管理者想知道真正原因究竟是什么：是经济衰退？广告支出减少？消费者偏爱转变？还是代理商推销不力？市场调查者应先分析有关资料，然后找出研究问题并进一步做出假设、提出研究目标。假如调查人员认为上述问题是消费者偏爱转变的话，再进一步分析、提出若干假设。例如：① 消费者认为该公司产品设计落伍；② 竞争产品品牌的广告设计较佳。

做出假设、给出研究目标的主要原因是为了限定调查的范围，并由将来调查所得出的资料来检验所做的假设是否成立，写出调查报告。

（2）确定所需资料

确定问题和假设之后，下一步就应决定要收集哪些资料，这自然应与调查的目标有关。例如：① 消费者对本公司产品及其品牌的态度如何？② 消费者对本公司品牌产品价格的看法如何？③ 本公司品牌的电视广告与竞争品牌的广告，在消费者心目中的评价如何？④ 不同社会阶层对本公司品牌与竞争品牌的态度有无差别？

（3）确定收集资料的方式

若要制订一个收集所需信息的最有效的方式，则其需要确定数据来源、调查方法、调查工具、抽样计划及接触方法。如果没有适用的现成资料（第二手资料），原始资料（第一手资料）的收集就成为必须步骤。采用何种方式收集资料，这与所需资料的性质有关，它包括实验法、观察法和询问法。前面例子谈到的所需资料是关于消费者的态度，因此市场调查者可采用询问法收集资料。对消费者的调查，采用个人访问方式比较适宜，便于相互之间深入交流。

（4）抽样设计

在调查设计阶段就应决定抽样对象是谁，这就提出了抽样设计问题。其一，究竟是概率抽样还是非概率抽样，这要视该调查所要求的准确程度而定。概率抽样的估计准确性较高，且可估计抽样误差，从统计效率上来说，自然以概率抽样为好。不过从经济观点来看，非概率抽样设计简单，可节省时间与费用。其二，一个必须决定的问题是样本数目，而这又需考虑到统计与经济效率问题。

（5）数据收集

数据收集必须通过调查员来完成，调查员的素质会影响到调查结果的正确性。调查员以大学的市场学、心理学或社会学的学生最为理想，因为他们已受过调查技术与理论的训练，可降低调查误差。

（6）数据分析

资料收集后，应检查所有答案，不完整的答案应考虑剔除，或者再询问该应答者，以求填补资料空缺。

资料分析应将分析结果编成统计表或统计图，方便读者了解分析结果，并可从统计资料中看出与第一步确定问题假设之间的关系。同时又应将结果以各类资料的百分比与平均数形式表示，使读者对分析结果形成清晰对比。不过各种资料的百分率与平均数之间的差异是否真正有统计意义，应使用适当的统计检验方法来鉴定。例如，两种收入家庭对某种家庭用品的月消费支出，从表面上看有差异，但是否真有差异可用平均数检定法来分析。资料还可运用相关分析、回归分析等一些统计方法来分析。

（7）调查报告

市场调查的最后一步是编写一份书面报告。一般而言，书面调查报告可分两类：① 专门性报告；② 通俗性报告。

专门性报告的读者是对整个调查设计、分析方法、研究结果以及各类统计表感兴趣者，他们对市场调查的技术已有所了解。而通俗性报告的读者主要兴趣在于听取市场调查专家的建议，例如一些企业的最高决策者。

3. 市场调查和预测的作用

就市场调查和预测作为一项独立的工作来说，其具体作用是可以列举的。这里，我们从市场调查和预测联系的角度，综合地看其作用。在我国，它的作用主要体现为以下几个方面：

（1）市场调查和预测为制订科学的计划和政策提供依据

国民经济和社会发展计划与规划必须依据统计资料，即必须根据我国过去和现在的各种国民经济和社会发展的统计指标，结合实际来制订计划和规划，否则计划和规划就会脱离实际，缺少科学性和可行性。市场调查资料是其中重要的资料，在社会主义市场经济条件下，市场的统计和调查资料最集中地反映出商品生产的数量、结构，商品的供求关系等；另一方面，国民经济和社会发展计划与规划还必须依据经济预测结果，即根据对未来一定时期经济情况的预计和估计，来制订各项计划与规划，否则也会使计划脱离实际，缺少科学性和可行性。

在社会主义市场经济建立、发展和完善的过程中，党和政府要根据社会主义市场经济发展的实际，制定各种政策，促进社会经济的发展，规范社会经济行为。科学的政策，适应社会经济可持续发展大趋势的政策，都必须以具有充分的、翔实的资料为基础。在社会主义市场经济条件下，市场调查和预测的资料对于政策制定者来说，是最直接、最综合地反映市场的，是制定各项政策所不可缺少的依据。科学系统的市场调查和预测资料无疑为决策和政策的科学性提供了保证。

（2）市场调查和预测是管理决策与提高经济效益的必要条件

正确的管理决策能够使经济活动取得成功，不适当的或错误的决策，则使经济活动造成损失或失败。而正确决策的前提之一，就是对经济做出科学的调查和预测。在社会主义市场经济中，经济调查和预测的具体内容之一就是对市场做出科学的调查和预测。没有科学的市场调查和预测结果为依据，必然会导致盲目的、主观的不合理决策；有了科学的市场调查和预测，才能使科学的决策有基础、有依据，使决策取得预期的效果。

市场调查和预测可以为商品营销部门或企业提供一定时间、一定空间、一定商品需求数量及其他有关信息，是它们组织营销活动的重要依据之一，根据市场调查和预测结果所进行的商品营销活动，大大减少了盲目性，增强了自觉性，必然给商品营销部门或企业带来较高的经济效益，也促进了商品流通，满足了消费者的需要。

（3）市场调查和预测对社会生产的合理化促进作用

随着我国经济体制改革和对外开放的继续发展，随着人民群众收入水平的提高，我国的社会需求会不断发展变化。需求总量的增长，需求的多样化、多层次化将越来越突出，这就要求我国的生产也要不断增长，各种商品的生产朝着多样化、多层次化方向发展，这样市场调查和预测起到了重要的作用。它为社会生产提供准确的、全面的、系统的调查和预测数据，大大减少了生产的盲目性，增强了自觉性或有序性。

市场调查和预测对社会生产的重要作用，表现在社会生产的各个部门。首先，根据城乡居民的收入水平，可以调查预测消费品的需求总量；同时根据居民消费资料，还可以调查预测各类消费品需求量及各种主要消费品的需求量。通过这些市场调查和预测工作，为生产城乡居民消费品的各生产行业，为生产各类消费品的生产企业提供信息，减少生产数量、结构、品种中的盲目性，提高生产自觉性，生产出更多的人民生活需要的消费品，使消费品的生产部门紧密结合起来。其次，市场调查和预测在生产资料和生活资料的生产部门中，在基础工业各部门的生产中，也同样起着非常重要的作用。这种作用尤其突出地体现在各生产资料生产部门的联系上，生产资料与生活资料生产部门之间的联系上。

(4) 市场调查和预测对促进和满足消费需要的显著作用

通过市场调查和预测,可以全面系统地了解需求状况,包括需求数量、需求结构和需求发展变化的规律等。市场预测通过对需求数量、结构及其发展变化规律等方面的预测,向生产部门或生产企业提供可靠的信息;生产部门的生产在数量、结构、品种各方面都以消费需要为前提,这样才能使消费者各种需求得到满足,使生产和消费需求结合得更紧密。同时,通过市场所反映出消费者对新产品某种新功能、新样式的需求。市场预测可以根据市场调查资料,对这些方面的需求做出预测,向生产企业提供信息,促进新产品的开发与生产;在新产品投放市场过程中,会更加受到消费者的喜爱,这也正是市场调查和预测对消费所起到的引导、满足和促进作用。

综上所述,市场调查和预测对社会生产、满足和促进消费需要、提高国民经济和社会发展计划与规划及各项政策的科学性、提高管理决策水平和商品生产与营销的经济效益都具有非常重要的作用。

(三) 市场调查报告的写作要求和格式

1. 市场调查报告的特征

市场调查报告是经济调查报告的一个重要种类,它是以科学的方法对市场的供求关系、购销状况以及消费情况等进行深入细致地调查研究后所写成的书面报告。其作用在于帮助企业了解掌握市场的现状和趋势,增强企业在市场经济大潮中的应变能力和竞争能力,从而有效地促进经营管理水平的提高。

市场调查报告可以从不同角度进行分类。按其所涉及内容含量的多少,可以分为综合性市场调查报告和专题性市场调查报告;按调查对象的不同,可分为关于市场供求情况的市场调查报告、关于产品情况的市场调查报告、关于消费者情况的市场调查报告、关于销售情况的市场调查报告以及有关市场竞争情况的市场调查报告;按表述手法的不同,可分为陈述型市场调查报告和分析型市场调查报告。与普通调查报告相比,市场调查报告无论从材料的形成还是结构布局方面都存在着明显的共性特征,但它比普通调查报告在内容上更为集中,也更具专门性。

2. 市场调查报告的格式与写法

市场调查报告的内容结构一般由如下几部分组成:

(1) 市场调查报告的标题

标题是市场调查报告的题目,一般有两种构成形式:市场调查报告标题——公文式标题,即由调查对象和内容、文种名称组成,例如《关于2015年全省农村服装销售情况的调查报告》。值得注意的是,实践中常将市场调查报告简化为“调查”,也是可以的。市场调查报告标题——文章式标题,即用概括的语言形式直接交待调查的内容或主题,例如《全省城镇居民潜在购买力动向》。在实践中,这种类型市场调查报告的标题多采用双题(正副题)的结构形式,更为引人注目,富有吸引力。例如《竞争在今天,希望在明天——全国洗衣机用户问卷调查分析报告》、《市场在哪里——淮南地区轻型客车用户调查》等。

(2) 市场调查报告的引言

引言又称导语,是市场调查报告正文的前置部分,要写得简明扼要,精炼概括。一般应交待出调查的目的、时间、地点、对象与范围、方法等与调查者自身相关的情况,也可概括市场调查报告的基本观点或结论,以便使读者对全文内容、意义等获得初步了解。然后用一过渡句承上启下,引出主体部分。例如一篇题为《关于淮南市2015年电暖器市场的调查》的市场调查报告,其引言部分写为:"淮南市××调查策划事务所受××委托,于2015年3~4月在我市进行了一次电暖器市场调查。现将调查研究情况汇报如下:……",用简要文字交待出了调查的主体身份、时间、对象和范围等要素,并用一过渡句开启下文,写得合乎规范。这部分文字务求精要,切忌啰嗦芜杂;视具体情况,有时亦可省略这一部分,以使行文更趋简洁。

(3) 市场调查报告的主体

这部分是市场调查报告的核心,也是写作的重点和难点所在。它要完整、准确、具体地说明调查的基本情况,进行科学合理的分析预测,在此基础上提出有针对性的对策和建议。具体包括以下三方面内容:

第一,情况介绍。市场调查报告的情况介绍,即对调查所获得的基本情况进行介绍,是全文的基础和主要内容,要用叙述和说明相结合的手法,将调查对象的历史和现实情况包括市场占有情况,生产与消费的关系,产品、产量及价格情况等表述清楚。在具体写法上,既可按问题的性质将其归结为几类,采用设立小标题或者扼要显旨的形式;也可以时间为序,或者列示数字、图表或图像等加以说明。无论如何,都要力求做到准确和具体,富有条理性,以便为下文进行分析和提出建议提供坚实充分的依据。

第二,分析预测。市场调查报告的分析预测,即在对调查所获基本情况进行分析的基础上对市场发展趋势做出预测,它直接影响到有关部门和企业领导的决策行为,因而必须着力写好。要采用议论的手法,对调查所获得的资料分析,进行科学的研究和推断,并据以形成符合事物发展变化规律的结论性意见。用语要富于论断性和针对性,做到析理入微,言简意明,切忌脱离调查而随意发挥、去唱"信天游"。

第三,营销建议。这层内容是市场调查报告写作目的和宗旨的体现,要在上文调查情况和分析预测的基础上,提出具体的建议和措施,供决策者参考。要注意建议的针对性和可行性,能够切实解决问题。

(4) 市场调查报告的结尾

市场调查报告的结尾是市场调查报告的重要组成部分,要写得简明扼要,短小有力。一般是对全文内容进行总括,以突出观点,强调意义;或是展望未来,以充满希望的笔调作结尾。视实际情况,有时也可省略这部分,以使行文更趋简练。

3. 市场调查报告的写作要点

(1) 以科学的市场调查方法为基础

在市场经济中,参与市场经营的主体,其成败的关键就在于经营决策是否科学,而科学的决策又必须以科学的市场调查方法为基础。因此,要善于运用询问法、观察法、资料查阅法、实验法以及问卷调查等方法,适时捕捉瞬息万变的市场变化情况,以获取真实、可靠、典型、富有说服力的商情材料。在此基础上所撰写出来的市场调查报告,就必然具有科学性和针对性。

(2) 以真实准确的数据材料为依据

由于市场调查报告是对市场的供求关系、购销状况以及消费情况等所进行的调查行为的书面反映,因此它往往离不开各种各样的数据材料。这些数据材料是定性定量的依据,在撰写时要善于运用统计数据来说明问题,以增强市场调查报告的说服力。关于这点,我们从上述市场调查报告范文中也可略见一斑。

(3) 以充分有力的分析论证为杠杆

撰写市场调查报告,必须以大量的事实材料作为基础,包括动态的、静态的、表象的、本质的、历史的、现实的等,可以说错综复杂,丰富充实,但写进市场调查报告中的内容绝不是这些事实材料的简单罗列和堆积,而必须运用科学的方法对其进行充分有力的分析归纳,只有这样,市场调查报告所做的市场预测及所提出的对策与建议才会获得坚实的支撑。

三、参考案例

2014年度安徽省兔饲料市场调查报告

为了充分了解安徽省兔饲料市场发展情况,于2014年对安徽省兔饲料市场进行了深入调查。整个调查分成两个部分,一是对安徽省兔饲料原料市场的调查,二是对安徽省兔饲料产品市场的调查。此次调查主要通过实地走访、座谈交流、网络查询、样品采集、化验分析等多种形式进行,通过此次调查基本摸清了安徽省兔饲料原料市场和成品市场的情况,现报告如下。

(一) 安徽省兔饲料原料市场调查情况

对于兔饲料原料市场的调查,主要是通过实地考查原料市场,与原料供应商和企业采购、配方技术人员座谈交流,走访农副产品加工企业等方式进行。

1. 主要兔饲料原料依靠外购

玉米、豆粕、麦麸和草粉是兔饲料的主要原料。从调查结果来看,玉米占兔饲料组成的20%~30%,豆粕占15%左右,麦麸占20%左右,草粉占30%左右,四大原料占到兔饲料组成80%以上。目前,饲料厂玉米外购比例达70%以上,麦麸达80%以上,豆粕和草粉基本上需要外购。玉米主要采购自东北、新疆和宁夏,麦麸主要采购自河北、河南、陕西和山东,草粉主要采购自甘肃和宁夏,豆粕主要来自沿海地区的大型油脂压榨企业;从质量上来看,豆粕和麦麸来自大型加工企业,质量相对较好,玉米和草粉的质量最难保障,玉米和草粉的质量问题是企业反映较多的;从价格上来看,由于原料主要需要外购,而且距离安徽省比较远,油价的不断上涨,运输成本持续增加,使得安徽省原料价格居高不下。以玉米为例,10月份,山东价格为2400元/t,而安徽省为2800元/t。需求持续增加,进入2014年冬季安徽省兔饲料企业草粉严重短缺,部分小企业因为没有草粉出现了停产现象。

2. 本地饲料资源亟待开发利用

外购原料价格的高涨,供应不够稳定的现状,迫使安徽省兔饲料企业必须在本地资源开发利用上下功夫。安徽省本身是农业大省,农副产品资源丰富,传统配方对这些农副资源的利用率较低。

米糠:目前,兔饲料主要的能量饲料还是以玉米为主,米糠是安徽省一个重要的地方资源,具有含油量高、不饱和脂肪含量也高、能值较高等优点,但是也存在容易氧化酸败、发霉变质的缺点。我们给企业的建议是冬季温度低,米糠保质期较长,可以加大使用量达10%,降低玉米使用量;在夏季,对米糠进行膨化,减少酸败,可以延长保质期1~2个月。

蚕沙：蚕沙是蚕粪与蚕食桑后剩下桑渣的混合物，其粗蛋白含量为12%～14%，粗纤维含量为16%～18%，还含有叶绿素、胡萝卜素和低甲氧基果胶等功能性物质，是一种具有潜在开发利用价值的饲料资源，特别是蚕沙中纤维水平较高，对兔子而言，具有重要的意义。据统计，仅安徽省蚕沙年产量就达 20×10^5 t以上，产量巨大，如能合理利用蚕沙，既可节约资源，又可变废为宝。实验证明，蚕沙在肉兔饲粮中适宜添加量为12%左右。

柑橘渣：柑橘皮渣是柑橘加工的主要副产物，主要由柑橘皮(60%～65%)、丝瓤和碎屑(30%～35%)、种子(0～10%)组成，风干后的常规饲料养分为干物质90.06%、粗蛋白6.62%、粗纤维12.50%、粗脂肪2.20%、无氮浸出物64.84%、钙1.03 mg/kg、铁49.7 mg/kg、锌1.62 mg/kg、锰8.75 mg/kg、碘0.07 mg/kg，柑橘皮渣中也含有大量的功能性物质。中国是世界柑橘主产国，年产量高达 2000×10^5 t，随着果汁饮料企业的发展，柑橘渣的产量会进一步增加。目前，柑橘渣主要是烘干方面的工作还不完善。当然，如果实验证明柑橘渣的饲喂效果和利用价值，企业有意愿在烘干方面加大投入。

菜粕：菜粕是安徽省主要的蛋白质资源，价格相对较低，但是本身含有毒性物质，限制了其在兔饲料中的使用量。目前，市场已经出现了双低菜粕，但是量还远远不够。要提高菜粕的使用量，可能更多需要在脱毒工艺上进行研究示范。

(二) 安徽省兔饲料成品市场调查情况

对于安徽省兔饲料成品市场调查，我们主要通过市场采样、化验分析、座谈交流、问卷调查等形式展开，主要了解兔饲料市场规模、企业概况、兔饲料营养水平和市场发展趋势等。

1. 安徽省兔饲料市场发展基本概况

2003年安徽省金阳饲料开创商业兔饲料的先河。金阳饲料早期主要生产精料补充料，随后其他饲料企业也开始生产兔饲料。2010年，金阳饲料推出全价颗粒饲料，迅速发展壮大，随后兔饲料市场进入全价料时代。据调查，目前，安徽省生产兔饲料的企业上百家，规模大小不一，既有金阳、金字塔和统一等年产10000 t的一线大型兔饲料企业，也有梅林、王牌和海龙等年产5000 t的二线中型兔饲料企业(其中王牌饲料以獭兔饲料为主)，但更多的是年产不到千吨的小企业，整个兔饲料市场还处于“春秋”时代，竞争激烈。根据我们的调查，目前安徽省商品兔饲料年产量达 60×10^5 t以上，其中金阳、金字塔和统一等一线企业的兔饲料年产量在 30×10^5 t以上，市场占有率达50%以上，梅林、王牌和海龙等二线企业的年产量在 15×10^5 t以上，市场占有率25%左右，其他三线企业的年产量在 5×10^5 t以上，占有率10%左右，其余15%的市场由来自山东、甘肃和陕西的外来企业所占据：安徽省农户自配料市场按全价料计有 20×10^5 t的容量，其余市场容量主要为使用青绿饲料饲喂的农户。从价格上来看，安徽省兔饲料均价是3000元/t，兔饲料价格远远高于河北、山东的2200元/t，这也是山东饲料在安徽省市场占有一定份额的原因。

2. 安徽省兔饲料营养水平的调查

我们从市场上采集了30多个兔饲料样品，对这些样品进行了常规营养成分的化验分析，选取市场占有率较高的12个产品进行了消化实验，对消化能这一重要指标进行了测定，全面了解安徽省兔饲料的产品结构和营养水平，其兔饲料营养水平调查统计如表7.1.1所示。

表 7.1.1 安徽省兔饲料营养水平调查统计表

品 种	消化能(MJ/kg)	粗纤维(%)	粗蛋白(%)
仔兔饲料	10.88～11.30	10～12	17～19
肥兔饲料	10.88～11.51	10～13	16～18
母兔饲料	10.25～10.67	11～13	18～21

从表 7.1.1 来看，安徽省生产的兔饲料，普遍存在能量高、蛋白高、纤维低的营养特点，饲喂中必须适当限制，否则容易造成腹泻；母兔饲料没有区分妊娠和哺乳料，主要通过饲喂量来调节妊娠和哺乳阶段的营养需要，普遍存在蛋白高、能量偏低的营养特点，这种料饲喂哺乳母兔，会造成母兔采食量上不去，从而造成母兔能量摄入不足，进而泌乳量不高(尽管乳汁蛋白高)，断奶结束后，母兔体脂减少，体况下降，影响后期的繁殖性能。

(三) 安徽省兔饲料市场发展建议

1. 原料市场

首先要稳定原有的供货渠道，积极开拓发展新的供货渠道和来源地；二是利用合成氨基酸低蛋白日粮技术，改变传统的"豆粕—玉米—草粉"型饲粮结构，研制推广"杂粕—玉米(替代能量原料)—草粉"型饲料；三是积极开发利用本地饲料资源，如菜粕、米糠、蚕沙、柑橘渣等；四是增强原料质量的控制力，饲料品控从入场把关前移到产地控制，确保主要原料的质量保证。

2. 成品市场

针对限制饲喂对饲养员饲喂技术要求较高，新养殖户增加较多的特点，尽快推出自由采食饲料。自由采食要具备能量较高、纤维较高、蛋白适中的特点，饲粮需要添加油脂类高能饲料原料。母兔饲料逐渐从一种料过渡到妊娠料和哺乳料，或者提高母兔饲料能量和纤维含量，采用控料技术，给出妊娠和哺乳阶段的适宜饲喂量，改变哺乳母兔营养摄入不足的现状。

四、实训操作方法

实训步骤如下：

① 学习实训原理。对有关市场调查与预测的知识进行学习与总结，掌握市场调查的步骤与方法。

② 通过网上搜集资料和实地调查，收集有关项目产品的市场信息。

③ 问卷整理和数据分析，完成项目产品的市场调查报告。

操作说明：开展小组研究，每组成员不超过 6 人，并对项目任务进行合理分工。

五、实训项目任务

实训项目:淮南市大学生手机市场调查

1. 小组分工

确定小组成员数量,小组内形成具体分工,并说明分工情况,以小组为单位开展调查工作。

2. 抽样设计

每组负责的样本数不少于20个,并在调查计划中给出抽样设计说明。

3. 制订调查计划

小组制订本次实训调查计划,每位同学填写调查计划纲要。

4. 制作问卷

小组设计调查问卷,完善后印制足够数量的调查问卷。

5. 实施调查

每组都需完成20份问卷的调查,并注意数据采集中的过程控制以保证数据质量。

6. 调查报告

包括完整的调查数据分析过程,形成调查报告,要求版面整洁,内容全面。

淮南市大学生手机市场调查实训项目背景资料

随着科技的发展和经济的飞跃成长,全国的经济面貌焕然一新,生活水平迅速提高。在这个信息飞跃的时代,几乎每人一部手机,色彩不一,功能不齐,多种多样。面对手机越来越廉价,学生越来越依赖手机的现象,我们做了一次关于淮南市大学生使用手机情况市场调查,具体调查内容包括大学生选择手机的款式,能够接受的手机价格区间,购买手机的渠道,使用手机的目的,对手机功能的偏好,月使用花费情况等方面。在问卷调查的基础上对淮南市大学生手机消费情况进行了解,得出相关结论并形成淮南市大学生手机市场调查报告。

(注:学生也可根据自己的兴趣选择一家真实的企业产品作为研究项目,经指导老师批准即可。)

六、预习要求与思考题

预习实训原理,熟悉市场调查的操作步骤和方法,明确项目任务要求。

七、实训成绩评价

1. 考核方式

考核方式包括过程考核和成果考核两部分，过程考核主要是针对学生参与实训过程的有关情况（参与态度、完成进度）进行考核评定；成果考核主要是针对学生应用计算机技术进行统计分析的结果（实训成果）和作业完成情况进行考核评定。

2. 成绩评定

考核成绩由指导教师根据学生在实训期间的表现以及学生实训任务完成情况进行综合评定。最终成绩按“优秀”“良好”“中等”“及格”“不及格”五个等级评定。90 分及以上为“优秀”，80～89 分为“良好”，70～79 分为“中等”，60～69 分为“及格”，59 分及以下为“不及格”。具体评分标准如表 7.1.2 所示。

表 7.1.2　评分标准

评 分 标 准	满　分
1. 作风务实，积极参与团队研讨，按规定内容及进度开展各项工作，按时完成策划项目任务	20
2. 能科学制作调查问卷，有效实施市场调研	30
3. 信息收集处理方法正确，有综合、收集和正确利用各种信息的能力	30
4. 调研报告逻辑性好，分析论据充分，结构严谨合理；阐述语言准确，表达清楚；编制符合要求	20

项目八　广告策划实训指导

项目概述

广告策划实训是在广告调研的基础上进一步确定广告策划的目标和广告策划的相关战略。内容包括广告目标、目标市场策略、产品和品牌定位策略、广告诉求策略和广告表现策略等。根据广告主题和广告战略内容，进一步确定企业广告计划，如：广告的发布媒介、时间、范围、对象和广告发布计划等。使学生了解广告策划的基本流程，掌握广告策划的基本技能及策划书的撰写技能。

实训重点

培养学生理论联系实际，对广告策划的产品、品牌和企业进行深入调研的能力；在充分掌握市场信息的基础上，运用创造性思维并坚持团队协作的精神进行广告设计、广告文案撰写、广告媒体选择、广告创意策划，提高广告策划的综合能力。

实训难点

1. 培养学生突破传统思维，积极创新广告创意和表现方式，并要结合具体的产品或行业特性，优化创新创意的方案，提升广告的经济效果的能力。

2. 培养学生以企业整体营销的高度看待广告在营销中的地位和作用的能力。

任务　广告策划

一、实训目的

通过本次实训，深入理解广告策划的概念和内涵，掌握广告策划的技术，学会策划创意。

二、实训原理

(一) 广告策划的涵义和分类

1. 广告策划的涵义

策划,一般指对某一活动进行运筹和规划,含有计划、打算、谋划、谋略、筹划、办法等意思,它与决策紧密相关。我国港台地区常用“企划(画)”一词与英文“strategy”加“plan”意思相近,是动态的计划,是一个为达到目标而进行周密计划的过程。进行广告活动,必须事先进行策划。广告策划是广告人对所要进行的广告活动在调查和分析的基础上,所做出的整体计划与安排。严格的逻辑和周密的计划是现代广告的重要特征,也是广告活动科学化、规范化的标志之一。现代意义上的广告,是一个复杂的、动态的活动过程,广告的产生和发布,虽然离不开许多具体的形式和加工,但决定广告目标成败的关键是广告策划。没有精心的广告策划,就会使广告活动目标不明,计划不周,行动盲目,难以取得理想效果,甚至会造成资源浪费。因此,广告策划在整个广告活动中处于主导地位。现在,以策划为主导、以创意为中心的运作机制已成为各国企业进行广告活动的通用模式。

2. 广告策划的分类

广告策划依据其策划内容可以分为两类:一类是单一性的,对一两个广告进行策划;另一类是系统性的,是为实现企业目标或品牌目标而对多种广告活动进行统一的、连续的、立体的策划,是整体广告策划。整体广告策划是广告专业化水平不断提高、专业功能不断加强、专业化管理不断完善的结果,是现代广告活动发展的重要特点和必然趋势。

(二) 广告策划的流程

广告策划集谋略与科学程序于一身。一个完整的广告策划周期由数个不同阶段组成,不同阶段策划工作的对象、内容、目标均有所不同。根据这种不同,对广告策划运作过程加以把握,有助于抓住中心,突出重点,明确各个阶段不同方面的特殊性,保证策划工作有条不紊地进行。通常情况下,一个规范的广告策划过程可分为组织准备、市场调研、战略规划、制订计划、实施与总结5个阶段。

1. 组织准备阶段

① 成立广告策划小组。策划小组应由客户主管、策划创意、文稿撰写、设计制作、摄影摄像、市场调查及媒介公关等方面的人员组成。成立广告策划小组是用集体智慧来完成广告的策划工作,是广告策划活动由经验化向规范化、科学化发展的有效途径。

② 规定工作任务,安排时间进程。

2. 市场调研阶段

广告调研是广告策划的前提与基础。

① 调查、搜集市场信息和相关资料,其中包括品牌及产品调查、品牌形象调查、消费者状况调查、竞争者状况调查等内容。不少品牌及产品调查,既要详细了解品牌各构成要素的具体内容,又要详细了解产品的外观、结构、功能、原理、材料、技术、质量、价格、制作工艺、使用方法及保管、养护、维修措施等。

② 分析、研究相关资料数据。对调查、搜集的全部资料和数据进行归纳、总结、分析、研究，要求能够描述现状，揭示趋势，为下一步制订策略提供参考依据。

3. 战略规划阶段

战略规划是整个广告的核心与主体。

① 对前期分析研究的成果，做出决定性、战略性选择。

② 进行战略规划。以策划创意人员为中心，结合相关人员对广告目标加以分析。根据目标市场策略确定广告的定位策略和诉求策略，进而发展出广告创意和表现策略，根据产品、市场及广告特征提出合理的媒体组合策略、促销组合策略等。

③ 这一阶段的规划还涉及广告机会的选择、广告计划的制订以及有关广告预算和策划报告的写作等。

4. 制订计划阶段

① 把战略规划用具体系统的形式加以规范，要确定广告运作的时间和空间，还要对媒体的选择和运用做出限定，包括用怎样的媒体组合比较合理，广告的频率如何，需要多少经费预算才能支持这样的频率，等等。

② 编制广告策划文本，即策划书。策划书既是策划成果的集中体现，也是策划人员向客户说明并争取广告业务的文本依据，因而必须经过认真修改与审定之后才能完成。

③ 与客户进一步沟通，并对策划阐释说明，最后就广告策划方案达成一致意见。

5. 实施与总结阶段

① 计划的实施与监控。广告策划小组分工合作，按照计划要求，对广告进行创作、设计，进行媒体发布，并对整个过程进行监控和调节。

② 评估与总结。

三、参考案例

康师傅酸辣牛肉面网络广告策划书

1. 广告目标

扩大康师傅酸辣牛肉面在蚌埠地区的知名度，提高蚌埠市场销量。

2. 广告时间

4 月 1 日至 6 月 30 日，广告时间为 3 个月。

3. 广告发布平台

蚌埠论坛（www. ahbb. com）、蚌埠人（www. bbr. cn）、蚌埠百姓网（bengbu. baixing. com）三个地方性综合网站，优酷、土豆两个视频网站。

4. 广告的诉求对象

16～35 周岁的年轻群体，以学生、上班族以及喜欢上网的年轻人为主。

5. 广告的诉求重点

康师傅酸辣牛肉面风味独特，食用方便，入口难忘。

6. 广告表现

(1) 广告的主题

以“康师傅酸辣牛肉面,让您享受有爱生活”为主题。

(2) 广告内容

① “康师傅,够味道”flash 广告。

Flash 广告页面上第一帧显示“今年吃什么够味道?”,第二帧闪出“康师傅酸辣牛肉面”,第三帧闪出“康师傅酸辣牛肉面,让您享受火红生活”,此广告大概有 5 秒。

② 视频广告。

在优酷网和土豆网投放广告,每段视频开始前 25 秒,将会出现康师傅酸辣牛肉面广告,广告是以学生和上班族为主要诉求对象,同时以丰富的视频图像表现酸辣牛肉面营养丰富、口味独特的特点,让人过目不忘。

7. 广告发布计划

经过前期详细的市场调研与蚌埠地区消费者行为分析,把网络广告选择在蚌埠论坛、蚌埠人、蚌埠百姓网三个本地综合门户网站,这三个网站在蚌埠地区有较高的知名度,每天的浏览量很高,而且其用户符合康师傅方便面的目标市场。视频广告则选择在优酷、土豆上投放,这两家网站是国内知名视频网站,其点击率很高。

8. 媒介排期

(1) 综合门户网站

① 4 月 1 日(愚人节)至 4 月 30 日,在蚌埠论坛首页和蚌埠百姓网的 flash 广告处间隔播放康师傅酸辣牛肉面“愚人节,不愚人,康师傅,送健康!”的 flash 广告。

② 5 月 1 日至 5 月 15 日,以“五一国际劳动节”为契机在蚌埠人首页 flash 广告处间隔播放康师傅酸辣牛肉面“劳动,创造美好生活!”的 flash 广告。

(2) 视频网站

① 5 月 16 日至 6 月 15 日,在优酷网的视频缓冲前,出现康师傅方便面视频广告。

② 6 月 16 日至 6 月 30 日,在土豆网的视频缓冲前,出现康师傅方便面视频广告。

9. 广告费用预算

广告制作费:2050 元。

蚌埠论坛:2500 元。

蚌埠人:2800 元。

蚌埠百姓网:2200 元。

优酷网:11600 元。

土豆网:10200 元。

其他费用:1000 元。

费用总额:32350 元。

10. 网络广告效果测评

(1) 对经济效益的评估

在蚌埠各门户网站上的 flash 广告能有效锁定目标顾客——学生与上班族,激发用户需求欲望,引导用户产生购买行为,提高康师傅方便面的购买率。

（2）对广告策划的评估

广告目标是扩大康师傅方便面知名度，提高消费者的购买欲望，使康师傅酸辣牛肉面的形象深入人心。在知名网站上发布广告，能够较广泛传播产品信息，吸引年轻消费群体，激发购买欲望，刺激需求。

四、实训操作方法

本实训主要采用项目研究法，以组为单位开展研究。

实训步骤如下。

（一）学习实训原理

学生对广告策划的技巧和方法进行学习与总结，掌握广告策划的基本原理与方法。

（二）明确广告策划的具体步骤

广告策划的具体步骤可以分为以下 14 步：

1. 广告调查分析阶段

第 1 步，成立广告策划小组，由广告调研、策划、创作、设计、制作人员组成。

第 2 步，对产品进行分析，明确产品定位。

第 3 步，对同类产品进行分析，明确竞争对手。

第 4 步，对市场进行分析，明确目标市场。

第 5 步，对消费者进行分析，明确广告对象。

第 6 步，根据以上分析，写出市场调查报告。

2. 广告决策阶段

第 7 步，对企业营销战略进行分析，明确广告目标。

第 8 步，制订广告战略，明确广告重点。

第 9 步，决定最佳广告策略组合方案。

第 10 步，进行媒体选择，确定媒体策略。

第 11 步，决定广告内容，确定创意表现策略。

3. 广告计划阶段

第 12 步，确定广告发布的时点、区域、对象和具体媒介搭配。

第 13 步，制订广告发布计划。

第 14 步，确定广告预算。

（三）完成广告策划实训报告

进行广告方案策划，完成项目产品广告策划实训报告。

操作说明：开展小组研究，每组成员不超过 6 人，并对项目任务进行合理分工。

五、实训项目任务

实训项目:杰克琼斯男装蚌埠地区广告策划

① 成立广告策划小组,分别承担广告调研、策划、创作、设计等职责,对产品或品牌进行分析,明确产品定位,并对消费者和竞争者进行调研分析。

② 根据调研分析的结果,明确广告目标和媒体策略组合方案,进行广告创意和明确主题的表现策略。

③ 制订广告发布计划,确定广告发布的时点、区域、对象和具体媒介搭配,制订广告预算和广告效果评估方案。

项目策划背景资料

杰克琼斯(JACK&JONES)是丹麦绫致时装集团(Bestseller)旗下的主要品牌之一。杰克琼斯品牌诞生于1989年,以其简洁纯粹的风格吸引全球追求时尚的男性的目光,代表了欧洲时尚潮流的男装品牌。

目前杰克琼斯在全球18个国家和地区均设有形象店。杰克琼斯服装是设计给机敏、明智、受过良好教育、热衷社会活动的男性的。他们是对现代有着自己独特的感受,同时关注国际时装市场趋势的现代人。品牌设计注重国际化的理念,追求都市情节,强调的是男人们对现代服装的独特感受。它的销售对象包含各行各业的精英和对时尚敏感的男人。杰克琼斯品牌十分关爱年轻一代,也许他们是对时尚特别敏感的一群,有敏锐的洞察力,他们生活在繁杂的大都市中,因此品位特立独行,喜欢从大众中跳出来,杰克琼斯品牌为这些精明、富有活力的年轻人创造了他们的选择空间。他们是各个专业领域的精英并且热衷于追求国际化、都市化的精英形象。他们视杰克琼斯品牌服装为对存在已久的传统及保守的积极转变。他们或受雇于外国企业或繁忙于国际间的商务往来。他们是拥有购买杰克琼斯品牌服装实力的群体。杰克琼斯已经成为欧洲最优秀的牛仔成衣品牌之一,致力于向最广泛的顾客群提供质量最优的牛仔时装。

今天,你可以在任何一条欧洲城市的街道找寻到杰克琼斯牛仔的踪迹。杰克琼斯代表着最流行的款式和最具竞争力的价格。绫致时装于1991年在挪威特隆赫姆开设第一家杰克琼斯店。从那以后,杰克琼斯在欧洲和中东已经开设34家直营店和1720家代理店。你可以在澳大利亚、丹麦、芬兰、比利时、德国、英国、冰岛、爱尔兰、科威特、拉脱维亚、黎巴嫩、荷兰、挪威、西班牙、瑞典、瑞士、阿拉伯联合酋长国和中国见到杰克琼斯专卖店。绫致时装于1999年将杰克琼斯品牌引入中国,目前已在中国各大、中城市开设近200家专卖店,杰克琼斯是现在男生青春时装里非常流行的品牌,与女装品牌ONLY、VERO MODA同属绫致时装公司。

(注:学生也可根据自己的兴趣选择一家真实的企业产品作为研究项目,经指导老师批准即可。)

六、预习要求与思考题

预习实训原理,熟悉广告策划步骤和策划书撰写内容要点,明确项目任务要求。

七、实训成绩评价

学生必须在规定的时间内完成实训任务,并提交广告策划书方可参加考核。考核成绩由指导教师根据学生在实训期间的表现以及学生实训任务完成情况进行综合评定。最终成绩按“优秀”“良好”“中等”“及格”“不及格”五个等级评定。90 分及以上为“优秀”,80～89 分为“良好”,70～79 分为“中等”,60～69 分为“及格”,59 分及以下为“不及格”。具体评分标准如表 8.1.1 所示。

表 8.1.1　评分标准

评 分 标 准	满　分
1. 作风务实,积极参与团队研讨,按规定内容及进度开展各项工作,按时完成策划项目任务	20
2. 能独立查阅相关文献并按照项目策划职责分工开展调研、分析、策划、执行工作	30
3. 对项目的营销环境分析论据充分,结构严谨合理,广告策划方案科学合理	30
4. 方案逻辑性好,阐述语言准确,表达清楚;策划书编制符合要求	20

项目九　市场推广策划实训指导

项目概述

产品市场推广策划是以市场营销组合理论以及促销组合理论为指导对企业资源、环境因素进行分析、重组、优化并提出市场营销组合策略以及具体的促销活动方案。通过市场推广策划实训使学生熟悉营销策划工作程序、工作内容，掌握进行营销策划的方法，学会用科学、系统的方法和创造性思维，对策划对象的资源、环境因素进行分析、重组、优化，学会策划的调查、研究、分析、创意、设计并制订行动方案，理解并掌握营销策划的准备工作，掌握以营业推广、公共关系为重点的促销组合策划的内容、方法和步骤，学会制订市场推广促销活动策划方案的方法和技能。提高学生专业知识的综合运用能力，培养学生的创新能力和实践能力，为他们今后走向工作岗位打下良好的基础。

实训重点

产品市场推广策划的重要内容是在分析产品所处的特定市场环境的基础上确定产品目标市场，据此对企业资源、环境因素进行分析、重组、优化，提出市场营销组合策略以及具体的促销活动方案。市场推广策划工作主要包括：市场营销环境分析、目标市场定位、制订营销组合策略、制订具体的促销活动方案。

实训难点

1. 市场营销环境分析技能。
2. 市场推广营销组合活动设计技能。
3. 市场营销策划方案写作技能。

任务　市场推广策划

一、实训目的

本实训重点培养学生的三项专业技能，即市场营销环境分析技能、市场推广营销组合活动设计技能、市场营销策划方案写作技能。同时对培养学生的设计、创新能力，分析决策能力和组织能力有较好的促进作用。

二、实训原理

产品市场推广策划是以市场营销组合理论以及促销组合理论为指导，对企业资源、环境因素进行分析、重组、优化并提出市场营销组合策略以及具体的促销活动方案。

（一）市场推广策划的基本步骤

① 确定市场推广策划的目标。将策划的目标主题确立于一定时空范围之内，使营销活动重点突出，便于实施。

② 开展市场营销环境调查。围绕策划目标，开展市场营销环境调查，主要包括市场需求规模情况、市场竞争状况、消费者需求特点等，利用多种方式收集信息资料。

③ 整理与分析资料情报。综合市场调查的第一手资料和现成的第二手资料，整理成为对目标主题有用的情报，并根据资料分析市场环境，找出企业营销的机会。

④ 提出具体的营销方案。在市场调查基础上发现营销机会，进行市场定位，设计针对性的市场推广活动策略，并写出具体方案。

（二）市场营销组合策略设计

根据目标顾客需求与产品市场定位分析，以系统的思维提出合理有效的4P组合，力求达到最佳效果。

1. 产品策略设计重点

① 产品核心价值定位，即针对顾客尚未满足的需求提炼产品核心价值。

② 产品质量功能定位。

③ 产品品牌视觉形象设计。在初创品牌阶段，品牌作为战术性工具主要是利用品牌视觉系统设计传递品牌功能、利益、个性、价值，形成一定知名度、美誉度，逐渐树立消费者心目中的知名品牌。

④ 产品规格、包装设计。

2. 价格策略设计

分析产品定价环境，确定定价策略，选择定价方法，并从产品组合和流通体系全局来设计产品价格。

3. 销售渠道设计

包括分销渠道模式设计、中间商的选择、中间商和代理商的激励政策等。

4. 促销组合策略

根据促销的需要对人员推销、广告、营业推广和公共关系等促销方式进行适当选择和综合编配，根据企业的促销目标、消费者从认知产品到采取购买行为的心理过程、企业实力、产品类型等进行促销组合的策划。

（三）促销活动方案

1. 促销目标设计

针对消费者的促销目标一般有：增加销售量、扩大销售，吸引新客户、巩固老客户，树立企业形象、提升知名度，应对竞争、争取客户。策划人员可根据企业需要和市场状况来确定单个或多个目标。

2. 促销主题设计

主题应该能够切中目标顾客的需求，明确揭示本次促销为目标顾客带来的经济利益以及情感利益。主题确立要有创意，能有效激发目标顾客的购买欲望。

促销主题是通过"主题语"来表现的。主题语必须迎合消费者心理需求，能引起消费者的强烈共鸣。促销主题语表现力求有明确的利益、情感诉求点，突出生动鲜明的个性，简明易懂。

3. 促销活动方案设计

"促销活动"是方案设计的核心内容。促销活动方案设计的要求如下：

① 紧扣促销目标，体现促销主题。

② 针对目标顾客的需求特点合理组合促销活动方式。

③ 促销活动设计要"具体""可操作"，要明确实际的操作步骤和方法。

④ 促销活动设计要强调"创意"。

4. 促销宣传方案设计

促销活动的宣传是全方位的，要综合运用媒体广告、DM广告、POP广告、网络广告等，根据目标顾客接触媒体的习惯以及企业自身条件进行组合。

5. 促销费用预算

预算费用是促销方案设计必不可少的部分，促销费用预算一般要考虑广告费用、营业推广活动费用、公关活动费用、人员推销费用等。

（四）市场推广策划书的编制

市场推广策划的主要内容包括营销环境分析、营销战略设计、营销策略组合策划以及具体活动规划和营销活动经费预算等。营销策划书是营销策划的书面反映，是对创意后形成的活动方案加以编辑，用文字和图表等形式表达出来所形成的系统性、科学性的书面策划文件，是指导企业市场营销活动的依据，十分强调操作性和有效性。策划书的编写不仅具有很强的科学性还需要有一定的创意，还是科学与艺术的结合。怎样编制营销策划书呢？下面从营销策划书的基本结构、营销策划书撰写的内容与格式、营销策划书的撰写基本原则与技巧三个方面加以阐述。

1. 营销策划书的基本结构

营销策划书包括营销环境分析和营销活动方案撰写相辅相成的两个部分。前者为后者作铺垫，后者是前者的结果。

（1）营销环境分析部分

主要是对企业营销背景、市场环境进行分析。具体视策划内容而异，具有共性的内容有以下方面：宏观环境分析，包括政策法律因素分析、经济因素分析、技术因素分析、社会文化因素分析等；微观环境分析，包括竞争对手营销战略及状态分析、企业内部经营活动分析、企业目标市场需求调查分析，如购买力调查包括购买行为方式调查，企业的竞争力调查包括企业的影响力、知名度、客户满意度调查等。这些内容包罗万象，分析应抓住重点。

（2）营销活动方案部分

主要设计企业营销活动的目标、战略、策略、实施程序和安排等。主要包括目标市场定位以及针对目标顾客的营销活动策略和营销活动方案。

2. 营销策划书撰写的内容与格式

策划书没有一成不变的格式，产品或营销活动的不同要求在策划的内容与编制格式上也有变化，但是其中有些要素是共同的。

（1）封面

策划书的封面可提供以下信息：① 策划书的名称；② 被策划的客户；③ 策划机构或策划人的名称；④ 策划完成日期及本策划的适用时间段。

（2）策划书的正文部分

① 策划目的。

提出本营销策划所要达到的目标、宗旨，作为执行本策划的动力。强调其执行的意义所在，以要求全员统一思想、协调行动，共同努力保证策划高质量地完成。

② 市场营销环境分析。

策划者要了解产品市场需求状况、市场竞争状况及宏观环境，为制订营销策略采取正确的营销手段提供依据。具体而言主要分析：

（a）当前市场状况及市场前景：产品的市场性质、现实市场及潜在市场状况，市场成长状况及市场发展前景。

（b）市场竞争状况：竞争者的实力，市场竞争中的地位，竞争者营销策略等。

（c）消费者需求及其变化。

（d）企业面临的机会与威胁，优、劣势分析。

③ 营销目标。

营销目标是在前面目的任务基础上公司所要实现的具体目标，即营销策划方案执行期间的经济效益目标或企业形象目标。

④ 营销策略——营销活动的具体实施方法与内容。

在对市场营销环境分析的基础上，针对企业营销活动的范围和目标，依据目标顾客需求与产品市场定位来分析、设计营销活动组合的策略、步骤，主要有产品策略、价格策略、分销及促销策略，以达到最佳效果。

营销策划书的编制一般由以上几项内容构成。必须说明，因企业产品不同，营销目标不同，则所侧重的各项内容在编制上也要有详略取舍。

3. 营销策划书的撰写基本原则与技巧

（1）策划书编制原则

为了提高策划书撰写的准确性与科学性，应首先把握其编制的如下几个主要原则：

① 逻辑思维原则。

策划的目的在于解决企业营销中的问题，按照逻辑性思维的构思来编制策划书。首先是设定情况，交代策划背景，分析产品市场现状，再把策划的中心目的全盘托出；其次进行具体策划内容的详细阐述；最后明确提出解决问题的对策方案。

② 简洁朴实原则。

要注意突出重点，抓住企业营销中所要解决的核心问题，深入分析，提出可行性的对策，针对性强，实施方法简单易行，具有实际操作指导意义。

③ 可操作原则。

编制策划书是要用于指导营销活动，其指导性涉及营销活动中每个人的工作及各环节关系的处理。因此其可操作性非常重要，不然操作方案与创意再好也无任何价值，不易于操作也必然要耗费大量人、财、物力，管理复杂、显效低。

④ 创意新颖原则。

要求策划的"点子"(创意)新、内容新、操作方法也要新，形成差异化优势，更有利于激发客户的需求欲望。新颖的创意是策划书的关键内容。

(2) 策划书编制技巧

营销策划书和一般的报告文章有所不同，它对可信性、可操作性以及说服力的要求特别高。因此，运用撰写技巧提高可信性、可操作性以及说服力，策划书撰写需要运用一定的技巧。

① 利用数字说明问题。

策划报告书是一份指导企业实践的文件，其可靠程度如何是决策者首先要考虑的。报告书的内容不能留下查无凭据之嫌，任何一个论点均要有依据，而数字就是最好的依据。在报告书中利用各种绝对数和相对数来进行比照是绝对不可少的。要注意的是，数字需要有出处，以证明其可靠性。

② 运用图表帮助理解。

运用图表能有助于阅读者理解策划的内容，同时，图表还能提高页面的美观性。图表的主要优点在于有着强烈的直观效果，因此，用其进行比较分析、概括归纳、辅助说明等非常有效。图表的另一优点是能调节阅读者的情绪，从而有利于对策划书的深刻理解。

③ 合理利用版面安排。

策划书的视觉效果的优劣在一定程度上影响着策划效果的发挥。有效利用版面安排也是策划书撰写的技巧之一。版面安排包括打印的字体、字号、字距、行距以及插图和颜色等。如果整篇策划书的字体、字号完全一样，没有层次、主辅，那么这份策划书就会显得呆板，缺少生气。总之，良好的版面可以使策划书重点突出，层次分明。

④ 注意细节，消灭差错。

细节往往会被人忽视，但是对于策划报告来说却是十分重要的。可以想象得出一份策划书中错字、漏字连续出现的话，读者怎么可能会对策划者抱有好的印象呢？因此，对打印好的策划书要反复仔细地检查，特别是对于企业的名称、专业术语等更应仔细检查。另外，纸张的好坏、打印的质量等都会对策划书本身产生影响，所以也绝不能掉以轻心。

三、参考案例

本田汽车产品推广策划方案

昆山伟建汽车销售服务有限公司成立于 2006 年 5 月，注册资本为 1000 万元，坐落于

339省道479号，是昆山、太仓等地区唯一一家经东风本田汽车授权的特约销售服务店，秉承东风本田汽车“以人为本、三个喜悦”的服务宗旨和经营理念，成为整车销售、售后服务、客户信息反馈、零配件供应为一体的4S汽车专营店。为了促进本田汽车产品的销售，企业要开展市场推广活动加大对汽车产品的宣传和推广。为此，进行本田汽车产品市场推广活动的策划。

（一）市场分析

随着中国经济持续不断稳定的增长，人们的收入也不断增加，人们的购车欲望就会凸显出来。因此，在中国汽车行业也是非常火爆的。昆山，一个高度开放的城市，全国百强县级市之首，经济发展迅速，市民手中既有充足的资金，又有强烈的购车欲望。

1. 市场营销环境分析

（1）营销环境中的宏观制约因素

① 昆山市国民经济运行状况良好，经济持续高速稳定增长。

② 昆山市GDP的增长带动了轿车产业的快速发展。

③ 个人收入的显著增加，大大促进了汽车的销售。

（2）市场环境中的微观制约因素

① 企业的资源和目标。

② 经销商和产品的关系。东风本田采取的是4S店直销的方式。

（3）市场构成的特征

秋冬季节是汽车销售的旺季，被业内人士称为“黄金季节”，相比较而言，夏季则清淡了许多。

2. 企业分析

东风本田汽车（武汉）有限公司由东风汽车工业投资有限公司与日本本田技研工业株式会社通过改组改造原武汉万通汽车有限公司，于2003年7月16日组建成立的。企业现有亮点如下：

① 奇迹般的建设速度：东风本田用了6个月的时间完成了3万辆产能的建设。

② 绿色工厂：新工厂以“绿色工厂”为建设目标，采用水性涂料，将有害物质（VOC）降到原来的1/10。

③ 高效的管理：以QCD管理建立起具有国际竞争力的企业为目标，以优异的质量、最低的成本、最快的速度向用户提供最好的产品。

④ “以人为本”企业文化的实践：公司从职工切身利益出发，根据合资企业特点，大力推动公司各项福利工作，建立起较为完善的福利体系。

⑤ 优质的产品：本田CRV运动型多功能车、时尚的东风本田CIVIC。

3. 产品自身分析

（1）优势分析

本田CRV及CIVIC这两款车都采取了许多最新的技术，考虑了车的动力、性能、安全方面；还有这两款车在车的整体设计方面，不仅时尚，而且有许多创新的方面。

（2）劣势分析

本田CRV及CIVIC的销售网络还是不健全，没有一个很好的营销网络，并且CRV和

CIVIC 对以前有的缺陷并没有进行改进。

(3) 机会分析

① 本田 CRV 和 CIVIC 都是最新的车型,在市场上也是比较受欢迎的。这两款车型都有自己不同的目标受众,在市场竞争中会占有很有利的地位。

② 日系车的性价比非常高,耗油量非常低,造型也更年轻化,给人的总体印象比较好。

(4) 威胁分析

① 这两款车刚刚上市就会面临着非常大的挑战,本田 CRV 在市场上将面临丰田 RAV4 的强有力的挑战;而本田 CIVIC 在市场上将面临马自达 3 和福克斯的前后堵截。

② 还有城市机动车数量的突增,交通问题日趋显著,在昆山也会面临着这样的困难,交通问题肯定会影响到车的销售。

4. 竞争对手分析

地处长三角,邻近中国最大的城市之一——上海,经济发达,汽车市场非常火爆,昆山每个月能销售 1000 辆汽车,有许许多多的汽车企业在昆山地区设有汽车 4S 专营店,经营各种不同品牌的车。在汽车销售行业竞争是比较激烈的,在市场上形成了一种品牌大战。国外各大品牌纷纷实现国产化同国内自主品牌汽车争取市场。

(1) 本田 CRV 的竞争对手

本田 CRV 虽然是目前城市 SUV 的老大,但是其后面的竞争者随时都有可能把它拉下马。进入到 2007 年,有更多的厂商投入到 SUV 阵营。

在国内自主品牌方面,奇瑞汽车的瑞虎销售量已经达到国内 SUV 产品月销售量的前列;长城汽车的哈弗长城心受到许多消费者的认可,是国产 SUV 车型中的实力派;湖南长丰猎豹飞腾 1.6,还有曙光汽车等许多 SUV 的竞争者。

在国内合资品牌方面,北京现代途胜是现代 3 款 SUV 中偏小型的车型,投产以后获得了相当不错的销售业绩,这是本田 CRV 的有力竞争,还有三菱欧蓝德外形时尚、个性十足,市场反应也不错。

(2) 本田 CIVIC 的竞争对手

本田 CIVIC 是一款非常时尚的车型,在市场上有很多的竞争者。其目前在市场上也面临着许多的竞争对手。目前在市场上的竞争对手主要有花冠、福克斯、速腾、马自达 3、标志 307、一汽丰田卡罗拉。而在这些竞争对手中马自达 3 是本田 CIVIC 在市场上一个重要的竞争对手,马自达 3 的动力性能和运动外观都和本田 CIVIC 不相上下。

(二) 市场定位

1. 消费者分析

(1) 车市消费共性分析

① 轿车全面进入昆山市普通家庭。

② 价格是消费者关心的热点。

③ 在车型、外观的选择上消费者已经表现出务实态度。

④ 对油耗和服务的要求非常高。

(2) 消费阶层区分

① 富裕型:目前在昆山有许多大型企业的老板,主要买高档车。

② 中产型：各个城市都涌现出一批都市白领和中小企业老板，是私家车市场主力军。

③ 公私两用型：这部分人以出租车司机为主要代表。

(3) “东风本田”汽车诉求点

① 东风本田 CRV：多功能运动型车。

② 东风本田 CIVIC：时尚运动型车。

诉求要点：运动时尚、性能好、价格适中。

2. 市场定位

昆山各品牌的车有许多，而在这么多品牌的车中，只有提升本田 CRV 和 CIVIC 在昆山地区的知名度和品牌形象，才能让消费者去认识它们。

(1) 产品定位

本田 CRV 面对的是城市 SUV 一族，面对的就是喜欢运动、有活力、事业有成的中年和青年人士，而本田 CIVIC 是适合城市中成功的白领青年男女。

(2) 消费者定位

昆山是一座发达的城市，在城市中有许许多多的商业人士，而在这些商业人士中以中年和青年人士为主，本田 CRV 和 CIVIC 就是针对这些人开发的。

本田 CRV 是城市型的 SUV，它主要面对的是这部分人中的勇于冒险，兴趣广泛，喜欢运动有活力以及追求高品质生活的人群。而本田 CIVIC 更注重面对的是青年男女，因为这款车设计时尚，给人的第一感觉就是漂亮，适合青年时尚男女。

(3) 价格定位

本田的这两款车在同类型的车型中，价格定位还是比较低的，把自己的定位建立在消费者能够接受的基础上。

(三) 品牌推广及广告计划

1. 广告目标

① 通过广告宣传强化东风本田 CRV 和 CIVIC 这两款车在昆山人心目中的地位，让更多的目标消费者认知这两款车。

② 为了迎接汽车销售旺季的到来，通过有效的广告宣传，来扩大销售量。

2. 广告主题及口号

(1) 广告主题

以“运动时尚，性价比最优”为立足点，突出是为城市运动时尚的青年一族贴身打造的。

(2) 广告口号

本田 CRV——运动 · 自由驰骋。

本田 CIVIC——时尚源自运动。

(3) 广告对象及广告地域

① 广告重点对象：昆山市年轻、时尚且喜欢运动的高收入群体，都市白领和成功的年轻企业家。

② 广告地域：主要是以昆山市为主要的宣传地域，再辐射到昆山周边地区。

3. 广告媒体策略

本次广告投放主要是以户外广告为主，电视和广播媒体为辅，网络媒体次之，在汽车销售旺季到来之前，逐渐加大投放频率。广告分为两个部分，感性诉求的广告投放在户外广告媒体上，而感性诉求和理性诉求相结合的广告则放在电视和广播媒体上，以此来达到广告的最好的效果。

4. 广告媒体选择

(1) 户外广告

2003 年中国广告支出达到 515 亿元，其中户外媒体达到 120 亿元，超过 20%，到了现在，户外媒体增长是迅速的。户外媒体有着很高的到达率，在所有的媒体中位居第 2 位，仅次于电视；户外媒体的发布时间长，是持久的、全天候的，每天 24 小时、每周 7 天伫立在那儿；户外广告每天的千人成本最低，与黄金时间的电视广告的千人成本相差几百倍；并且户外广告在城市中的覆盖率非常高。

在昆山的市区中，在许多人流量大的地方都有许多大型的户外高架广告，可以很好地利用这些大型的广告牌进行宣传，以提高本田这两款车的知名度。选择在昆山市区几条主要的主干道进行广告发布，像人民路正阳桥，还有前进路、柏庐路等地方进行宣传，这些户外广告给人以很好的视觉冲击力。

人民路正阳桥地处娄江风景带，位置优越，视野开阔。人民路正阳桥段是昆山著名的商业地段，星际广场上更是游人众多，其南面有昆山商厦，对面是华厦百货，常年车水马龙；有利于树立企业形象及产品宣传。

(2) 电梯媒体

在昆山高档的写字楼和高级宾馆的电梯里面做电梯媒体平面广告牌，因为这些地方是高收入群体经常出入的地方，能够对目标受众进行很好的宣传。

(3) 电视和广播

电视媒体选择昆山的地方电视台，在宣传这两款车的时候，以专题片的形式，详细地介绍这两款车的相关情况，让人们充分了解这两款车，只有在受众了解这种车的时候，他才有可能选购。也可以冠名一些剧场和影院。而广播则可以选择在上下班的一些高峰时间进行宣传。

(4) 网络广告

网络媒体作为一种新的媒体，发展是非常迅速的。在昆山地区，昆车网是想购车的人搜集信息的一个重要渠道，在昆车网上做广告可以很好地对受众目标进行宣传。

通过对不同媒体的组合立体式的运用就是为了最大可能的发挥媒体的优势，也是为了能够达到最大的广告效果。

(四) 促销活动

1. 举办自驾游活动

邀请一些目标受众来参加自驾游活动，让他们亲身体验本田 CRV 和 CIVIC 这两款车的性能，唤起目标受众购买的激情。

在活动前期进行宣传的时候可以在报纸上刊登，也可以在电视上打一些游动字幕；在活动进行的时候，可以请一些媒体来报道。

2. "东风本田"车友会系列活动

① 凡在东风本田 4S 专卖店购买本田 CRV 和 CIVIC 这两款车的任意一款，就可以填写

一张简单的“入会申请表格”，成为“东风本田”车友会的会员。每一位“东风本田”车友会的会员都可以享受以下优待：代上牌照、代办年检等，为车主一年 12 次的免费保养，还有 24 小时的全天候的现场紧急救援、拖车、更换轮胎、送油等。

② “东风本田”车友抽大奖活动，免费去旅游

基于购买这两款车者都是时尚、年轻一族，且多是喜欢运动的。“本田车友”会可根据会员编号进行定期的抽奖，每次抽奖抽出 10 位幸运会员免费去旅游。

③ 我与东风本田——车友心声有奖征文活动，在昆山地区有影响力、有号召力的地方报纸上开辟专栏，刊登会员驾乘本田 CRV 和 CIVIC 这两款车的心得体会、奇闻趣事等。形式以小品文为主，凡来稿者均赠送免费加油卡，在公司指定的加油站加油，中稿者还可以获得稿费。

④ “东风本田，奥运畅通”，借助奥运会契机，举办与奥运有关的活动，助力产品宣传。

(a) 东风本田系列款车马拉松接力赛。将车辆分组，围绕昆山市进行接力活动，接力点就设立在昆山市区内的知名景点和街区。

(b) 多辆东风本田 CRV 和 CIVIC 两款汽车的奥运畅通巡游活动。

⑤ “购东风本田，把爱心送出，让平安留下”，凡购买东风本田 CRV 和 CIVIC 这两款车中的任意一款，公司均以车主的名义出资捐助一名失学儿童。

儿童是祖国的未来，品学兼优、面临失学的特困儿童更需要社会的支持和关注，借此为主题策划活动，一方面在优惠车主购车满足个人物质需求的同时，更让其为社会奉献了自己的一份爱心，满足了其更高的社会需求；另一方面捐助贫困地区失学儿童，为社会教育事业贡献企业的绵薄力量，同时树立了汽车品牌、公司的良好社会形象。

购东风本田车一辆，失学儿童就少一个，东风本田祝天下好人一生平安。

(五) 活动预算

活动预算不再详述。

(六) 活动效果监测

活动检测效果不再详述。

(资料来源：根据网络资料改编。)

四、实训操作方法

1. 学习实训原理

学生学习、总结有关产品市场推广策划的原理与方法，为项目研究提供基础。

2. 开展策划工作

针对具体项目任务，依据实训原理开展本项目的策划工作。

操作说明：① 分组进行项目研究，每组 6 人。② 针对小组研究项目任务进行学习、研讨，进行合理分工。③ 掌握本项目策划的原理与方法。④ 根据项目任务开展研究，完成本项目产品市场推广策划方案。

五、实训项目任务

实训项目:"R 品牌橄榄油"市场推广策划

以背景资料为基础开展市场营销环境调研,完成"R 品牌橄榄油"市场推广策划方案,具体任务包括如下内容:

1. 市场调研

① 项目产品市场需求状况调研:市场需求规模及发展趋势分析。

② 项目产品市场竞争者调研:竞争者产品特点、价格水平、促销策略等(重点分析 5 个以上竞争者)。

③ 消费者需求调研:消费者购买行为特点、需求特点等。

④ 企业产品调研:项目产品的特点、功能、价值调研。

2. 目标市场定位

① 目标市场描述。

② 目标顾客需求特点分析。

3. 市场推广策略研究

4P 营销组合策略设计。

4. 市场推广方案设计

① 针对中间商的促销方案:促销目标、促销主题、活动方案等,要用针对中间商的营业推广激励手段和交际性公关活动手段进行活动设计。

② 针对目标顾客的促销方案:促销目标、促销主题、促销活动方案、活动时间地点设计、活动信息宣传等,要用多种营业推广活动方式与公共关系促销方式进行活动的组合设计。注意要重视网络平台的应用。

③ 费用预算:促销物料费用、活动宣传费用等。

④ 效果预评价。

R 品牌橄榄油市场推广策划背景资料

橄榄油是由新鲜的油橄榄果实直接冷榨而成的,不经加热和化学处理,保留了天然营养成分,被认为是迄今所发现的油脂中最适合人体营养的油脂。橄榄油具有促进血液循环、改善消化系统功能、提高内分泌系统功能、对骨骼系统具有抗衰老、预防心脑血管疾病等作用,此外还能保护皮肤、美发、止痒等。橄榄油在西方被誉为"液体黄金""植物油皇后""地中海甘露",原因就在于其极佳的天然保健功效,美容功效和理想的烹调用途。

R 品牌橄榄油产自意大利,安徽 T 公司是其在中国的总代理。随着中国经济的发展,人们的消费水平和健康意识不断提高,橄榄油也越来越受到市场的欢迎,但同时橄榄油的市场竞争也不断加大。R 品牌橄榄油进入中国市场大约 3 年,作为一个新品牌为了更好地开拓中国市场需要加强产品的市场推广。请为 R 品牌橄榄油做一份市场推广策划方案。

（注：学生也可根据自己的兴趣选择一家真实的企业产品作为研究项目，经指导老师批准即可。）

六、预习要求与思考题

预习实训原理与项目策划操作步骤，明确实训项目任务，按要求实施项目策划。

七、实训成绩评价

学生必须在规定的时间内完成实训任务，并提交产品市场推广策划书方可参加考核。考核成绩由指导教师根据学生在实训期间的表现以及学生实训任务完成情况进行综合评定。最终成绩按"优秀""良好""中等""及格""不及格"五个等级评定。90 分及以上为"优秀"，80～89 分为"良好"，70～79 分为"中等"，60～69 分为"及格"，59 分及以下为"不及格"。具体评分标准如表 9.1.1 所示。

表 9.1.1　评分标准

评 分 标 准	满　分
1. 作风务实，积极参与团队研讨，按规定内容及进度开展各项工作，按时完成策划项目任务	20
2. 能独立查阅相关文献和进行项目产品营销环境调研，对项目产品的营销环境分析论证充分，结构严谨合理	30
3. 市场推广活动方案设计科学合理，具体可行	30
4. 方案逻辑性好，阐述语言准确，表达清楚；策划书编制符合要求	20

项目十　企业形象策划实训指导

项目概述

“企业形象策划”实训课是在营销策划、企业形象设计理论学完之后，实施的一个重要的实践性教学环节，是企业形象设计应用训练的重要内容。

企业形象的策划、设计和提升在企业的市场竞争中具有十分重要的作用和地位，是每一个企业可持续发展的关键。本课程使学生获得从事企业形象策划、设计的基本知识和能力，使学生全面了解和基本掌握企业形象策划、设计(CIS)中的三个子系统(MI、VI、BI)相互作用的理论系统、策划顺序，培养学生对各企业标志及整体形象的分析能力以及为某企业进行形象策划、设计(视觉部分)的能力。

实训重点

本实训课重点训练学生对企业形象问题的分析能力，运用企业形象策划、设计的基本知识对企业形象三大子系统进行综合设计。

实训难点

本实训课程的难点在于对所选企业进行调研，搜集所需要的企业资料，对资料进行分析整理，归纳企业在CIS方面的实施情况，发现问题或需要完善和提升的方面，为企业重新或部分地改进CIS系统而策划。

任务一　企业理念识别系统策划

一、实训目的

让学生了解企业理念识别系统的重要性，熟悉搜集整理企业理念识别系统各项材料的方法，掌握企业理念识别系统策划的基本能力。

二、实训原理

企业理念是企业文化的精神，是企业文化的核心和灵魂。对企业形象进行策划，其主要工作就是对企业理念识别(MI)、视觉识别(VI)和行为识别(BI)进行策划与设计,企业理念的设计是重中之重,是行为识别与视觉识别设计的依据和原则性标准。

企业理念的设计过程主要分为设计前的准备工作、具体的设计过程和设计完成后的对企业理念的传播与推进三部分。

(一)企业理念设计前的准备

1. 企业理念设计的时机准备

当企业的经营环境、经营业务、性质发生改变时,需要对企业的理念进行重新设计或修改。

2. 企业理念设计的思想准备

首先,企业理念依据企业战略的需要进行设计是很有必要的,企业理念与企业战略之间是互相影响、互相支持的。

其次,企业理念的设计需要与企业领导、员工一起反复学习、商讨、验证,以使理念的提炼更准确;企业理念也需要通过学习型组织进行传达。这两个过程需要靠建立学习型组织来实现。设计企业理念与建立学习型组织相一致,互相支持。

最后,要设计独特、出众的企业理念,关键在于调动和发挥企业广大员工的创造性思维,鼓励员工发挥所有的潜力。

3. 企业理念设计的组织准备

包括启动企业理念设计、诊断评估、企业现状调查、企业形象定位、企业理念定位、确定企业理念设计方案、具体设计、评价、筛选与定稿等环节。

(二)企业理念设计的程序

1. 企业理念的设计原则

个性化原则:体现本企业与其他企业的理念的差别。

持久性原则:企业理念经得起历史的考验。

民族性原则:充分考虑民族文化、民族精神,体现民族形象。

系统性原则:企业理念构成各要素要完整、和谐。

2. 企业理念设计的价值判断标准

包括对企业经营目标的价值判断、对质量的价值判断、对企业人才的价值判断、对企业服务措施的价值判断、对企业责任心和社会责任感的价值判断等。

3. 企业理念的设计类型

人本型、顾客型、创新型。

4. 企业理念的要素设计

(1) 企业价值观的提炼

① 根据企业已形成的企业理念设计方案,通过对咨询机构、企业领导和员工代表的访谈或问卷调查,获得初步的企业价值观。

② 企业决策层进行讨论,研究这些初步的价值观是否已经很好地体现了企业的最高目标、社会价值观和企业领导者的价值观。

③ 咨询机构顾问和决策层人员以及员工代表一起探讨企业价值观体系中的每一条内容，并将企业价值观体系的各项内容与企业理念其他各要素进行协调，在文字上进行斟酌。

④ 从中筛选出符合要求的价值观内容，通过员工问卷调查的形式，了解员工对这些价值观的认知程度和接受程度。

⑤ 通过对员工的反复探讨和问卷调查，把价值观体系内的各项内容进行排序和审核，最终形成表述比较准确的企业价值观。

另外，还要对原有的企业价值观进行修改和补充。其步骤如下：

① 要分析企业内外部的环境和新的企业发展目标，找出原有价值观中与企业最新的发展目标不适应的内容，并将其删除掉。

② 提取原有价值观体系中模糊不清的内容，重新加以提炼和修改，使之符合新的价值观体系的需要。

③ 保留原有价值观体系中适应新情况的内容，根据新的价值观体系的要求并按照上面所描述的设计新价值观的方法，对原有的价值观体系进行补充。

(2) 企业哲学

企业哲学的来源主要有：企业领导者的哲学思维、企业英雄模范人物的哲学思维、多数员工共同的哲学思维、社会公众的哲学思维等。

(3) 企业精神

企业精神的提炼方法主要有：员工调查法、典型分析法、领导决定法、专家咨询法等。

5. 企业理念的设计技巧

企业理念的设计技巧包括企业理念的口号化、企业理念的人格化、企业理念的艺术化等。

(三) 企业理念的传播与推进

1. 企业理念在 VI、BI 中渗透传播

要使企业理念在 VI、BI 中很好地渗透传播，企业理念设计的项目工作组可以用企业内部所有的传播媒介。它可以通过内部刊物宣传企业理念，可以通过制作企业宣传片从视觉上反映企业理念，也可以在公司组织的公关活动中普及企业理念，让员工有机会参与学习，共同创造理念的价值。

2. 企业理念的自身传播

主要方法有：反复唱和法、理念解释法、环境感染法、主题仪式法、人物示范法。

3. 企业理念的推进

(1) 企业理念的推进方式

四个贴近，即贴近生产、贴近经营、贴近管理、贴近改革。

四个进入，即进入班子、进入班组、进入现场、进入市场。

(2) 企业理念的推进过程

包括五个阶段，即信息传达阶段、企业理念认同阶段、企业理念反馈阶段、共同商讨阶段、共同合作阶段。

三、参考案例

联想集团、西门子公司、康佳集团、三星集团等知名企业的理念集锦如下。

联想集团

1. 企业定位

联想从事开发、制造及销售最可靠的、安全易用的技术产品。

我们的成功源自于不懈地帮助客户提高生产力，提升生活品质。

2. 使命

为客户利益而努力创新。

创造世界最优秀、最具创新性的产品。

像对待技术创新一样致力于成本创新。

让更多的人获得更新、更好的技术。

最低的总体拥有成本（TCO），更高的工作效率。

3. 核心价值观

成就客户——我们致力于每位客户的满意和成功。

创业创新——我们追求对客户和公司都至关重要的创新，同时快速而高效地推动其实现。

诚信正直——我们秉持信任、诚实和富有责任感，无论是对内部还是外部。

多元共赢——我们倡导互相理解，珍视多元性，以全球视野看待我们的文化。

西门子公司

1. 价值观

（1）勇担责任

致力于符合道德规范的、负责任的行为。

西门子努力满足一切法律和道德要求，并且，只要有可能，我们还努力超越这些要求。我们的责任是按照最高的职业、道德标准和惯例来开展业务：公司绝不容忍任何不合规的行为。

我们在"勇担责任"方面的原则堪称是我们制订业务决策的指南针。我们还必须鼓励我们的商业伙伴、供应商和其他利益相关者遵循同样高的道德标准。

（2）追求卓越

取得卓越的业绩和运营成果。

追求卓越，是我们在每个领域都将尽力实现的目标。我们根据公司愿景制定这一远大目标，并在其指引下提供优异的质量及超越客户需求的解决方案。一直如此。

追求卓越还意味着吸引市场上最优秀的人才。我们将帮助这些人才掌握获得成功所需的各种技能，给他们提供发挥潜力的绝佳机会。我们致力于营造一种高绩效企业文化。

追求卓越不仅仅关系到我们今天所做的一切，它还要求我们找到一条持续改善的道路。这需要我们灵活、积极地迎接变革，从而确保我们能够牢牢把握新的机遇。

(3) 矢志创新

敢于创新,创造可持续的价值。

创新已成为西门子业务成功的基石。研发是西门子发展战略的基本动力。作为关键专利的持有者,无论是已经成熟的工艺,还是正在发展的技术,我们都是客户强有力的合作伙伴。我们的目标是,在所涉足的众多业务领域,都占据技术领袖地位。

我们是创新惠及全球的企业公民。我们用客户是否成功来衡量我们的创新是否成功。我们不断调整业务组合,以便为全人类共同面临的最严峻的挑战提供解决方案,从而使我们得以创造可持续的价值。

通过引领潮流,我们可以完全释放员工的能量和创造力。我们富于独创,也欣赏这种素质的所有含义:独创性、创造力、奇思妙想,等等。

2. 愿景

汇聚全球英才。

矢志突破创新。

赋予客户独特竞争优势。

助力社会迎接重大挑战。

创造可持续价值。

康佳集团

1. 使命

打造世界级中国企业。

2. 愿景

一个值得信赖的数字娱乐品牌;一个一流的家庭、手持、车载领域的数字娱乐产品和服务提供商;一群怀抱远大理想、拥有强烈荣誉感、共享经营成就的康佳人。

3. 核心理念

创造卓越,成就梦想。

4. 企业精神

超越自我,进取高远。

5. 经营理念

价值经营。

6. 发展理念

唯发展才能生存,唯制度才能久远。

7. 品牌理念

精致产品,美妙生活。

三星集团

1. 经营理念

在三星,我们都遵循着一个简单的经营理念:以人才和技术为基础,创造出最高品质的产品和服务，为人类社会的发展做出贡献。

每一天，我们的员工都在对这个理念身体力行。我们的领导者在世界范围内寻找最聪明的人才，为他们提供保证其做出本领域最出色成绩的资源。由此带来的成果就是，所有我们的产品——从保证储存关键知识的内存芯片到将各大洲用户连接起来的手机——都可以用以丰富我们的生活。这就是创造更美好的人类社会的含义所在。

2. 价值观

我们相信，以强有力的价值定位为基础的工作是成功业务的关键。在三星，严格的行为规范以及这些核心价值，是我们做出任何决策的基础。

(1) 尊重人才

非常简单，我们尊重我们的人才，秉承“人才是公司的全部”的哲学。在三星，我们一直努力为我们的员工提供尽可能多的机会，让他们充分施展自己的才华。

(2) 追求卓越

尽我们最大的努力，力争通过不屈不挠追求卓越的激情，以及坚决开发出市场上最优秀的产品及服务的承诺，在我们所从事的每一个方面做到世界最好。

(3) 主导变革

在今天这个快速发展的全球经济环境下，变革是永恒的，没有不断的创新，企业就无法继续生存。就如同我们在过去的70年时间里所做的那样，我们着眼于未来，积极预测市场需求和需要，这样，我们就可以使我们的企业走向长期的成功和繁荣。

(4) 正当经营

以符合伦理道德的方式经营是我们事业的基础。我们在任何方面都会保证公平、尊敬所有股东，以及完全透明的道德规范。

(5) 共同繁荣

一个企业，如果不能为其他人带来繁荣和机会，那么这个企业就无法取得成功。三星将承担一个优秀企业公民在社会以及环保方面所应承担的全部责任，追求与我们的每个社区、国家以及人类社会共同繁荣。

3. 公司愿景

三星一直遵循这样的一个独特理念：领导数字融合潮流。

我们相信，通过今天的技术创新，我们将找到面对明天的挑战过程中急需的解决方案。技术可以给我们带来各种机会——保证公司业务不断发展，通过开拓数字化经济，保证新兴市场中的居民走向繁荣，同时保证人们发现新的可能性。

我们的目标是，开发创新性技术以及高效的流程，创造新的市场，丰富人民的生活，使三星成为一个值得信赖的市场领导者。

4. 公司使命

在三星，我们在各个方面必须遵循的公司使命是：成为最好的“digital-εCompany”。

（资料来源：根据网络资料改编。）

四、实训操作方法

本实训主要采用项目研究法，以组为单位开展研究。

① 搜集资料和素材，了解相关企业的企业理念。

② 小组成员分工协作，认真完成市场调研工作。

调查与整理企业历史，企业经营现状，企业发展战略，企业组织文化氛围，员工对企业形象的认知，市场同行业，同类产品的竞争形势，企业社会知名度，产品定位，市场形象等。

③ 企业理念策划和设计准备。

(a) 根据调研结果说明企业理念（重新）策划和设计的理由，并证明设计的时机准备已充分，例如企业经营环境、企业经营业务、企业性质等发生变化。

(b) 根据调研结果说明企业领导和员工在思想上认识到企业形象策划的重要性，对企业形象策划表现出支持和积极性。

(c) 企业理念设计的组织准备（成立项目组、抽调专门人员负责企业理念设计工作、相关人员的配备等）。

④ 企业理念设计阶段：企业形象的社会，市场定位，企业使命（经营指导思想、企业宗旨等），企业核心价值观，企业发展目的，企业精神标语口号等。

⑤ 根据上述内容制订企业理念识别系统策划书（设计方案或 MI 手册）。

操作说明：开展小组研究，每组成员不超过 6 人，并对项目任务进行合理分工。

任务二　企业视觉识别系统策划

一、实训目的

让学生了解企业视觉识别系统的重要性，熟悉搜集整理企业视觉识别系统各项材料的方法，掌握企业视觉识别系统策划的基本能力。

二、实训原理

视觉识别是凭借形态、色彩、文字来建构形象的一种可视符号。视觉识别系统是在企业经营理念的指导下，利用平面设计等手段将企业的内在文化和市场策略等通过视觉化的表意和传达来有形化、形象化的过程。企业视觉识别系统从视觉上表现了企业的经营理念和精神文化，从而形成独特的企业形象，就其本身又具有形象的价值。

（一）企业视觉识别系统的设计流程

1. 调研、准备阶段

要进行企业调查和沟通效果调查，然后选择设计方式，可以全部委托、部分委托和招标委托等。

2. 设计、实施阶段

这个过程要遵循一些原则，包括差异化原则、艺术性原则、本土化原则和同一性原则。

3. 审议、修正阶段

审议标准主要有：创意的审美性、创意的新颖性、构图的技巧性、视觉的易识性、理念的准确性。

企业视觉识别系统要顺应市场的变化，紧跟时代潮流和文化的演变。

（二）企业视觉识别系统的基本要素

1. 企业标志设计

企业标志就是以象征企业特征的符号，主要由图形、文字和色彩构成，是企业视觉识别系统的基本要素，一般是企业的文字名称、图像记号或者两者相结合的一种设计。

（1）标志分类

按照标志的构成要素可分为文字标志、图形标志和组合标志。

依据企业标志的不同功能可分为如下两种：

① 企业标志就是商标，即企业标志和商标品牌统一化战略，也称"一元化的视觉结构"。

② 企业标志和商标品牌各自独立，也称"商标视觉结构"。

按照标志设计的造型要素可分为：以点为标志设计的造型要素、以线为标志设计的造型要素、以面为标志设计的造型要素、以体为标志设计的造型要素、综合多种造型要素的标志设计等。

按照标志造型手法可分为具象型、抽象型和具象与抽象相结合型。

（2）标志设计

标志设计的程序包括调研分析阶段（准备阶段）、意念开发阶段、草图阶段、细节调整、深化阶段、正稿制作阶段等。

标志设计的原则：以企业理念为核心；凝练简洁，富有感染力；新颖独特，易于识别；灵活设计，富于通用性；顺应潮流，富于时代性等。

标志的设计表现手法：对称与均衡；对比与和谐；统一与变化；比拟与联想；节奏与韵律等。

2. 企业标准字设计

（1）标准字的种类

企业标准字、字体标志、品牌名称标准字体、产品名称标准字、活动标准字、标题标准字等。

（2）标准字的设计

标准字设计的程序包括调查分析、确定标准字体的基本造型、配置笔画、统一字体、排列方向等。

标准字设计的原则包括标准字的造型要能够表现出独特的企业性质和商品特性，标准字造型要与标志造型相融合，标准字的设计应便于推广和应用等。

3. 企业标准色设计

标准色是用来象征公司或产品特征的指定颜色，是标志、标准字及宣传媒体专用的色彩。标准色的设定需要基于塑造企业形象的考虑、基于经营战略的考虑、基于成本和技术的考虑。

(1) 标准色的设计

标准色的设计程序有调查分析阶段、色彩设计阶段、色彩管理阶段、反馈阶段。

企业标准色的结构设计包括单色标准色、复数标准色、标准色＋辅助色。

(2) 吉祥物

吉祥物具有说明性、亲切感、系统性的特征，吉祥物的题材选择要有故事性、历史性、材料性。

(三) 企业视觉识别应用要素策划

基本要素系统的策划，是以如何开发好的设计为目标，而应用要素系统的策划则是以如何灵活应用好的设计为前提，全面准确传达企业理念和企业形象，形成企业特有的风格。

1. 产品包装策划

产品包装设计的特点：统一的风格、综合于一体、从属地位、醒目独特、明显的功能区别、国际化。

产品包装的分类：系列化包装设计、礼品包装设计、包装纸设计、手提袋设计。

产品包装设计策划：竞争型包装策略、需求型包装策略、美观型包装策略、个性化包装策略。

产品包装设计应注意的问题：包装设计应统一于企业整体视觉识别系统，应构建良好的包装质量，包装应有明确的商品性，包装设计应注意完美的艺术性，包装设计应有独特风格，设计时应具备一定的文化内涵。

产品包装的发展趋势：适合于个性化的包装设计；适合于突出文化个性差异的包装设计；适合于环保的绿色包装设计；适合于防伪的包装设计；适合于电子销售的商品包装设计。

2. 广告视觉策划

广告内容分类，包括产品广告、企业广告、观念广告、公益广告。

广告媒体分类，包括印刷媒体类、电子媒体类、户外媒体类、交通工具媒体类、其他媒体类。

广告创意的原则，包括主体明确、内容真实、构思新颖、语言简练易记。

广告创意产生的方法，包括头脑风暴法、垂直—水平思考法、"五阶段"创意法等。其中"五阶段"创意法包括搜集原始资料、信息的咀嚼、信息的消化、创意的出现、创意的发展。

广告创意的表现形式，包括直陈式表现、示范性表现、实证式表现、比较式表现、幽默式表现、悬念式表现等。

广告策划的表现策略，包括广告策划的整体形象表现、广告策划的色彩表现、广告策划的文化差异表现、广告策划的地域表现、广告策划的情感诉求表现。

广告策划的流程，包括广告环境分析、广告市场定位分析、广告设计分析、广告创意分析、广告策略分析、广告效果分析。

3. 其他视觉识别系统策划

① 办公事务系统策划：包括名片、信封、信纸、商业表格。

② 标志视觉策划：第一，标志设计应注意：完整统一、简单醒目、勇于创新。第二，标志设计的步骤：设计师在为企业设计标志之前，首先要了解企业经营理念、企业文化甚至发展方向；实地考察其标志设置的环境条件；设计团队的着眼点要从"设计"转变为"沟通"，与客

户沟通，与消费者沟通，与市场沟通；拿出初步的设计方案，注意形、色、材料、加工方式的设计意义。

环境的视觉策划：注意协调统一、适应一致、整洁有序、新颖独特。

交通运输工具的视觉策划：注意统一性、视觉认同性、多样性。

制服的视觉策划：注意人的因素是制服设计的首要因素，造型因素包括外造型和内造型，质料是指不同质地的服装面料，色彩也是重要的形象因素，服装的配件也是不可忽视的因素。

三、参考案例

正邦标志设计案例分析——雅客篇

感动：想到雅客这个客户，感动一定是最准确的关键词，这种感动来自于客户对于正邦100%的信任，来自于双方推心置腹的沟通。以一般的工作程序，接到客户的垂询电话后，首先在电话里沟通，并会邮寄我们的资料，以便客户更深一步了解我们的情况。与雅客的初次沟通则是面谈。面谈非常愉快，双方达成了良好的互动。雅客的副总给正邦的全体人员做了自己公司的介绍，使大家了解到了雅客由一个生产加工糖果的小作坊到现在年利润上亿元、员工1000多人的中国糖果业龙头企业是多么的不易。

初面成功使接下来的进展都很顺利，第二次见面就是双方签订合同的时候。正邦的一切工作都是策略先行，要做好设计方案，前期的调研工作不可少。我们首先成立了雅客服务小组，由策划部出了调研问卷，接下来就是带上相机到各大超市卖场去实地考察、调研，详细比较、记录雅客与竞品在卖场的问题和优势，召开多次分析会议。由于雅客属于大家耳熟能详的快速消费品，所以甚至没有参与此次项目的同事也主动出谋划策，大家干劲十足。

雅客邀请我们到青岛考察了卖场情况。雅客总经理还亲自与我们的创意总监就创意的方向做了深入的探讨。设计方向很明确，就是以中英文名称设计一款图文结合标。为了便于在糖果和食品的应用环境中使用，我们进一步确定了设计底图的形式，与周围环境相区隔，加强标志的识别性。

对中英文字的把握能力使文字设计符合雅客有力亲和的形象。起初，在中英文字的设计上我追求一种“同构”，即利用笔画，“雅客”中文设计中融入了字母“a”和“e”的形象，而“a”和“e”是“Yake”英文中的字母，设计中这两个字母在中英文中的形象相同。整个标志很活泼。后来因为是设计企业LOGO，而不是产品标志，所以又对其进行了修改，以使其更加稳重。

完成文字的初步设计后进入底图的设计。如何创新一个具有很强识别性、符合雅客食品行业特征和远景、又和同类产品的标志和图形具有差异性的标志？在灵感捕捉阶段，我的脑海里不停地蹦出与食品、糖果相关的词语：甜蜜、舌头、笑脸？但从哪里切入落实到图形上都显得雷同与老套。此时我有些郁闷。那天午饭过后，在楼下休息，看见校园里几株玉兰树，落了满地的玉兰花瓣，大片白色的花瓣被清风卷起又落下，看上去很美，我凝视了一会儿，突然想到了什么，这不是我苦心寻觅的图形元素吗？我拣起一片花瓣跑到楼上，勾出了以花瓣为创意的图形，后来经过电脑调整设计就形成了现在雅客标志的外形，一个富有亲和力与识别性的专属图形。

正邦与雅客合作，感受到雅客具有一个成熟企业的风范。雅客与正邦的年龄相仿，都是一步步走过来的。雅客十年，成为中国最大的糖果、巧克力专业生产厂商之一，中国糖果业的领导者，对品牌也具有相当的重视程度。他们从 D&F（德国糖果研究机构，雅客合作伙伴）聘请了国际甜品大师伊万·法比瑞担任技术顾问，中国著名品牌策划机构——叶茂中营销策划机构制订品牌营销。中国人一般说奶糖有“大白兔”，软糖有“徐福记”，但今天中国糖果的第一品牌却是“雅客”。

当前糖果行业的竞争，已经由过去简单的规模竞争发展到如今的研发、人力、市场等综合力量的竞争，各企业在竞争中的市场战略、战术也愈发眼花缭乱。性格决定命运，气度决定格局，正邦很荣幸为这样一个企业设计视觉识别系统。

背景：作为能够补充维生素的糖果，雅客 V9 在国内是一种全新的产品，在国际上，也只有雅客食品和 D&F 能够生产这种糖果。2003 年 8 月，雅客 V9 推向市场后一炮走红，在招商会上就被订货 2.3 亿元，并且当场到款 6700 万元，创下了国内糖果业单品种上市的奇迹。雅客已成为中国最大的从事甜蜜事业的企业。

挑战：通过周密的消费者调研，我们发现糖果属于冲动性购买产品，零售终端非常重要，所以形象要有亲和力，有煽动性。66%的消费者到店内才决定购买，80%的消费者对于特殊陈列的商品感兴趣，59%的消费者是受到店内陈列和广告影响而购买的，名称一定要有视觉冲击力并且合理，符合视觉习惯和美学标准。另外，也要考虑到雅客的品牌个性，雅客目前的形象投影，突出“雅客”这个大品牌和体现亲和力，哪个更重要，突出个性还是体现共性等诸多品牌问题。

方案：标志延伸雅客的品牌精神，以红黄为主色调，传达甜蜜的味觉感受，象征雅客热情的服务，如图 10.2.1 所示。

图 10.2.1　“雅客”的标志

标志呈现抽象的“花”的造型，花象征新鲜、甜美，寓意产品属性，以及企业从事甜蜜的事业。美丽的花朵代表甜丝丝的糖果带给人们好心情，心花怒放，心满意足。“幸福之花”代表事业的发展、家庭的和谐、生活的惬意，令人们喜笑颜开。它也寓意浓浓的亲情、真挚的友情、甜蜜的爱情，使每个人如沐春风。正待开放的花蕾象征人们对未来的期待，象征等待我们的美好明天：崭新的一天，幸福之花将绽放出无尽的色彩。两笔弧线构成细致的花萼，小心托起花朵，代表企业兢兢业业，呵护消费者的健康与愉悦。

标志也如同燃烧的火苗，寓意企业红红火火，跳动的火苗象征企业旺盛的生命力，热情如火永不熄灭，表达企业奋发向上的进取精神和昂扬的斗志。

标志又如同飘动的旗帜，代表雅客举起了中国糖果业的大旗。

标志字体采用圆角处理，亲和力强，体现企业友善的形象，拉近与受众的距离。字体整体斜向上的趋势具有动感，代表雅客的前进与发展。

（资料来源：根据网络资料改编。）

四、实训操作方法

本实训主要采用项目研究法，以组为单位开展研究。

1. 了解视觉识别系统

搜集资料和素材，了解相关企业的视觉识别系统。

2. 小组成员分工协作，认真完成市场调研工作

① 调查、整理企业历史，企业经营现状，企业理念识别系统，市场同行业、同类产品的视觉识别系统。

② 调查、评估企业视觉识别系统（企业标志、品牌LOGO、广告、产品包装、办公事务用品、环境标志、交通工具、制服等）的社会知名度、辨识度。

③ 调查、了解企业产品的用途、功能、目标顾客等。

④ 企业视觉识别设计沟通效果调查（对外宣传媒体，各媒体表现水平，企业公关宣传活动，企业在公共场所的建筑，装修形象等）。

3. 企业视觉识别系统策划和设计准备

① 根据调研结果说明企业视觉识别系统（重新）策划和设计的理由。

② 根据调研结果总结企业理念，要认识到企业视觉设计是将企业理念识别系统演绎为视觉符号系统的过程，视觉识别设计作为企业对外形象的传播媒介，应当紧紧围绕着企业理念，多层次、多视角、立体化、全方位地来进行对外界的表意和传达。

③ 企业视觉识别系统设计的组织准备（成立项目组、抽调专门人员负责企业视觉系统设计工作、相关人员的配备等）。

4. 企业视觉识别系统设计阶段

（1）企业标志

① 图形；② 企业标志的意义；③ 企业标志的使用范围。

（2）企业标准字体

① 中文标准字体；② 英文标准字体；③ 企业标准字体的意义。

（3）企业象征图形（如吉祥物）

① 画法；② 意义；③ 用途及使用范围。

（4）企业标志、企业标准字体、企业象征图形组合系统

① 组合方式；② 使用范围。

（5）企业标准色调系统

① 主色系统；② 辅助色系统；③ 主辅色组合；④ 标准色的意义；⑤ 用途及使用范围。

（6）企业形象应用系统

① 产品包装；② 广告宣传LOGO；③ 办公用品系列（名片、公司职员识别证、信纸、信封

（中式、西式）、便笺纸、明信片、贵宾卡、旗帜、笔记本等）；④ 环境标志；⑤ 交通工具；⑥ 制服等。

5. 制订视觉识别系统策划书

根据上述内容制订企业视觉识别系统策划书（设计方案或 VI 手册）。

操作说明：开展小组研究，每组成员不超过 6 人，并对项目任务进行合理分工。

任务三　企业行为识别系统策划

一、实训目的

让学生了解企业行为识别系统的重要性，熟悉搜集整理企业行为识别系统各项材料的方法，掌握企业行为识别系统策划的基本能力。

二、实训原理

企业行为识别是以企业精神和经营思想为内在动力，显现出企业内部的管理方法、组织建设、教育培训、公共关系、经营制度等方面的创新活动，最后达到塑造企业良好形象的目的。

（一）企业内部行为识别系统策划

1. 企业经营管理行为策划

（1）企业组织机构的建设

组织机构类型包括：直线—职能机构、事业部结构、矩阵结构、模拟分权制组织机构等。

组织机构设计的原则：目标原则、专业分工与协作原则、指挥统一原则、命令一元化、集权与分权相结合原则、责权对等原则、稳定性与适应性相结合、有效性原则。

组织机构设计的程序：设计的方针和原则、职能分析与设计、设计与建立基本结构、建立组织联系与规范、人员配备与培训、反馈与修正。

（2）企业管理制度策划

企业管理制度策划原则：符合企业理念、法制性原则；立足企业实际需要；刚猛相济，宽严有度；相互兼顾整体协调；主次分明、条理清晰、简明扼要；公正性与可操作性。

制订管理制度的程序：调查与制订目标，参与组织编写、制订草稿，审核批准，试行，正式执行。

（3）企业内部环境营造

物理环境营造：视觉环境营造、听觉环境营造、温湿度环境营造、嗅觉环境营造。

人文环境营造：严于律己、以身作则，以人为本、重视人才，宽以待人、关心员工。

工作环境策划包括如下内容：

① 个体工作环境策划：岗位培训、因人善任、激励机制。

② 团队工作环境策划：加强民主建设、团队的凝聚力、目标一致性，团队应具有适应外部环境变化和协调内部冲突的能力。

③ 办公室环境策划：合理配备办公设备和用具、注意办公室装饰、注意营造办公室内的物理环境。

2. 企业沟通行为策划

（1）企业对员工的沟通

定期的公开演讲和员工大会、小型会议、企业的文化活动、员工的培训、企业的出版物、经理信箱、经理热线电话、非正式的传播沟通方式。

（2）企业对员工的激励

建立激励机制原则，采用合适的激励方式，除了涨工资、加奖金、设福利等物质激励外，还要注重精神激励，如尊重激励、参与激励、目标激励、领导行为激励、榜样激励、感情激励等。

（3）企业对员工的 CI 培训

宣传海报、板报：举办 CI 培训学习班；召开 CI 工作研讨会；企业内部刊物和简报；CI 手册。

3. 企业员工的行为规范

（1）仪表规范

服饰规范、外表形象、神态规范。

（2）工作程序规范

接受、执行上级命令；召集和参加会议；独立工作；与同事配合工作；报告要求。

（3）岗位纪律规范

作息制度、工作状态要求、请销假制度、保密制度。

（4）礼仪规范

基本礼仪、电话礼仪、接待客人礼仪、交谈礼仪、拜访礼仪、引见介绍礼仪。

4. 企业对股东的沟通行为

年度报告，年度股东大会，书信、邮件，电话，拜访，邮寄新产品样品，宴会等活动。

5. 企业内部活动策划

（1）行为手册的编制

包括员工手册、经理手册、岗位手册、营销手册等。

（2）企业内部文化活动策划

计划安排：活动主题的确定、活动目的和意义、活动的时间、活动的地点、活动的形式、活动负责人、拟订客人名单。

活动预算：具体预算、预算总额。

（3）核心活动安排

确定活动项目，布置场所，接待工作，主持人、演讲者的确定，讲演稿内容的审查与确定等。

6. 特定活动策划

(1) 表彰领奖会

企业表彰在工作中做出实际贡献或成绩的优秀员工或部门的会议,主要要求有布置会场、设计颁奖程序。

(2) 企业沟通会议

会议的准备包括决定会议的讨论范围、设定会议进行方式的计划、准备所需的资料、整顿会场等。

会议的开始:开始后的一般程序是导入(引起话题、说明会议目的)、协议(相互提意见,达成协议)、结论(对主题评价,过滤问题引向结论)、结束(归纳结论、强调方向、明确任务、表示感激)等。

庆典活动:包括典礼开始、致贺词与答词、剪彩等。

(二) 企业公共关系策划

1. 企业公共关系行为策划

公共关系行为策划的原则,包括遵守道德与法律、求实原则、创新原则、权变原则、多赢原则。

2. 企业公共关系行为策划的一般程序

包括确定目标、确定公众、公关策略策划(社会性公关策划、宣传性公关策划、维系性公关策划、服务性公关策划、矫正性公关策划)、公关时机策划、经费预算、公关决策、效果评估等阶段。

3. 企业公共关系专题活动策划

企业公共关系专题活动策划要符合下列要求:诚信可靠、富有吸引力、新颖别致、切实可行。

(1) 公关新闻宣传策划

公关新闻稿件的制作、记者招待会的策划、新闻发布会的策划。

(2) 企业展览活动策划

企业展览活动的策划程序:确定展览活动的目的和主题,分析必要性和可行性,确定参展合作单位,确定展览时间和场地,准备宣传资料,成立专门的新闻发布机构,编制展览费用预算,评估展览活动效果等。

(3) 企业赞助活动策划

赞助活动及主要类型,包括赞助体育活动、赞助文化活动、赞助教育事业、赞助各种社会福利事业等。

举办赞助活动的原则,包括社会效应原则、传播效果原则、量力而行原则、优先原则等。

企业赞助活动策划程序,包括慎重选择赞助对象,制订赞助计划,评定审核赞助项目,赞助活动的实施,赞助项目的效果评估。

三、参考案例

北京小米科技有限公司行为识别(BI)系统

第一部分:总则

第1条 为了使北京小米科技有限公司在市场激烈的竞争中处于一个有利位置,始终保持着强势企业的形象;为了使北京小米科技有限公司的企业理念能真正付诸企业行动,实施企业形象战略,提升企业形象,增强企业的综合竞争能力,特制定《北京小米科技有限公司行为识别系统》。

第2条 本套《行为识别系统》涵盖了北京小米科技有限公司的经营理念和业务活动的所有领域,是北京小米科技有限公司企业理念行为识别在企业整体活动中的具体落实和实施规范与要求。本套《行为识别系统》既体现对北京小米科技有限公司企业行为宏观指导的系统性,又突出对公司全体职工个体行为及岗位职责的具体要求。

第3条 本套《行为识别系统》对北京小米科技有限公司全体干部职工具有强制性和约束力,企业所有人员都必须遵守履行,如果违反本系统规定,必须接受相应的批评和处罚。

第4条 本套《行为识别系统》的实施与推广是一个循序渐进的互联网公司的计划性作业,所以反复对内部干部职工进行宣传、教育,并通过各种传播渠道和推广活动的实施,达到企业行为规范统一和形象提升的目的,也能提高企业的凝聚力。同时,在企业内外环境发生变化的情况下,应有计划地对《行为识别系统》的内容进行必要的调整和改进,以求得在企业的整体经营中发挥更大的作用。

第5条 本套《行为识别系统》包括北京小米科技有限公司"企业行为识别"和"职工行为识别"两个部分。

企业行为是指北京小米科技有限公司整体对内对外开展的各项经营活动和其他活动。企业行为识别是《行为识别系统》中的最高层次,其结果将对整个企业产生重大而深远的影响,并具有强烈的内外传播特征。北京小米科技有限公司的企业行为识别主要包括企业文化建设、内部环境的营造、员工的培训机制、员工的激励奖惩机制以及内部沟通渠道。公司内部沟通是一个错综复杂、各种因素纵横交错的活动,而且在企业行为当中扮演重要的角色,基于此,本套《行为识别系统》在最后单独对此进行详述。

职工行为识别是指北京小米科技有限公司所有干部职工在履行自己工作任务时发生的行为。个体行为规范是《行为识别系统》的基础,其目标是把企业理念能够很好地导入职工的个体行为中。个体行为识别包括公司行为基准、干部职工职业道德、职工的行为规范、接待礼仪等部分。

第二部分:企业行为管理

1. 企业文化建设

(1) 北京小米科技有限公司企业文化建设的总方向

① 北京小米科技有限公司的企业文化建设是企业生存发展的内在动力,也是坚持以人为本的思想,推行人性化管理和提高企业个体管理水平的重大举措。北京小米科技有限公

司的文化建设必须把贯彻落实企业理念和价值观放在第一位，并以战略的高度构建企业的文化体系。

② 强化文化建设的导向。坚持四项基本原则，贯彻国家文化政策，鼓励积极向上的文化精神，积极支持各种有益的社会文化事业，倡导紧密围绕生产与经营展开文化建设，以保障企业的内部活力及企业经营目标的实现。

③ 北京小米科技有限公司根据文化艺术的自身规律，探索内容丰富、形式活泼、风格多样的文化活动，在小米公司的每间会议室的玻璃墙上都贴着员工活动照片，以增强企业职工的凝聚力和向心力。小米公司工程师工作成就感很强，因为有米粉线下活动见面会，有些女米粉会请知名的小米设计的工程师签名。

④ 改善文化建设的机制。北京小米科技有限公司的企业文化建设要坚持公司的统一领导，各部门分工明确，齐抓共管的领导机制和工作格局。要发现和培养文化艺术方面有专长的人才，使他们发挥特长，起带头作用。关注社会大众文化事业，积极组织参与社会文化艺术活动，通过多种渠道主动向社会辐射，以展示北京小米科技有限公司的文化品格与卓越不凡的企业形象。

(2) 北京小米科技有限公司企业文化建设的侧重点

根据北京小米科技有限公司的企业理念，企业文化建设要着重于以下几个方面：

① 创新文化。

对北京小米科技有限公司来说创新体现在观念创新、品牌创新、营销创新、管理创新等方面。小米十分注重产品研发，首创了用互联网模式开发手机操作系统、60 万发烧友参与开发改进的模式。

② 人本文化。

北京小米科技有限公司的管理要以人为本，充分贯彻“人为先，策为后”的管理观，建立以人为本管理的内在机制，创造以人为本管理的企业文化氛围，坚持以人为本管理的原则，打造平等轻松的伙伴式工作氛围。

③ 学习文化。

小米公司和其他企业不同，不再是一个终身雇佣的组织，而是一个“终身学习的组织”。小米公司立志要向苹果公司学习，要成为中国的苹果公司。不仅如此，小米公司还督促员工不停地学习最新的科技文化，了解最新的行业趋势，做到“生命不息，学习不止”。

④ 服务文化。

强化营销服务理念，实现“服务增值”。质量概念，不仅包括产品质量，也包括服务质量。企业形象从根本上说表现为产品质量和服务质量。小米坚持“用户就是驱动力”，认为公司首要的问题就是用户满意度，所以小米注重用户的参与感和体验，同时让利客户，着力打造让客户满意的手机。小米生产人性化的手机系统，为用户提供更好的体验。走在行业前端的手机软件服务，让用户手中的手机变成高端、潮流的代表。便于使用的手机，也能让用户的生活更加方便快捷，使用中充分体会到生活的快乐。

2. 内部环境的营造

企业内部环境是由物理环境和人文环境构成的统一体，北京小米科技有限公司营造了一个清爽干净的内部环境，不仅保证职工的身心健康，而且达到树立良好企业形象的目的。

(1) 物理环境

物理环境是企业内部环境中最重要的一环，一个好的物理环境可以增强职工工作的积极性，可以提升企业的形象，可以使北京小米科技有限公司的企业理念系统和视觉识别系统得到忠实的贯彻落实。物理环境主要包括视觉环境的营造、听觉环境的营造、温度和湿度环境的营造三个方面。人文环境必须要和物理环境相互统一起来，相得益彰。

① 视觉环境的营造。

北京小米科技有限公司视觉环境的营造不仅仅是企业行为识别系统（BI）的内容，更是视觉识别系统（VI）所需要涉及的内容，北京小米科技有限公司视觉环境的营造过程中，坚持了《北京小米科技有限公司视觉识别手册》（即 VI 手册）的规范和要求，公司的主色调和品牌 LOGO 的主色调相互呼应，并且结合自己作为移动互联网公司的特点，营造了温馨轻松的氛围，以加强员工的凝聚力和工作效率。小米公司的每间会议室都会取个与“米”字相关的名字，妙趣横生。

② 听觉环境的营造。

根据人体的相关原理，在一个没有噪音的工作环境下工作，可以很大地提高工作效率，同时这也是保证职工身心健康的重要条件。小米公司着重为员工塑造没有噪音的环境，使得员工能够最大限度地专注于自己的工作。

③ 温度和湿度环境的营造。

小米公司极其重视员工的身体健康，因此公司根据季节的变化运用相关设备为员工营造了适宜的温度和湿度环境。小米公司凭借其硬件设施为员工提供了一个适合工作的环境。

（2）人文环境

① 塑造良好的企业形象。

企业领导是企业内部的核心人物，他的行为和形象直接影响到企业员工的士气、工作的氛围和风气，也关系到企业形象的好坏。因此北京小米科技有限公司的领导努力塑造崇尚创新、快速的互联网文化，富有创意、不断进取的形象。

② 确定和保证员工的主人公地位。

企业活力和竞争实力的增强，最终取决于员工的主人公地位的确立。北京小米科技有限公司要引导员工具有主人翁的意识，即强烈的自主自立自律、平等、创新开拓的意识。

③ 营造良好的工作氛围。

最重要的是良好的企业文化氛围。对此：

（a）应培养员工的认同感、信任感，塑造依托和归属的企业形象。

（b）培养员工的自豪感，塑造值得骄傲、不断进取、开拓创新的企业形象，营造良好的竞争环境。

（c）培养员工的愉悦感，塑造融洽的工作环境形象。

小米公司致力于营造一个平等轻松的伙伴式工作氛围，拒绝冗长无聊的会议和流程。每一位小米人都在平等、轻松的伙伴式工作氛围中，享受与技术、产品、设计等各领域顶尖人才共同创业成长的快意。

企业利用各种机会与员工进行有效沟通。从沟通方向来看，要以双向沟通为主，从而创造完美的合作气氛，促进企业的发展。

3. 员工的培训机制

企业员工是企业形象的活化和外部传达的重要媒体，小米公司 2011 年时有 200 多个员工，他们的平均年龄为 32 岁，其中一半员工来自谷歌、微软、摩托罗拉和金山。而小米公司

CI的实施,需要激发他们积极参与的热情。

(1) 印刷《CI说明书》和《员工手册》

让员工了解自己在企业导入CI过程中担负的使命,随时以此规范自己的行为,达到CI导入全员运作的最佳状态。

(2) 制作员工教育录像带、幻灯片

利用电视、幻灯等设备和手段,将企业导入CI的背景、动机及企业理念和标志等更有效地传达给员工,提高宣传、教育的效果。

(3) 利用企业内部各种宣传手段制造舆论

在企业内部的刊物、通信、简报、海报、电台和有线电视等宣传媒体上,大张旗鼓地宣传导入CI的动机、意义和对企业未来发展的积极作用。

(4) 加强企业内部沟通的方便快捷性

小米公司基本上没有各种层级会,除了每月一次的领导人碰头会,就没有什么会议了。基本上每一个员工都有决定权,无须请示。小米这样的组织架构,是因为要快速响应用户的各种需求,因此所有的事情马上就要定,如果错了,立即修正。整个公司有特大的公司后台进行数据汇总,公司前面则基本上都是临时组成的特种小分队。由于每个员工的个人能力都比较出色,形成的特战小组,分工绝对明确,灵活而且高效,能够对市场的任何波动进行充分反应。

(5) 开展全员公关

通过全员公关的开展,提高员工的形象意识、参与意识和实践机会,创造一种良好而和谐的合作气氛,培养积极健康的心态。

(6) 倡导各种有意义的活动

企业导入CI的目的,就是要通过统整员工的行为活动,提升企业的整体素质。因此,企业行为设计的重要内容之一,就是要从企业出发调整和改善员工的日常行为状态,使员工的一举一动都能展示企业风貌。对此,小米公司的做法如下:

① 改善电话应对态度。

② 推行礼貌运动。

③ 推行最佳仪表活动。

④ 开展积极向上的文娱活动等。

4. 员工的激励奖惩机制

① 小米公司对企业员工要做到充分放权与授权,充分发挥员工的积极性,听取每个员工的意见。在公司内部,每个员工都是平等的,我们希望公司成员在轻松的伙伴式工作氛围中发挥自己的创意,让每个人保持"发烧",保持对顾客的热情。

② 对于表现出色、工作勤奋的员工给予充分的价值认同和尊重,并提供足够的物质奖励。

③ 适度淘汰人员,保持危机感。

第三部分:职工行为识别

企业形象的塑造需要企业内每一员工的共同努力,员工的一举一动、一言一行都体现企业的整体素质。可以说,没有良好的员工行为,就不可能有良好的企业形象。但人的经历、教育、性格、兴趣、特点等都是各不相同的,这就需要有一个大家共同遵守的行为规范。行为规范是企业员工必须接受和执行的基本行为准则，对员工行为具有约束、引导、指导的效力。行为规范的约束机制可以使人的行为趋于一致，并与企业的总体目标相适应。因此，在企业行为识别(BI)的设计中，职工行为规范是重要的内容之一。

1. 小米公司行为基准

（1）司训

创新、严谨、高效、平等。

（2）员工誓词

我们宣誓，严格遵循公司的服务信条，秉持创新、严谨、高效、平等，客户满意至上的决心，提供高性价比的产品，创造个性化小米的形象，让我们的公司，佳名远播。

（3）服务承诺

① 以客为尊，小米公司坚持与消费者互动沟通，研发顾客满意的产品，提供人性化的服务，无论何种场合、何种情况，坚决维护消费者利益。

② 小米愿为消费者奉献优质的服务，利用互联网直接让利消费者，让消费者得到超值的享受。

（4）精神口号

① 为发烧而生。

② 因为米粉，所以小米。

2. 领导高层职业道德

① 小米公司的领导作为公司的高层以及中坚力量，其职业水准直接体现着所在企业的整体素质，直接关系到所在企业竞争力、抗风险力和发展力的强弱。管理干部职业道德准则的实施是保证企业内部活力与社会竞争力的基础工作。小米的所有高层人员必须严格规范自己，并努力发展成为公司一名合格的管理者，才能对外树立企业的良好形象，对内产生感召力、凝聚力，从而带领职工实现小米成为像苹果公司那样一流创新力企业的美好愿望。

② 基于以上，特规定如下：

实事求是，开拓进取。

忠于职守，无私奉献。

严于律己，宽以待人。

团结合作，关心职工。

以身作则，树立榜样。

3. 职工行为规范

① 小米公司的职工行为规范是公司全体职工的行为准则和行为要求。小米的全体职工，每一个人都是小米的一分子，都有其重要的作用，是一颗颗必不可缺的螺丝钉。小米的所有职工都应当清楚地意识到自己的岗位责任和作用，克己奉公，努力奋斗，使自己的一言一行、一举一动都能体现自己公司的公司理念和公司的形象，从而增强公司的亲和力与形象力。

② 基于以上，特规定如下：

(a) 敬业爱岗，勤奋踏实，积极肯干，热爱本职岗位，乐于奉献。

(b) 认真学习互联网知识，不断提高业务技术水平，努力提高服务质量。

(c) 公私分明，爱护公物，不谋私利，自觉地维护公司的利益和声誉。

(d) 勤俭节约,具有良好的节约意识,勤俭办公,节约能源。

(e) 团结合作,严于律己,宽以待人,正确处理好个人与集体、同事的工作关系,具有良好的协作精神,易与他人相处。

(f) 严守秘密,未经批准,不向外界传播或提供有关公司的任何资料。

4. 服饰礼仪规范

(1) 形象规范(着装)

① 正装穿着。

男士:正装包括西装、夹克、衬衫、西裤等,参加对外商务活动时须戴领带。西装、夹克要平整、合体;衬衫下摆束在裤内,袖口系好;领带颜色图案与场合及服装相配;着黑色或深棕色皮鞋,鞋子无尘;着深色西装应配深色袜子。

女士:正装包括职业套装、套裙、衬衫配西裤或短裙、连衣裙。套装衣扣要系好,裙摆长要及膝;服装颜色搭配要协调。

② 着装保持整洁、完好;扣子齐全,不漏扣、错扣。

③ 佩戴好统一编号的"射频卡(胸牌)"。

④ 工作场所不赤膊,不赤脚;鞋、袜保持干净、卫生,不穿拖鞋。

⑤ 工作日不可穿着的服装:汗衫、透视装、吊带衫(裙)、超短裙(裤)及其他奇装异服。

(2) 仪容

① 头发梳理整齐,不戴夸张的饰物;颜面和手臂保持清洁。

② 男员工修饰得当,头发长不覆额、侧不掩耳、后不触领,胡子不能太长,应经常修剪。

③ 女员工淡妆上岗,修饰文雅,且与年龄、身份相符,不宜用香味浓烈的香水。

④ 正常工作时间,口腔应保持清洁,上班前不能喝酒或吃有异味的食品。

(3) 举止

① 保持精神饱满,注意力集中。

② 与人交谈神情微笑,眼光平视,不左顾右盼。

③ 坐姿良好,上身自然挺直,不抖动腿;椅子过低时,女员工双膝并拢侧向一边。

④ 避免在他人面前打哈欠、伸懒腰、打喷嚏、挖耳朵等。实在难以控制时,应侧面回避。

⑤ 在正规场合要站姿端正;走路步伐有力,步幅适当,节奏适宜。

⑥ 握手时要把握好握手的分寸,姿势端正,用力适度,左手不得揣兜,注视对方并示以微笑。

5. 内部沟通渠道

秉承着企业平等、发烧、高效的作风,小米公司内部沟通也没有那么森严,我们的管理层很少,七八个合伙人下面分别有个主管,管理着七八个小组,然后就是普通员工。不管你在别的公司做总监还是经理,在小米都是工程师,级别都一样。表现好就加薪,但是没有晋升。也就是说,我们的管理异常扁平化,把职能拆得很细。这也对合伙人的能力提出很高的要求,因为意味着我们要管的事情很多。

(1) 员工之间

以"用户深度参与,企业及时反馈"的经营方针,小米员工抱着顾客第一的态度,员工与员工之间通过用户的不同体验进行交流并总结出重点问题上交上级,员工通过不同方式进行沟通,MIUI、邮件或正面沟通进行交流,每个员工每天都要写下自己当天的总结发给每一位同事，没有猜疑，没有嘲笑，每个小米员工都以三人行必有我师的态度学习着。

（2）上级与员工之间

小米的使命是很明确的，就是研制生产最高性价比的发烧手机，提供同等值的增值服务。因此小米公司内部本身是没有上下级之说的，他们为了一个目标而努力着，他们是一个团队，所谓的上级也不过是团队的决策者，为了使自己的目标得以实现，团队决策者是必不可少的，每周团队将进行一次会议，目的是激励团队成员勇往直前，并汇报用户的建议，当然会议的次数会因为临时事件的来袭而适当地增加，但并不影响团队的工作效率，员工可以通过米聊将本周的工作进展或者用户建议发给团队决策者，由团队共同商量再得出解决方案，团队之间合作默契，相互配合。每个管理者都有自己的信箱，员工可以将自己的建议写下来，放在信箱里，管理者每周都会打开信箱查看，每位员工也都有自己的邮箱，管理者会根据员工的建议改正自己的问题，并把员工不足的地方放在信箱里，让员工自己查看。

（3）上级与上级之间

由于小米公司的管理异常扁平化，所以公司上级会很忙，但是小米中的每一位上级都不会因为忙而放弃梦想，他们每月都会开一次会议，开会形式不分场合，可以通过米聊，可以通过邮件，也可以在办公室，但是他们都会认真地对待每一次会议。

（资料来源：根据网络资料改编。）

四、实训操作方法

本实训主要采用项目研究法，以组为单位开展研究。

1. 了解企业的相关情况

了解相关企业的组织结构、经营管理制度、员工激励机制、行为手册等，对外的公关策略、同行竞争及对顾客的服务准则等。

2. 小组成员分工协作，认真完成市场调研工作

① 调查、整理企业历史、企业经营现状、企业理念识别系统（企业使命、企业价值观、企业经营方针等）、市场同行业企业的行为识别系统。

② 调查、评估企业行为识别系统（组织结构、管理制度、行为手册、激励机制、员工教育培训、文化活动、竞争策略、各类公共关系活动、市场危机处理等）的社会形象。

③ 企业行为识别设计宣传效果调查（对内宣传材料、行为手册的发放和学习、内部刊物、视听设施、海报、宣传栏、标语等制作；对外宣传媒体、各媒体表现水平、企业公关宣传活动、营销活动等）。

3. 企业行为识别系统策划和设计准备

① 根据调研结果说明企业行为识别系统（重新）策划和设计的理由，例如企业机构设置不合理、管理制度执行不到位、员工行为不规范、企业对外的行为活动没有影响力等。

② 根据调研结果总结企业经营理念、企业精神等，认识到企业行为识别系统设计是企业理念识别系统的外化和表现，是一种动态的识别形式，也是通过各种行为或活动将企业理念贯彻、执行和实施的过程。企业形象的好坏最终取决于它的行为。

③ 企业行为识别系统设计的组织准备（成立项目组、抽调专门人员负责企业行为系统设计工作、相关人员的配备等）。

4. 企业行为识别系统设计阶段

组织结构、管理制度；员工教育培训；沟通行为(公开演讲、员工大会、小型会议、出版物、经理信箱、非正式传播等)；奖惩制度、激励机制；行为规范(仪表规范、工作程序规范、岗位纪律规范、礼仪规范等)；工作环境(办公环境、物理环境、人文环境等)；内部活动组织(行为手册编制、内部文化活动、特定活动等)；公关活动(典礼仪式、展览会、公益活动、新闻宣传、企业赞助等)。

5. 编制企业行为识别系统策划书

根据上述内容为企业编制出与其当前企业形象状态相适应的企业行为识别系统策划书(设计方案或 BI 手册)。

操作说明：开展小组研究，每组成员不超过 6 人，并对项目任务进行合理分工。

五、实训项目任务

① 在教师的指导下，学生应按时完成项目任务书所规定的全部内容和工作量。

② 选择一个企业，要求分组完成一个设计项目(MIS、VIS、BIS 三个中选一个)的策划和设计，编制设计方案或手册。

③ 选题联系实际，具有现实意义。

④ 采用科学的调研方法，搜集整理资料。

六、预习要求与思考题

预习实训原理，熟悉企业理念识别系统、视觉识别系统、行为识别系统策划的操作步骤和方法，明确项目任务要求。

七、实训成绩评价

学生必须在规定的时间内完成全实训任务，并提交《××××公司(企业)理念(视觉、行为)识别系统策划书》或《××××公司(企业)理念(视觉、行为)识别系统设计方案》或《××××公司(企业)理念(视觉、行为)识别系统手册》方可参加考核。考核成绩由指导教师根据学生在实训期间的表现以及学生实训任务完成情况进行综合评定。最终成绩按“优秀”“良好”“中等”“及格”“不及格”五个等级评定。90 分及以上为“优秀”，80～89 分为“良好”，70～79 分为“中等”，60～69 分为“及格”，59 分及以下为“不及格”。具体评分标准如表 10.3.1 所示。

表 10.3.1 评分标准

评分标准	满分
1. 遵纪守法，认真参加项目研究，有团队合作意识	20
2. 按照实训任务分配要求完成策划项目任务	30
3. 企业形象策划书调研充分，资料翔实，撰写内容符合要求，结构完整、逻辑性强，格式规范，方案有一定的可行性	50

参 考 文 献

[1] 戴维·R·安德森,丹尼斯·J·斯威尼,托马斯·A·威廉斯.商务与经济统计[M].张建华,王健,冯燕奇,译.北京:机械工业出版社,2012.

[2] 曾五一,肖红叶.统计学导论[M].2版.北京:科学出版社,2013.

[3] 徐国祥.统计预测与决策[M].4版.上海:上海财经大学出版社,2012.

[4] 吴培乐.经济管理数据分析实验教程 SPSS 18.0 操作与应用[M].北京:科学出版社,2012.

[5] 何媚.经济基础项目化教程[M].青岛:中国海洋大学出版社,2012.

[6] 韩千里.统计基础与实训[M].北京:清华大学出版社,2012.

[7] 姚增明,高安吉,师亚红.统计学[M].北京:北京交通大学出版社,2011.

[8] 陈嗣成.新编统计学原理[M].北京:首都经济贸易大学出版社,2012.

[9] 宇传华.SPSS与数据分析[M].3版.北京:电子工业出版社,2013.

[10] Leech N L, Barrett K C, Morgan G A. SPSS for intermediate statistics: use and interpretation: 2nd editions [M]. New Jersey: Lawrence Erlbaum Associates Inc., 2005.

[11] Dodge Y. The Concise Encyclopedia of Statistics[M]. New York: Springer-Verlag New York Inc., 2008.

[12] 杨维忠,张甜.SPSS统计分析与行业应用案例详解[M].北京:清华大学出版社,2011.

[13] 张文彤,邝春伟.SPSS统计分析基础教程[M].2版.北京:高等教育出版社,2011.

[14] 赖文燕.市场调查与预测[M].北京:北京交通大学出版社,2011.

[15] 林世莹.Excel 2010 统计分析实务:市场调查与资料分析[M].台北:基峰资讯有限公司,2011.

[16] Beerenwinkel N. Probability, Statistics, and Computational Science, in Evolutionary Genomics[M]. New York: Humana Press, 2012.

[17] 李勇,钱大可,翁胜斌.市场营销专业实验(实训)指导教程[M].北京:高等教育出版社,2012.

[18] 聂元昆.商务谈判学[M].北京:高等教育出版社,2013.

[19] 朱华锋.市场营销策划理论与实践[M].3版.合肥:中国科学技术大学出版社,2013.

[20] 吴健安.市场营销学[M].4版.北京:高等教育出版社,2011.

[21] 郑锐洪.营销渠道管理[M].北京:机械工业出版社,2012.

[22] 熊银解.销售管理[M].3版.北京:高等教育出版社,2010.

[23] 李先国.销售管理[M].3版.北京:中国人民大学出版社,2012.

[24] 于洁,杨顺勇.销售管理:理论与实训[M].上海:复旦大学出版社,2010.

[25] 威廉·L·科恩,托马斯·E·德卡罗.销售管理[M].刘宝成,译.9版.北京:中国人民大学出版社,2010.
[26] 欧阳小珍.销售管理[M].2版.武汉:武汉大学出版社,2010.
[27] 李新剑,孙小亚.广告理论与实务实训[M].合肥:合肥工业大学出版社,2012.
[28] 吴柏林.广告策划实务与案例[M].2版.北京:机械工业出版社,2013.
[29] 魏兆连,刘占军.网络营销[M].北京:机械工业出版社,2011.
[30] 商玮,段建.网络营销[M].北京:清华大学出版社,2012.
[31] 淘宝大学.淘宝大学·淘宝平台操作基础技能认证考试专用教材:电商运营[M].北京:电子工业出版社,2012.
[32] 徐茂权.网络营销决胜武器:软文营销实战方法、案例、问题[M].北京:电子工业出版社,2013.
[33] 王易.微信营销与运营:策略、方法、技巧与实践[M].北京:电子工业出版社,2014.
[34] 龚铂洋.左手微博右手微信:企业微营销实战攻略[M].北京:电子工业出版社,2014.
[35] 张易轩.网络营销推广与实战宝典[M].北京:中国商业出版社,2014.
[36] Mitch M. Success Secrets of the Online Marketing Superstars [M]. New York: Entrepreneur Press,2015.
[37] 李怀斌.企业形象策划[M].2版.大连:东北财经大学出版社,2012.
[38] 叶万春.企业形象策划:CIS导入[M].3版.大连:东北财经大学出版社,2011.
[39] 汪秀英.企业形象策划[M].上海:上海交通大学出版社,2011.
[40] 张德,吴剑平.企业文化与CI策划[M].4版.北京:清华大学出版社,2013.